W0389661

Hannah Brencher

Wenn du diesen Brief findest …

Hannah Brencher

Wenn du diesen Brief findest ...

Als ich einen Brief schrieb und tausende zurückbekam

Aus dem Amerikanischen von
Carina Tessari

Allegria

Anmerkung der Autorin

Die Namen und charakteristischen Merkmale der Figuren in diesem Buch wurden, mit wenigen Ausnahmen, verändert, um die Schuldigen und Unschuldigen zu schützen. Alle Ereignisse haben stattgefunden, einzelne Passagen jedoch wurden zusammengefasst oder anders angeordnet, um die Zusammenhänge des Buches zu wahren. Ich habe mein Bestes versucht, die Ereignisse mit Hilfe von Nachforschungen, Gesprächen, digitalen Aufzeichnungen und Tagebüchern zu rekonstruieren. Es gibt sicher Dinge, die ich falsch verstanden habe, doch bei allem bin ich meiner Erinnerung treu geblieben.

Die Originalausgabe erschien 2015 unter dem Titel
If you find this letter
im Verlag Howard Books, ein Verlag von Simon & Schuster, Inc.

MIX
Papier
FSC FSC® C083411

Allegria ist ein Verlag der Ullstein Buchverlage GmbH

ISBN 978-3-7934-2300-3

© der deutschen Ausgabe 2016 by Ullstein Buchverlage GmbH, Berlin
© der Originalausgabe 2015 by Hannah Brencher
All Rights Reserved including the right of reproduction
in whole or in part in any form.
Published by arrangement with the original publisher,
Howard Books, a division of Simon & Schuster, Inc., New York.
Übersetzung: Carina Tessari
Lektorat: Barbara Krause
Illustrationen: Sabine Kwauka
Umschlaggestaltung: Sabine Kwauka, Gröbenzell,
nach einer Idee von Connie Gabbert
Satz: Keller & Keller GbR
Gesetzt aus der Minion
Druck und Bindearbeiten: CPI books GmbH, Leck
Printed in Germany

Für Nate

Für die Sache mit den Engeln,
unerschütterlichen Willen
und für Größeres als das hier

Journalist: Gibt es etwas,
das Sie immer bei sich tragen?

Maya Angelou: Ich bin ein Kind Gottes.
Das trage ich bei mir.

Wenn du diesen Brief findest …

bedeutet das, dass du ein Buch von mir entdeckt hast. Ich habe dieses Buch mit Herzblut geschrieben. Ich habe diese Geschichte erlebt, und dann hatte ich die wundervolle Möglichkeit, sie aufzuschreiben und zu teilen. Ich finde, das ist mit das Beste am Leben: dass wir die Möglichkeit haben, unglaubliche Geschichten zu erleben, die wir dann mit anderen Menschen teilen können.
Obwohl ich dich nicht kenne, mache ich mir Gedanken über dich. Ich frage mich, wie du wohl lachst. Ich frage mich, was dich motiviert und was dich deprimiert. Ich frage mich, wovor du Angst hast. Ich frage mich, wann du das letzte Mal gefragt wurdest, wie es dir geht. Ich hoffe, heute erst. Denn so banal die Frage »Wie geht's dir?« in unserem hektischen Alltag klingen mag, sie kann für den Menschen, dem man sie stellt, alles bedeuten.
Wir dürfen nicht vergessen, uns füreinander zu interessieren. Oft sind wir so mit unserer Arbeit und unseren Terminen beschäftigt, dass wir völlig vergessen aufzuschauen, und dann versäumen wir es, füreinander da zu sein. Manchmal macht mir die Welt Angst, und dann wird mir bewusst,

wie sehr ich andere Menschen brauche – Menschen wie dich. Menschen, die da sind, wenn es nicht so läuft wie gedacht.
Die Welt braucht mehr gute Menschen. Die Welt braucht mehr mutige Menschen. Trau dich, beides zu sein: gut und mutig. Geh da raus. Riskier was. Fang an zu tanzen. Sei für andere da. Sei einfach du selbst, und alles andere fügt sich ganz von allein.

Ich hoffe, dieses Buch wird dir gefallen. Es bedeutet mir viel, es mit dir zu teilen. Und vielleicht entdeckst du ja irgendwo auf diesen Seiten deine eigene Geschichte.

Mit Licht und Liebe,
ein Mädchen, das versucht, seinen Weg zu finden

Liebe Leser,

dies ist die Geschichte einer Erzählerin, bei der ihr euch auf nichts verlassen könnt, außer auf ihr Herz.

Ich möchte das ganz offen vorausschicken, bevor wir weitermachen.

Bevor ihr eure Hände zu Fäusten ballt, in eure extra schnellen Laufschuhe springt und wie der Blitz zurück in den Buchladen schießt, um dem Verkäufer ins Ohr zu brüllen: »Siiiiie haaaben miiiiir ein Buuuuuuch verkaufffft, auf desssssen Erzääääääählerin ich mich niiiiiicht verlassssssen kannnnn! Grrrrrr!« Nein, das hat er nicht. Ich habe euch von Anfang an gesagt, dass ihr euch nicht auf mich verlassen könnt.

Ich bin unberechenbar. Ich bin eine Träumerin. Ich schreibe Gedichte im Kopf, während ich mit dem Einkaufswagen durch den Supermarkt irre. Und ich werde euch enttäuschen. Weil ich ein Mensch bin. Und weil Menschen so etwas tun. Öfter, als uns lieb ist.

Als ich klein war, habe ich mir immer Geschichten ausgedacht, und wenn ich ehrlich bin, mache ich das heute noch. Meine Mutter rauft sich bestimmt vor Entsetzen die Haare bei dem Gedanken, dass ihr das gerade lest, und fragt sich, ob ich die Geschichte auszuplaudern gedenke, als sie meinen Bruder seinerzeit als Neugeborenen in ein Körbchen gelegt und den Fluss hinuntergeschickt hat. Ich habe die Geschichte in der zweiten Klasse meinen Klassenkameraden erzählt. Tatsächlich war es Moses, nicht mein Bruder.

Aber ich habe ein gutes Herz. Und solange mein Herz uns den Weg weist, werden wir nicht davon abkommen.

Ich werde euch eine verlässliche Schreiberin sein. Treu, wie ich es so gar nicht zu sein wusste, als ich infolge eines einzigen Abos der Zeitschrift *Girls' Life* ganze siebzehn Brieffreundinnen hatte, von denen ich keiner einzigen schrieb. Sie dagegen schickten mir eine ganze Zeit lang Briefe und Hochglanzfotos, die ich dann in der Schule herumzeigte, um mit ihnen als meine »Schwestern« anzugeben. Ich selbst nahm jedoch nie einen Stift in die Hand, um zurückzuschreiben. Ich dachte wohl, meine Lebenszeit reiche nur aus, um ihre Post zu empfangen und um mir selbst dafür auf die Schulter zu klopfen, dass ich über eine Sammlung niedlicher Freundinnen aus Kansas und Kentucky verfügte.

Doch dieses Mal wird alles anders werden. Ich werde mich hinsetzen und von Anfang bis Ende alles aufschreiben, als wäre das Ganze ein Liebesbrief, von dem ich hoffe, dass ihr ihn findet. Und wenn ihr diesen Brief findet, dann wünsche ich mir, dass ihr Worte darin lesen werdet, nach denen ihr euch schon lange gesehnt habt. Egal, ob es Einsamkeit ist, die euch zu schaffen macht. Oder das Gefühl, wertlos zu sein. Oder ob ihr nach Halt in einer haltlosen Welt sucht. Diese Geschichte ist für euch. Sie ist für alle, die Angst davor haben, nachts ihr Telefon auszuschalten oder sich morgens zu verabschieden. Für alle Gewinner. Und für alle Verlierer. Und ganz besonders für alle Träumer. Für alle mit gelben Rosen auf dem Küchentresen und starken koffeinhaltigen Getränken in den Händen. Für alle, die immer noch Whitney Houston vermissen oder die sich nachts mit der Frage herumquälen, warum sie überhaupt existieren. Dieses Buch ist für alle, die glauben, dass sie zu klein und unbedeutend sind, um anderen hilfreich zu sein. Für alle, die damit zu kämpfen haben, ihren Platz in einer Welt zu finden, die sie nicht immer mit offenen Armen umfängt.

Ich hätte mir, um ehrlich zu sein, niemals träumen lassen, dass wir uns einmal auf diesem Weg begegnen würden. Bei keinem noch so kleinen Detail dieser Geschichte hatte ich mir vorgestellt, dass irgendwer sie einmal finden oder weitererzählen würde. Ich sah mich immer nur wild gestikulierend vor ein paar Kindern sitzen, die die gleichen feuerroten Ringellöckchen hatten wie ich, und hörte mich sagen: »Eines Tages, in New York City, fing eure Mama an, wildfremden Menschen Liebesbriefe zu schreiben. Sie hinterließ sie überall in der Stadt. Es machte ihr so großen Spaß, dass sie beschloss, nie wieder damit aufzuhören. Andere machten es ihr nach, und auch ihnen machte es so großen Spaß, dass sie beschlossen, nie wieder damit aufzuhören.«

Ich hatte gedacht, dass dies lediglich eine Geschichte sein würde, mit der ich meinen zukünftigen Kindern demonstrieren würde, wie wichtig jedes einzelne von ihnen ist. In einer Welt, in der immer allzu laut davon geredet wird, was es heißt, »wichtig« zu sein, wollte ich ihnen mit Hilfe dieser Geschichte die Wahrheit aufzeigen: Sie sind wichtig, wenn die Sonne aufgeht und wenn sie untergeht. Wenn sie einen Sonnenbrand auf den Schultern haben oder wenn ihnen ihre Schuhe nicht mehr passen. Wenn ihr Gepäck nicht ankommt. Oder wenn sie mit gebrochenem Herzen und einem leeren Platz neben sich aus Paris zurückkehren. Diese Geschichte sollte sie davon überzeugen, dass sie wichtig sind, immer, und dass es nicht darum geht, das nur zu wissen, sondern darum, es zu verinnerlichen.

Ja, das hier sollte die Geschichte sein, die sie immer bei sich tragen könnten, auch wenn ich irgendwann nicht mehr bei ihnen wäre. Aber jetzt seid ihr da. Ihr habt mich irgendwo aufgelesen. Irgendwie habt ihr mich gefunden. Und ich bin fest davon überzeugt, dass es einen Grund dafür gibt.

In enger Verbundenheit
HB

Teil 1

Wie aus mir wurde, was ich war

Dicke Liebe

Der Tag, an dem ich nach New York zog, ist in meiner Erinnerung weitaus romantischer, als er tatsächlich war. Meine Mutter würde sagen, die Luft sei trocken gewesen an diesem Morgen und wir hätten auf der gesamten Fahrt zum Bahnhof kein Wort miteinander gesprochen. Ich neige dazu, die ganze Sache aufzubauschen und davon zu schwärmen, wie die Vögel zwitscherten und wie uns die Briefkästen mit ihren kleinen roten Fahnen zum Abschied winkten, während wir durch New Haven, Connecticut, zum Bahnhof fuhren. Meine Mutter würde sagen, ich hätte überall in meinem Zimmer Haarklammern liegen lassen. Ich sage, dass ich alles im Gepäck hatte, was ich an diesem Tag brauchte: Träume verstaut neben Strickjacken, Wünsche versteckt in Gummistiefeln.

Das ist schon immer mein Verhängnis gewesen – meine Mutter kann ein Lied davon singen: Ich bin eine Romantikerin. Ich mische Herzschmerz bei, wo keiner sein sollte. Ich lasse die Dinge zu nah an mich heran. Ich halte länger an allem fest, als mir guttut. Das ganze Leben ist für mich schon immer ein einziger dicker Gedichtband gewesen und jeder einzelne Mensch ein wandelndes Gedicht: von seinen Hoffnungen und Träumen bis hin zu seinen schlechten Angewohnheiten. Das Leben ist nur zu hektisch, um einfach mal innezuhalten und sich länger einer einzelnen Sache zu widmen.

In Wahrheit ging an einem meiner Koffer eine der hinteren Rollen kaputt, und danach war alles aus dem Gleichgewicht. Das rückradlose Gepäck verhöhnte mich vom Rücksitz aus, als meine Mutter und ich vom Highway abfuhren und Kurs auf den Bahnhof von New Haven nahmen.

Ich sagte meiner Mutter nichts von der kaputten Rolle. Sie ist kein ängstlicher Typ, doch es hätte sie beunruhigt. Und sie hätte versucht – mit jeder mütterlichen Faser in ihr – ihrem Küken zu helfen.

Das war ich: das Küken der Familie. Insgesamt waren wir drei Geschwister: mein älterer Halbbruder, mein richtiger Bruder, den ich früher immer meinen irischen Zwilling nannte (ist er nicht), und schließlich ich. Ich beschreibe mich gern als eine Mischung aus der impulsiven Art meiner Mutter und der zupackenden Art meines Vaters. Meiner Mutter verdanke ich es, dass ich mich gern von Menschen in tiefgründige Gespräche verwickeln und von gutaussehenden Spaniern einwickeln lasse. Meinem Vater verdanke ich einen ausgeprägten Hang zum Sammeln. Die beiden bilden ein gutes Team. Seit Jahren schleppt mein Vater messi-artig Dinge in unser Haus, und meine Mutter wartet dann, bis er auf dem Sofa eingeschlafen ist, um alles wieder abzutransportieren und der Wohlfahrt zu spenden. Ich liege irgendwo dazwischen: Ich will alles, was in meine Umlaufbahn gerät, festhalten und gleichzeitig wieder loslassen.

Als ich klein war, wussten viele Menschen gar nicht, dass es mich gibt. Sie waren überrascht, wenn sie hörten, dass das schlaksige, rothaarige Mädchen, das bei Baseballspielen immer schweigend am Zaun saß und Freundschaftsbänder knüpfte, die Schwester der Brencher-Jungs war, dieser Lokalmatadoren, wenn es um Sporthallen, Spielfelder oder sonstige Plätze ging, auf denen um Sieg oder Niederlage gerungen wurde. Lange Zeit lebte ich in deren Schatten. Nicht mit Absicht. Ich blieb einfach gern für mich. Und es gefiel mir, meine eigenen kleinen Welten zu erschaffen, in denen ich alles kontrollieren und so tun konnte, als wären die vielen gutaussehenden Männer und Frauen aus dem JC-Penney-Katalog meine Freunde und nicht irgendwelche Models, die ich ausschnitt und in meine Kindertagebücher klebte.

Ich war die Letzte aus der Familie, die aus dem Haus mit den türkisfarbenen Fensterläden auszog und unsere Eltern allein zurückließ. Mein ältester Bruder war nach dem College mit seiner Freundin zusammengezogen. Er und ich unterschieden uns dahingehend, dass er einfach immer wusste, was er wollte, und diese Ziele konsequent verfolgte. Und ich? Ich bin eher der Typ, der schon eine handfeste Krise bekommt, wenn er sich morgens im Coffeeshop für ein Heißgetränk entscheiden muss. Mein anderer Bruder kämpfte zu jener Zeit mit einem Suchtproblem, weshalb er zu Hause wohnte, wenn er clean war, und außer Haus, wenn er es nicht war.

Während wir auf den Zug warteten, konnte ich sehen, wie meine Mutter etwas in meinen Koffer steckte. Ich versuchte zu vergessen, dass es da war. Ich spielte mit meiner Fahrkarte herum und sehnte die Abfahrt herbei. Ich wusste, dass es ein Brief war. Es war immer ein Brief.

Es gibt drei Dinge, die ihr über meine Mutter wissen müsst. Erstens: Sie ist ein Mensch, dem alle Herzen zufliegen. Zweitens: Es gibt wohl niemanden auf dieser Welt, dem meine Mutter je nahestand, der nicht den Klang eines Kazoos auf seinem Anrufbeantworter kennt. Es ist eine meiner lebendigsten Kindheitserinnerungen: Meine

Mutter blättert durch ihr Adressbuch und sucht den Namen von wem auch immer heraus, der laut ihres Kalenders Geburtstag hat. Kurz darauf ist das Wählen des schnurlosen Telefons zu hören. Meine Mutter wartet einen Moment, dann schallt das Kazoo, auf dem sie »Happy Birthday« spielt, durch das ganze Haus.

Die dritte Sache, die ihr über meine Mutter wissen sollt, ist, dass sie ein nostalgischer Mensch ist, und so wie es aussieht, hat sie mir diese Eigenschaft vererbt. Mein ganzes Leben lang hat sie Liebesbriefe für mich versteckt. Da steckte ein Zettel auf einem Stück Schokoladenkuchen, als mich mein erster Liebeskummer am College heimsuchte. Da lag eine Karte auf meinem Armaturenbrett an dem Tag, als Whitney Houston starb. Konfetti rieselte aus dem Umschlag. Noten hüpften auf der Vorderseite auf und ab. Mit rotem Filzstift hatte sie sechs Worte geschrieben: *And I will always love you*. Wie Brotkrumen folgte ich über die Jahre hinweg den Liebesbriefspuren meiner Mutter.

Jedes Kommen und Gehen, das wir miteinander erlebten, ging mit Briefen, Nachrichten und kleinen Geschenken einher, als könnten Papierschnipsel und Konfetti verhindern, dass zwei Menschen sich je voneinander lösen. Nach dem Umzug in mein erstes Zimmer im Studentenwohnheim zum Beispiel, fand ich ihre winzigen Spuren beim Auspacken der Kisten überall. Da steckten Briefe in Tupperdosen und Zettel in Büchern, die ich noch nicht einmal aufgeschlagen hatte. Das ganze Semester über tauchte in irgendeiner Form meine Mutter auf. Im Unterricht. In Versammlungen. In Pausen. Meine Mutter ist eine wahre Expertin darin, den Menschen um sich herum nicht nur das Gefühl zu geben, dass sie da war, sondern auch den Beweis dafür zu hinterlassen.

Einer der Briefe, die sie mir in meiner ersten Woche am College schickte, enthielt ein langes Zitat aus dem *O, The Oprah Magazine*, das sie bei einem Arzt im Wartezimmer abgeschrieben hatte. Das Zitat handelte von einer Mutter und ihrer Tochter. Von deren Abnabelung. Die Tochter war gerade dabei, von zu Hause auszuziehen, den Schritt ins Erwachsenenleben zu gehen und damit die sichere Hand der Mutter loszulassen. Das Mädchen wandte sich zur Tür, und die Mutter wollte ihr gerade noch ein paar letzte Worte mit auf den Weg geben, da hielt sie inne. Es war der Moment, in dem sich die Mutter sagen musste: »Ich habe ihr alles gegeben, was ich konnte. Jetzt muss ich darauf vertrauen, dass es genug war. Den Rest muss sie allein sehen, fühlen und verstehen.«

Ich musste schwer schlucken, als ich das Zitat zum ersten Mal las. Ich las es fortan immer laut. Doch egal, wie oft ich es las, ich fühlte mich unter der kritzeligen Handschrift meiner Mutter jedes Mal nackt und entblößt. Die Karte mit dem Zitat ging irgendwie verloren, und meine Mutter konnte sich nicht erinnern, in welcher Ausgabe des *Oprah Magazine* sie es gefunden hatte. Ich verbrachte den darauffolgenden Sommer damit, jedes einzelne *O Magazine* in der Stadtbücherei zu durchforsten, um den Beweis dafür zu finden, dass es den Artikel wirklich gab, doch ich fand ihn nicht. Ich suche bis heute danach.

Die Briefe meiner Mutter begleiteten mich mein ganzes Studium hindurch. Ich schätze, ich war eine der einzigen am ganzen College, die einen Grund hatte, nach Unterrichtsschluss an ihr Postfach zu gehen, und das lag hauptsächlich daran, dass meine Mutter weder ein Handy besaß noch in irgendeinem sozialen Netzwerk angemeldet war. Ich hatte ihr bestimmt tausend Mal gesagt, dass sie sich ein Handy zulegen sollte, doch sie gab mir immer nur die gleiche Antwort: »Ich bin über fünfzig Jahre ohne ausgekommen. Warum sollte ich jetzt damit anfangen?«

Ich vermute, dass mir nie klar war, wie viel Kraft in ihren Briefen steckte oder warum sie sie mir schickte, bis meine Großmutter starb. Ich war im ersten Semester, als es passierte. Es war September. Die Luft roch bereits nach Herbst. Meine Großmutter hatte den gesamten Sommer über geistig verwirrt in einem Krankenhausbett gesessen. Sie war wie eine Fremde, die sich die Augen eines Menschen geborgt hatte, den ich liebte. Ich wusste, dass meine Mutter und ihre Geschwister darauf warteten, dass sie erlöst wurde. Sie wollten sie endlich an einem besseren Ort wissen.

Ich zog in dem Bewusstsein in mein erstes Studentenzimmer, dass schon bald der Anruf meiner Eltern kommen würde. Ihr wisst, welchen Anruf ich meine. Ich erinnere mich noch genau an meinen ersten Abend am College. Überall sprangen Studenten aus höheren Semestern in den gleichen Outfits herum, klampften auf Gitarren, rappten, wie es nur Weiße können, und animierten uns zu Kennenlernspielen, bei denen wir nur allzu offenherzig über unsere Sommerferien sprachen. Als ich an der Reihe war, von meinem Sommer zu erzählen, konnte ich mich gerade noch zurückhalten zu sagen: »In diesem Sommer habe ich gelernt, wie der Tod ein Haus abreißt. Stein für Stein. Stück für Stück. Der Tod tritt auf wie ein Arbeiter, der sich unermüdlich ans Werk macht, einen Menschen zu zerstören, den man von ganzem Herzen zu lieben gelernt hat. Bis von diesem Menschen nur noch ein spindeldürres Gerippe übrig ist, das einen aus leeren Augen anstarrt. Das habe ich in diesem Sommer gelernt. Wollt ihr ein Lied darüber singen?«

Der Anruf kam in der dritten Semesterwoche. Nachdem ich meinen Vater die Nachricht hatte überbringen hören, stopfte ich alle schwarzen Kleidungsstücke, die ich besaß, in einen Koffer, fuhr nach Hause, versuchte, mir die geschwollenen Augen zu schminken, lachte, bis ich in Tränen ausbrach, tauschte stumpfsinnige Erinnerungen mit Verwandten aus, sah zu, wie meine Großmutter in einen Sarg gesperrt wurde, und musste begreifen, dass jemanden zu vermissen erst der Anfang der Trauer ist. Anschließend fuhr ich zurück ins College, um mit dem Wintersemester weiterzumachen. Alles geschah ganz schnell, an nur einem Wochenende, als würde man ein Pflaster abreißen und dabei versuchen, so zu tun, als täte es nicht weh. So ist der Tod: Er kann uns in achtundvierzig Stunden mehr lehren, als wir bis dahin in unserem ganzen Leben gelernt haben.

Der Brief meiner Mutter kam nur wenige Tage später in einem goldenen Umschlag. Die Umschläge passten nie zu den Karten, dafür waren es immer die leuchtendsten Farben, die das Kartenregal zu bieten hatte. Silber. Indigo. Lila. Vorn auf der Karte war eine kleine Sonne abgebildet, eine goldene Schablonenzeichnung.

Ich saugte die Worte meiner Mutter noch in der Poststelle in mich auf: *Es ist schön draußen. Gestern waren wir mit Scarlett und Chloe wandern. Ich kann jetzt weinen. Endlich. Ich gehe einfach ins Bad, mache die Tür hinter mir zu und spucke auf den Badezimmerboden. Irgendwie fühlt sich das befreiend an.*

Ich stellte mir vor, wie meine Mutter auf dem Fliesenboden hockte und spuckte. Spuckte und weinte. Spuckte und weinte. Wie sie versuchte, sich so von ihrer Traurigkeit zu befreien. Wie sie ihren Gefühlen freien Lauf ließ. Es war eine schreckliche Vorstellung. Zu viel für ein Mädchen, in dessen Augen die eigene Mutter immer stark gewesen war. In diesem Moment verstand ich zum ersten Mal, was es mit den Briefen auf sich hatte. Wir können einem Menschen eine völlig andere Geschichte erzählen, wenn wir uns in den Schutz eines Blatt Papiers begeben. Wir können Dinge sagen, für die uns an anderer Stelle der Mut fehlen würde. Wir können dem Blatt Papier die volle Wahrheit anvertrauen, es anschließend zusammenfalten und in den Briefkasten werfen. Weg, weg damit, befreien wir uns von unseren Sorgen.

Bis heute hüte ich diese Zeilen meiner Mutter wie einen Schatz. Wie ein Geheimnis, das nur ich kenne. Die ganzen vier Jahre am College hing die Karte an meiner Wand. Und als ich nach New York zog, lag sie in meinem Gepäck.

»Kann ich dir helfen?«, fragte sie, als ich den Koffer mit der kaputten Rolle auf den Bahnsteig hievte.

»Nein«, sagte ich. »Ich schaff das schon.«

Als sie trotzdem nach dem Koffer greifen wollte, fuhr ich sie an. »Ich muss das allein machen. Du musst lernen, mich loszulassen.«

Sie verstummte. Ich war alles andere als nett zu ihr. Ich reagiere gereizt, wenn ich weiß, dass ein Abschied bevorsteht, mache dicht. Das Letzte, was ich meine Mutter spüren lassen wollte, war, dass mir das alles sehr schwerfiel.

Nüchtern betrachtet würden wir gerade einmal ein paar Stunden voneinander entfernt sein. Doch irgendwie spürten wir beide, dass es diesmal anders war. Das hier war kein Abschied wie vor dem College oder vor einem Ferienlager. Dieser Abschied saß zäh wie ein Kloß im Hals und zwang mich zu hoffen, dass ich genug von ihr gelernt hatte, um von nun an auf eigenen Beinen stehen zu können.

»Hast du alles, was du brauchst?«, fragte sie. Ich nickte. »Das ist für dich. Für die Fahrt. Falls du Hunger bekommst.« Sie holte ein dickes, in Alufolie gewickeltes Päckchen aus ihrer roten Handtasche und steckte es in das Seitenfach meiner Reisetasche. Ohne es auszuwickeln wusste ich, dass es ein Erdnussbutter- und ein Marmeladensandwich waren. Vier Scheiben Vollkornbrot. Erdnussbutter von Trader Joe's. Himbeermarmelade.

Fünfzehn Jahre lang hatte sie mir diese silberfarbenen Pakete zugesteckt. Sie waren die erste Form von Religion, die ich je kennenlernte, noch vor einer Bibel oder einer Kirchenbank. Einfach mehrere übereinander gestapelte Sandwichs, die sie immer und überall bei sich hatte, um sie an hungrige Menschen zu verteilen, die ihr in New York City über den Weg laufen könnten. Niemals stieg sie ohne sie in einen Zug in die Stadt. Sie brachte mir bei, ein tapferes kleines Mädchen zu sein, das zu Obdachlosen hinging und ihnen Erdnussbutter- und Bananensandwichs entgegenstreckte. Und ganz egal, wie viele Sandwichs sie zum Verteilen dabeihatte, am Ende war immer noch eins für mich übrig. Es war ihre Art, mir zu sagen: »Du schaffst das. Du meisterst diesen Tag, aber mit Hunger im Bauch wird das kein Spaß.« All die Jahre nannten wir das »Dicke Liebe«.

Und das ist es, was meine Mutter mir zeitlebens ans Herz gelegt hat: nach dicker Liebe zu streben. Sie ist so anders als eine dünne Art von Liebe. Sie ist so viel seltener als das, was uns ein Freund in der achten Klasse geben kann. Sie ist gewaltig. Sie ist durchdringend. Sie macht uns zu Menschen, die etwas hinterlassen, wenn wir uns eines Tages umdrehen und auseinandergehen. Und obwohl sie niemand so richtig zu greifen weiß oder ihre Natur versteht, so merkt doch jeder, dass etwas zurückgeblieben ist, denn die Stimmung im Raum hat sich verändert.

Sie umarmte mich, als der Zug einfuhr. »Ich liebe dich. Mach keine Dummheiten. Pass auf dich auf«, flüsterte sie mir zu. Ich hatte das Gefühl, seit Stunden auf diesem Bahnsteig zu stehen.

»Ich liebe dich auch«, flüsterte ich zurück. Wir lösten uns voneinander, und ich stieg ein.

Ich hoffte, dass der Zug so schnell wie möglich abfahren würde. Ich wollte, dass sie nach Hause ging. Abschiede sind, wie gesagt, noch nie mein Ding gewesen. Ich verschwinde lieber bei Nacht und Nebel. Hinterlasse eine Nachricht. Bin schnell weg, statt dem anderen endlos in den Armen zu liegen. Und vor allem will ich nicht diejenige sein, die zurückbleibt. Das ist das Schwierigste an neugewonnenen Freundschaften: Man leiht anderen Menschen einen Platz in seinem Herzen, und dann muss man zusehen, wie man damit zurechtkommt, wenn sie sagen, dass es Zeit wird zu gehen.

Ich versuchte, mich auf die anderen Fahrgäste zu konzentrieren. Sie starrten auf ihre Zeitungen hinunter. Da waren Geschäftsmänner, die in ihren Anzügen aussahen, als würden sie in der Augusthitze gleich ersticken. Mein Blick fiel auf eine Frau, die zwei Reihen weiter draußen vor dem Zug stand. Sie hatte die Augen mit den Händen abgeschirmt und lehnte mit der Stirn an dem getönten Glas. Es war meine Mutter. Sie versuchte, mich zu finden. Ein letztes Mal.

Mit ihrem grauen Haarschopf und der puren Verzweiflung, die ihr ins Gesicht geschrieben stand, sah sie verrückt genug aus, um den Menschen auf den Plätzen vor mir einen

Schrecken einzujagen. Es hatte nichts Romantisches an sich, wie sie in diesem Moment dastand. Sie sah aus wie jemand, der nicht wusste, wie er Lebwohl sagen sollte.

Sie lief von einem Fenster zum nächsten, bis sie vor meinem stand. Ich rutschte ganz tief in meinem Sitz nach unten und presste mich so weit wie möglich nach hinten, um zu verhindern, dass sie mich entdeckte. Hätte sie mich entdeckt, hätte sie die Tränen gesehen, die mir über die Wangen liefen. Sie hätte gewusst, dass ich Angst vor dem hatte, was vor mir lag. Angst davor, nie von Bedeutung zu sein. Nie zu begreifen, worum es wirklich geht. Es war, als würde ich jedes Gefühl im Moment seines Entstehens wegpacken, um sich nicht mit ihm auseinandersetzen zu müssen. Derlei Dinge werden zu Ballast, wenn wir uns nicht die Zeit nehmen, sie wieder auszupacken.

Sie spähte noch einen Augenblick durch die Scheibe, dann trat sie ein paar Schritte zurück, ihre rote Tasche am Arm und dazu passende rote Flipflops an den Füßen. Ich legte eine Hand an die Scheibe und schrieb ihr in Gedanken einen Brief.

Mama,

das Leben lacht mich mehr an denn je. Selbst während du gerade etwas hilflos dein Gesicht an die Zugscheibe drückst, wissen wir beide, dass das Leben mich anlacht.
Das hier ist meine Chance, dich stolzer zu machen, als du es jemals warst. Ich weiß, du würdest jetzt sagen, dass du bereits stolz auf mich bist

und dass es im Leben nie darum gehen sollte, jemanden stolz zu machen, aber ich kann einfach nicht anders.
Ich habe jetzt die Chance, dir zu zeigen, dass ich meinen Platz im Leben finden kann. Vielleicht auch Gott finden kann (Ich weiß, dass wir uns nicht immer einig waren, was ihn betrifft – wie er aussieht oder wie er riecht –, trotzdem bin ich dir dankbar, dass du mir wenigstens etwas gegeben hast, woran ich glauben kann – etwas, das über meine eigene Existenz hinausgeht, auch wenn ich es noch nicht ganz verstehe. Ich werde die Augen in Manhattan nach ihm offenhalten).
Ich weiß, dass du dir Sorgen um mich machst. Nicht weil du denkst, dass ich es nicht hinbekomme, sondern weil du dir insgeheim immer Sorgen gemacht hast, das Leben könnte an mir vorbeiziehen, ohne dass ich gelernt habe, wie man in Pfützen springt oder sich verliebt.
Ich verspreche dir, dass ich es lernen werde. Wenn es einen Lehrer für solche Dinge gibt, dann muss es New York sein.
Danke, dass du mich loslässt. Auch wenn wir einander noch länger hätten festhalten können, danke, dass du mich loslässt.

In Liebe,
dein Mädchen

Ich sagte ihr all das nie. So vieles, was wir denken und anderen Menschen gern sagen würden, sprechen wir im wirklichen Leben nie aus. Stattdessen schließen wir es tief in unserem Innern ein. Es lebt und stirbt in unseren Herzen, da uns der Mut fehlt, auszusprechen, was wir wirklich denken. So viele Menschen gehen, verlassen uns, sterben oder verändern sich, ohne dass wir ihnen je gesagt haben, was wir wirklich für sie empfinden.

Meine Mutter lief auf den Ausgang zu. Langsam setzte sich auch der Zug in Bewegung. Ich sah ihre Gestalt auf dem Bahnsteig immer kleiner werden. Im Stillen gab ich ihr ein Versprechen, von dem ich hoffte, es würde aus dem Fenster des in Richtung Süden fahrenden Zuges flattern und sich in ihren Haaren verfangen. »Ich werde versuchen, dich stolz zu machen. Sehr stolz.«

Wege und Ziele

Es gibt eine bekannte Geschichte über eine junge Frau, die nach New York zieht, um dort ihren Traum zu leben. Ihr Berufsleben ist ein illustres Martyrium aus langen Arbeitstagen, minutiös durchdiktiert von tyrannischen Moderedakteuren, endlosen Kleiderständern mit den Laufsteg-Trends der kommenden Saison und ellenlangen To-do-Listen mit Dutzenden Botengängen, die es zu erledigen gilt. Das alles stets auf Pfennigabsätzen und ein Papptablett mit siedend heißem Caffè Latte jonglierend. Die Protagonistin ist eine Art Rühr-mich-nicht-an-Schönheit. Sie ist bekannt dafür, unbeholfen und tollpatschig zu sein, legt jedoch in Gesprächen einen verblüffenden Ehrgeiz an den Tag. Sie weiß, was sie will. Sie ist in vielerlei Hinsicht die Außenseiterin. Und in ihren Augen funkelt stets dieser große Traum.

Ich kannte diese und ähnliche Geschichten in- und auswendig. Hatte sie verschlungen. Hatte Jahre damit verbracht, sie mir einzuverleiben wie eine Nachspeise, von der ich nicht genug kriegen konnte.

Der Tag, an dem *Der Teufel trägt Prada* erschien und wir alle so eine Art Heiliger-Gral-Einblick in die Welt des Modejournalismus erhielten, weckte den Heißhunger in mir. Ich wollte die langen To-do-Listen, die noch längeren Arbeitstage und eine Rolle, die mich mit viel Schweiß und unermüdlichem Einsatz an die Spitze meines Bereichs katapultieren würde. Ich wollte das New York City Girl sein, das mit einer kurzen Drehung des Handgelenks ein

Taxi anhalten konnte, das mit sorgloser Hingabe die Straße überquerte und das in Kleidungsstücken aller großen Designer umherstolzierte, wobei sie die Eleganz und das Wissen ausstrahlte, dass Schwarz mehr war als nur *eine* Farbe.

Dennoch gab es da etwas in diesen Geschichten, das mir jedes Mal einen Stich versetzte. Etwas, das mich jedes Mal aufgewühlt zurückließ. Am Ende verliebte sich die junge Frau immer. Ob sie wollte oder nicht. Sie verliebte sich oder entliebte sich kurzzeitig, um sich dann wieder zu verlieben – in der Schlussszene jedenfalls war sie nie allein. Ich war ihr den ganzen Weg bis dorthin gefolgt, hatte mein Kissen fest umklammert und gedacht: *Das bin ich, das bin ich*. Doch am Ende der Geschichte fühlte ich mich immer verlassen.

In einer Welt, in der mir ständig das Gefühl vermittelt wurde, ich müsste permanent nach »dem einen« Ausschau halten – mein fehlendes Puzzleteil vom Himmel in einem Meer blauer Pappkartonteile finden –, wollte ich etwas anderes. Uns trifft keine Schuld, dass wir dieses Spiel mitspielen. Es gibt mehr als genug Filme, Bücher und Werbespots, mit denen wir Singles davon überzeugt werden sollen, dass wir fehlende Teile sind. Dass wir noch nicht angekommen sind. Dass wir uns beeilen müssen, jemanden kennenzulernen, auch wenn wir noch ganz damit beschäftigt sind, herauszufinden, wer wir selbst in alldem eigentlich sind. Ich wollte die Art Liebesgeschichte, die mich stehen bleiben und die Falten an den Händen des Saxophonspielers im Central Park zählen ließ. Ich wollte danke sagen und es wirklich meinen. Ich wollte tief in mir drin spüren, dass es einen Grund gab, in der Central Station über fremde Koffer zu springen, um gerade noch diesen einen Zug zu erwischen. Ich wollte mit einem Gefühl von Magie aufwachen. Ich wollte in diesem Leben etwas finden, das mir zeigt, dass es das alles wert ist.

Ich wollte lernen, ein Leben zu führen, das zu mir sagt: »Mädchen, dieses ganze verdammte Ding ist deine Liebesgeschichte. Es ist kein Trauerspiel, kein Herz-Schmerz-Lied oder ein leeres Heft, das auf einen Stift wartet, der in es hineinkritzelt. Es ist eine Liebesgeschichte, und sie ist bereit, diese dämlichen Burgmauern hinaufzuklettern, die du errichtet hast. Also, Baby, lass dein Haar herunter.«

Am Anfang gab es da auch jemanden. Doch die Wahrheit ist so schlicht wie einfach: Ich habe mich in einen Kerl verliebt, der mich nicht wollte. Es ist keine schöne Geschichte. Nichts, was man beim Truthahnessen an Thanksgiving oder beim Ostereierfärben mit den Liebsten zum Besten gibt. Aber es war die Geschichte, die ich zu diesem Zeitpunkt meines Lebens mit mir herumtrug.

Ich lernte ihn im letzten Semester am College kennen. Chaotisch und turbulent, wie die Schlussphase des Studiums ist, erinnert sie schon mal an ein Kriegsgebiet. Es ist wie bei *Die Tribute von Panem,* nur mit Lebensläufen, Jobmessen und Abschiedsessen. Alle versuchen krampfhaft, das Semester irgendwie in die Länge zu ziehen, und begehen eine Kurzschlusshandlung nach der anderen. Sie fangen an, einander ihre Liebe zu gestehen, weil sie entweder (a) glauben, dass sie keine andere Chance mehr dazu haben werden, oder (b) einfach so verzweifelt sind, dass sie sich an irgendwem festklammern wollen, der ihnen das trügerische Gefühl gibt, es wäre noch eine Ewigkeit hin und nicht nur die verschwindend wenigen Tage im Kalender, bis die »wirkliche Welt« über sie hereinbricht.

Die »wirkliche Welt«. So nannten wir es bis zur Verabschiedung. Es waren Tabuwörter, die niemand laut aussprechen durfte. Es war, als spräche man mitten in Hogwarts den Namen Voldemort laut aus. Wir kauften uns Anzüge und Kostüme für Vorstellungsgespräche. Wir entwarfen Lebensläufe und übten, Käseteller und Weingläser zu balancieren und gleichzeitig Visitenkarten zu zücken, um bestens vorbereitet und gleichzeitig entspannt zu wirken, wenn wir einschläfernde Networking-Events besuchten. Wir schlichen bei billigem Natty-Ice-Bier und Barefoot-Wein um das Thema »Wie geht's weiter« herum, bis irgendjemand zu viel getrunken hatte und anfing zu heulen. Zum Glück war dann immer jemand zur Stelle, der die Runde besänftigte.

»Ganz ruhig. Reden wir nicht mehr davon«, sagte derjenige dann. »Lasst uns aufhören, über die ›wirkliche Welt‹ zu sprechen und einfach den Moment genießen.«

Wir alle versuchten einfach, das Unvermeidliche zu vermeiden: Wie geht's weiter?

Sein Name war Ryan. Wir lernten uns in einem Englischseminar kennen. Er fragte mich, ob er ein Blatt Papier von mir haben könne. Diese einzelne Seite war wie eine Brücke zwischen uns. Sie war der Anstoß dafür, nach dem Unterricht wie zufällig gemeinsam den Raum zu verlassen und uns über Hausarbeiten und anderen oberflächlichen Kram zu unterhalten. Mir gefiel, wie er lachte und sein ganzes Gesicht dabei rot anlief. Meistens hatte ich gar nicht vor, in seine Richtung zu gehen, doch ich erfand alle möglichen Ausreden, um mich noch ein bisschen länger mit ihm unterhalten zu können. Ohne mich groß anzustrengen gehörten diese wenigen Minuten – in denen wir quatschend irgendwohin liefen, wohin ich gar nicht musste – bald zu den besten meines Tages.

Eines Abends saßen wir zusammen in meinem Auto, nachdem ich ihm angeboten hatte, ihn nach Hause zu fahren. Draußen goss es in Strömen. Die eigentliche Fahrt hatte nur zwei Minuten gedauert, aber wir unterhielten uns weiter. Der Motor lief im Leerlauf. Ich machte ihn aus. Der Regen prasselte unvermindert auf das Autodach. Meine Wangen glühten. Ich wagte nicht, mich zu bewegen, aus Angst, dass das, was auch immer da zwischen uns war, danach weg sein könnte. Ich sah, wie seine Lippen sich weiterbewegten, doch mir war, als hätte ich das Auto längst verlassen. *Kann es wirklich so laufen?*, dachte ich. *Kann man wirklich einfach so jemanden kennenlernen – sich in ein Gespräch verlieren, das sich in ein- und demselben Atemzug anfühlt, als würde es eine Sekunde und zugleich ein ganzes Jahrzehnt dauern – und danach nie mehr die Gleiche sein? Kann eine Verbindung zu einem Fremden dermaßen stark sein?*

Mein Magen schlug Purzelbäume. Und wenn ich *Magen* sage, meine ich eigentlich *Herz*, aber mir ist nicht ganz klar, warum die Leute sagen, sie spüren etwas im Herzen, wenn sie dem anderen in Wirklichkeit vor Nervosität auf die Füße kotzen könnten. Mein Magen überschlug sich während des gesamten Gesprächs. Und es war mein Magen, der zusammenkrampfte, als er ihren Namen sagte.

Sie hatte einen Namen. Er hatte schon jemanden. Sie hatten eine Geschichte. Doch während er weiter und weiter über seine Freundin sprach, wurde ich weder wütend noch eifersüchtig. Ich dachte einfach nur die ganze Zeit: *Die Glückliche. Was hat sie nur für ein Glück, dass sie dich hat.* Gleichzeitig spürte ich, wie in mir eine winzig kleine Hoffnung aufkeimte, dass vielleicht eines Tages jemand da draußen genau so über mich sprechen würde. Seine Wangen würden leuchten und seine Augen immer größer werden. Ich wusste, dass es das war, was ich wollte.

Hoffnung. Ich hielt es weiter für Hoffnung, als ich ihm zusah, wie er aus meinem Auto stieg und zu seiner Haustür lief. Ich dachte, es sei Hoffnung, die mir, den peitschenden Regen im Gesicht nicht einmal wahrnehmend, den Weg zu meiner Wohnungstür wies. Ich dachte, es sei Hoffnung – einfach nur Hoffnung –, doch als ich später an diesem Abend in meinem Bett lag und versuchte einzuschlafen, brach plötzlich völlig unerwartet dieses Gefühl von Traurigkeit über mich herein. Dieses dumpfe, leere Gefühl. Ein Teil von mir wünschte sich, ich hätte ihn zuerst kennengelernt, vor ihr. Ein anderer Teil wünschte sich, Geschichten könnten sich über Nacht selbst umschreiben, und am nächsten Morgen würde ich mit einer anderen Geschichte unter dem Kopfkissen aufwachen, so wie die Zahnfee ausgefallene Vorderzähne gegen Dollarscheine austauscht.

Ich hatte nie vor, das andere Mädchen zu sein. Die Heldin zu spielen. Und ich begriff recht schnell, wie unschön dieser ganze Schlamassel ist. Für Freunde. Für die Familie. Es ist nur so schön einfach, sich mit genau den Leuten zu umgeben, die einem sagen, dass man durchhalten soll, dass man am Ende gewinnen kann. Und dann sitzt man zusammen vor dem Computer und seziert sämtliche Fotos auf Facebook, um zu schauen, ob die beiden dichter beieinander oder weiter auseinander stehen als auf dem Bild davor. Rückblickend denke ich, wie verrückt es ist, in einer Kultur zu leben, in der es verherrlicht wird, einem anderen

Menschen seinen »Jemand« auszuspannen. Nichts davon fühlt sich herrlich an, wenn man mittendrin steckt. Man fühlt sich einfach nur leer, besonders wenn man gezwungen ist, mit der Wahrheit einzuschlafen: So jemand bist du nicht, Mädchen. So jemand bist du einfach nicht.

Ganz egal, wie man die Sache betrachtete, hier liefen zwei Menschen sehenden Auges in die Katastrophe, da sie einfach nicht wussten, wie sie es ein für allemal gut sein lassen sollten. Ich dachte damals mit praktisch jeder mir zur Verfügung stehenden Gehirnzelle, dass er sie verlassen würde. Und so öffnete ich ihm Türen, die ich geschworen hatte, niemals zu öffnen. Und ich warf Unsicherheiten ab wie Spielkarten. Und ich tat so, als wäre ich die Einzige. Aber nein, ich hatte nie vor, das andere Mädchen zu sein.

Ich hatte vor, die Welt zu verändern, so abgedroschen das klingen mag. Ich wollte etwas bewirken. Ich wollte all das sein, wovon ich immer dachte, ich könnte es sagen, ohne stirnrunzelnd angesehen zu werden, wenn ich gefragt wurde: »Und, was hast du nach dem College vor?«

Wie sich herausstellte, war »die Welt verändern« für die meisten Leute keine zufriedenstellende Antwort. Also gewöhnte ich mir an zu sagen, dass ich nach dem College ein freiwilliges soziales Jahr machen wollte.

Es gibt diese Programme überall auf der Welt. Manche Leute nennen es eine »Auszeit«, aber ich mag diesen Ausdruck ehrlich gesagt nicht, da er klingt, als würde man einfach den großen »Pausenknopf« im Leben drücken, wo doch so viele Menschen erst innerhalb eines solchen Jahres das Leben für sich entdecken. Man verzichtet freiwillig ein Jahr lang auf ein Gehalt und betritt unterversorgtes Neuland. Man lebt mit anderen Freiwilligen zusammen und baut sich gemeinsam ein Leben aus Dingen auf, die vermutlich nur die Mitglieder dieser Gruppe jemals verstehen werden.

Trotzdem sahen mich die Leute weiter an, als stünden mir kleine grüne Antennen vom Kopf ab, wenn ich ihnen von dem freiwilligen Jahr erzählte. Wer sollte so etwas aus freien Stücken tun wollen?

»Es ist wie das Friedenskorps«, sah ich mich dann gezwungen zu sagen und zitierte aus einem Artikel der *New York Times* über den sprunghaften Anstieg von »Auszeiten«. Prompt ließen sie die Luft aus ihren aufgeblasenen Backen ab. »Oh! Das Friedenskorps! Du bist so ein guter Mensch.« Den Gesprächen ging dann immer kurz darauf die Luft aus.

Zunächst dachte ich, ich würde etwas im Ausland machen. Ich verliebte mich in eine kleine Schule in Port-au-Prince, Haiti, wo die Kinder auf dem Gelände in Uniformen herumtollten, die die Farbe sonnengereifter Beeren hatten. Ich würde ein ganzes Jahr lang als Lehrerin arbeiten und mit den Kindern zusammen im Internat leben.

Am Abend vor dem letzten Bewerbungsgespräch für die Schule in Haiti traf ich mich mit Jen, einer Freundin aus der Highschool, um ihr von dieser einmaligen Chance zu erzählen. Es war zwei Tage vor Weihnachten, wir saßen bei Starbucks bei uns zu Hause, und wie es alte Freundinnen so machen, drehten wir Kaffeebecher in unseren Händen hin und her, schlugen Brücken zurück in unser altes Leben und erzählten uns alles, was seit unserem letzten Treffen passiert war.

Ein Mann am Tisch gegenüber versuchte schon seit einiger Zeit, unsere Aufmerksamkeit zu erregen und uns in ein

Gespräch zu verwickeln. Ich bin mir ziemlich sicher, dass er verrückt war. Und betrunken. Er versuchte, uns einen Ehering zu zeigen, den er gekauft oder sich sonst irgendwie beschafft hatte. Jen sah uns schon in seiner Gewalt. Der Mann hörte nicht auf, uns zu belästigen. Da winkten uns plötzlich zwei Leute aus einer anderen Ecke des Coffeeshops zu.

»Sam! Veronica!«, rief die Frau von ihrem Tisch zu uns herüber. Jen musste Sam sein. Ich war Veronica. »Mädels! Ist das lange her! Kommt doch rüber zu uns!«

»Sam!«, kreischte ich und spielte das Spiel der Frau mit. Ich stupste Jen an, und gemeinsam schnappten wir uns unsere Becher und gingen zum Tisch der Frau hinüber, wo sich der Verrückte mit dem Ehering nicht länger in unser Gespräch drängen konnte.

»Das war eine gute Idee«, sagte ich zu der Frau, als wir uns setzten.

»Kein Problem«, erwiderte sie, und als hätte die kleine Rettungsaktion nie stattgefunden, waren sie und der Mann ihr gegenüber schon wieder ins Gespräch vertieft. Jen und ich begannen, weiter über mein freiwilliges Jahr zu quasseln. Als das Wort *Haiti* fiel, sah mich die Frau argwöhnisch an.

»Du?«, fragte sie. »*Du* spielst mit dem Gedanken, in Haiti zu unterrichten?« Ihre gesamte Haltung veränderte sich. Sie durchbohrte mich regelrecht mit ihrem Blick.

»Ja! Es ist ein zehnmonatiges Programm in Port-au-Prince. Man wohnt und arbeitet mit den Kindern auf dem Schulgelände …«

»Oh nein, nein, nein«, unterbrach sie mich. »Ein süßes kleines Ding wie du? Man wird dich entführen, umbringen und auf dem Schwarzmarkt verkaufen. Deine Eltern werden dich oder deine Organe niemals wiedersehen.« Der Mann ihr gegenüber hielt den Blick nur starr auf seinen Kaffeebecher gerichtet und drehte ihn abwesend zwischen seinen Fingern hin und her, während sie fortfuhr und uns von ihrem Onkel erzählte, der Plantagen in Haiti besaß. Sie hatte dort die schlimmsten Dinge gesehen. Ich versuchte, mich zu verteidigen, doch sie ließ mich gar nicht zu Wort kommen.

»Nein«, wiederholte sie. »Du wirst aus diesem Flugzeug steigen, und kein Mensch wird dich je wiedersehen.«

Trotz dieses schlechten Omens bei Starbucks zog ich – meine Nieren fest umklammernd – in das letzte Bewerbungsgespräch. Ich erfuhr, dass man das Schulgelände nicht verlassen durfte. Körperliche Bewegung bestand hauptsächlich darin, Löcher im Freien zu graben oder an der Umzäunung des Geländes entlangzujoggen (vorausgesetzt, man fand in dem schweißtreibenden Klima die Energie dafür). Zu Essen gab es Kohlenhydrate, und das reichlich. Spaghetti zum Frühstück. Eventuell zum Mittagessen. Ganz sicher zum Abendessen. Spaghetti hier. Spaghetti da. Spaghetti ü-ber-all. Ich hatte das Gefühl, als würde mir permanent etwas in den Magen boxen, während ich die Fragen in dem Bewusstsein beantwortete, dass der Job nichts für mich war.

Ich zog meine Bewerbung schließlich zurück, und nur wenige Tage später musste ich im Fernsehen mit ansehen, wie die Stadt Port-au-Prince von einem Erdbeben verwüstet wurde. Ich werde nie erfahren, ob es ein Zeichen für irgendetwas war, eine Bestätigung, die noch überzeugender war als die Schüsseln voller Spaghetti. Jedenfalls machte ich mich wieder auf die Suche nach einem Ort, der zu mir passen würde, wenn das College mich ausspuckte.

Ein paar Tage nach Weihnachten traf ich mich mit einer Freundin, die gerade mitten in einem freiwilligen Jahr steckte. Sie lebte in Chicago, wo sie Schulkindern beibrachte, wie man mit Computern umging. Sie hatte sich nie sonderlich für Computer interessiert, doch als sie mir von ihrer Arbeit erzählte, konnte ich ihr die Begeisterung von den leuchtenden Augen ablesen. Es war geradezu elektrisierend. Sie wurde ein ganz anderer Mensch, während sie sprach.

»Es ist nicht leicht«, sagte sie und schob ihren leeren Kaffeebecher auf dem Tisch hin und her. Wir saßen in demselben Starbucks, in dem ein paar Tage zuvor mein Traum von Haiti geplatzt war, umgeben von Geschäftsmännern, die auf dem Weg zur Arbeit noch schnell die *New York Times* durchblätterten, und Menschen, die ihr komplettes Homeoffice in ausgewiesene Bereiche des Coffeeshops verlegt zu haben schienen. »Du musst Opfer bringen, das ist nicht ohne. Gemeinnützige Arbeit ist kein Kinderspiel. Aber es lohnt sich. Ich merke, wie ich mich verändere.«

»Ihr habt doch auch einen Standort in der Bronx, oder?«, fragte ich. »In eurem Programm, meine ich.«

»Ja, ein Freund von mir arbeitet dort in einer Vorschule. Zwei waren mal Lehrer, und einer ist bei der UNO.«

»UNO wie … Vereinte Nationen?«

»Genau. Die Gruppe hat dort eine kleine NGO, und jeweils einer aus dem Programm ist der New Yorker Vertreter. Er nimmt für sie an Sitzungen teil. Ist bei Vorträgen anwesend. Das ganze coole Zeug, über das er der Organisation dann Bericht erstattet.«

Ich würde in der Bronx, New York, leben. Ich würde in Manhattan arbeiten, als Verbindungsfrau zwischen einer Menschenrechtsorganisation und den Vereinten Nationen.

Es war, als würde alles andere um mich herum stehenbleiben, als ich diese drei Buchstaben hörte: UNO.

»Dann … dann meinst du, ich könnte mich für die Stelle bewerben?«, fragte ich sie.

»Probier's«, erwiderte sie. »Es ist definitiv einen Versuch wert.«

Ich wollte einerseits etwas tun, das ich liebte, andererseits war es mir mindestens genauso wichtig, einen Job zu haben, der handfest war und seriös klang. Die Menschen bei der Abschlussfeier vom College würden dann mit den Köpfen nicken und sagen: »Die da drüben, die wird es schaffen.« Damals war das Grund genug, um diesen drei Buchstaben – UNO – nachzujagen. Ich wollte die Menschen stolz machen. Ich wollte nicht in der Menge untergehen.

Als die E-Mail mit der Zusage für die Stelle in der Bronx kam, war Ryan der Erste, dem ich es erzählte.

In der kurzen Mail wurde ich darüber informiert, dass ich im August nach New York ziehen würde. In der Woche vor dem Umzug würde ich an einem einwöchigen Einführungsseminar in Philadelphia teilnehmen. Dort würde ich die sechsundzwanzig anderen Freiwilligen kennenlernen. Mit vier von ihnen würde ich schließlich zusammenwohnen. Die anderen würden sich auf den Weg nach Chicago, Massachusetts, San Diego, Peru und Südafrika machen. Unsere Mission wäre dieselbe, egal, in welche Ecke der Welt es uns verschlagen würde: Menschen zu helfen und dabei herauszufinden, wie wir sie mehr lieben konnten, als wir es für möglich hielten.

In unserer Fünfergruppe in der Bronx würden wir lernen, gemeinsam zu haushalten, wir würden zusammen essen und zusammen gemeinnützige Arbeit leisten, für die wir jeweils 25 Dollar pro Woche bekommen würden. Zwei meiner Mitbewohnerinnen würden Englisch als Zweitsprache unterrichten. Eine andere Mitbewohnerin würde in einem Frauenhaus für alleinerziehende Mütter arbeiten. Ich wäre die Einzige, die zwischen Manhattan und der Bronx hin- und herpendelte, um für unsere Organisation in der UNO zu arbeiten. Es war nicht das typische New York City Life, aber ich war bereit, alles zu tun, um einen Fuß in die Stadt zu kriegen.

Als ich Ryan die Neuigkeit schrieb, machte er sich sofort auf den Weg, und wir trafen uns in der Mensa. Ich erinnere mich noch, wie er mir mitten in der Schlange für die chinesische Gemüsepfanne um den Hals fiel. Ich erinnere mich deshalb so genau daran, weil ich meiner besten Freundin direkt in die Augen sehen konnte, als er mir zuflüsterte: »Ich bin so stolz auf dich.« Ich hatte ihr noch nichts von der Zusage erzählt. Er war der Erste und Einzige gewesen, an den ich gedacht hatte. Mein schlechtes Gewissen meldete sich schlagartig.

Später an diesem Abend stand ich neben Ryan an einem Fenster, von dem aus wir den gesamten Campus überblicken konnten. Ich erinnere mich noch, wie er mir nachsah, als ich, noch ganz durcheinander von den Neuigkeiten des Tages, von unserem Tisch aufstand, auf dem zahllose Hefte und Bücher verteilt lagen. Noch vor ein paar Wochen hatte sich der Campus groß genug angefühlt, um ihn vielleicht niemals verlassen zu müssen. Während ich nun aus dem Fenster sah und im Geiste die Wege ablief, die ich auswendig kannte, kam ich mir plötzlich vor wie Goldlöckchen, die überrascht feststellt: »Es ist zu klein.«

»Ich kann nicht glauben, dass ich den Job bekommen habe«, sagte ich zu ihm.

»Ich schon«, sagte er. »Du bist längst zu groß für diesen Ort. Immer, wenn ich dich mit Leuten reden sehe, denke ich: *Sie ist schon weg.*«

Ich schaute ihn an. Früher hatte ich mir immer einen Freund gewünscht, der mich beobachtet, wenn ich nicht hinsehe. Ich hatte mir vorgestellt, wie er sich meine Angewohnheiten und Marotten einprägt, ohne es je zuzugeben. Und wenn unsere Wege sich trennten, sollten sie noch lange wie Kleingeld in seinen Taschen klimpern.

»Ich will das schon so lange«, sagte ich. »Die Stadt, den Job … alles. Ich weiß, es wird kein Spaziergang werden. Es ist eine ziemliche Herausforderung. Aber ich will das mehr als alles andere.«

»Jetzt hast du es. Und du wirst deine Sache gut machen.« Er lächelte mich an. »Ich will wissen, wie deine Geschichte ausgeht.«

Ich will wissen, wie deine Geschichte ausgeht.

Ich versuchte, so zu tun, als hätte er das nicht gesagt.

Ich will wissen, wie deine Geschichte ausgeht.

Ich verstand die Bedeutung des Moments sofort. Hier – genau in diesem Augenblick – begriff ich, dass er nie Teil meiner Geschichte sein würde. Ich sehe das heute noch viel klarer als an jenem Abend, als ich am Fenster stand und betete, die Zeit würde eine Ausnahme machen und stehenbleiben: Manche Menschen sind Wege und andere sind Ziele. Manche Menschen führen uns irgendwohin, bei anderen kommen wir an. Aber wir können nicht mit Gewalt aus Wegen Ziele machen. So funktioniert das einfach nicht.

Trotzdem machten wir weiter so. Vermutlich zu lange. Ich versuchte, meinen Freundinnen begreiflich zu machen, warum ich mich mit dem Platz in der Warteschlange zufriedengab: Es gibt Hoffnung. Es ist hoffnungslos. Es gibt Hoffnung. Es ist hoffnungslos. Wenn ich heute Menschen sehe, die sich über lange Zeit vormachen, eine trostlose Irgendwie-Liebe würde ihnen genügen, stellt sich mir nie die Frage, warum sie das tun: Manchmal geben wir uns einfach mit jedem noch so kläglichen Rest zufrieden, den wir von jemandem bekommen können. Ich wollte die Auserwählte sein. Ich wollte gewinnen. Liebe gehört zwar nicht zu den Dingen, die man gewinnen kann, aber ich wollte es trotzdem unbedingt.

Jedes Mal, wenn wir uns trafen und wieder einmal zwei bis drei Stunden miteinander redeten, hatte ich das Gefühl, dass wir auf der Suche nach irgendeiner Art von Lösung waren. Nach einem Weg, um in der Umlaufbahn des anderen bleiben zu können. Ich weiß nicht, ob aus dem, was wir hatten, eines Tages Liebe geworden wäre, selbst wenn alle Hindernisse aus dem Weg geräumt worden wären, oder ob es einfach nur in unserer Natur liegt, genau an den Menschen festhalten zu wollen, die unser Leben auf den Kopf stellen. Das allerdings reicht nicht immer aus, damit eine Sache hält. Wir würden unseren Abschluss machen. Wir würden wegziehen. Wir würden loslassen.

»Du musst mir unbedingt die Stadt zeigen, wenn ich mal da bin«, sagte er in der Woche vor den Abschlussprüfungen eines Abends zu mir.

Ich erinnere mich noch genau, wie unsere Textmarker über das Papier kratzten, als wir um ein Uhr morgens nebeneinander in der Bibliothek saßen. Vom Fenster des Nachhilfezentrums aus, in das wir uns zurückgezogen hatten, konnte ich die anderen Studenten erschöpft über ihren Büchern schwitzen sehen. Wir mussten gerade über irgendetwas lachen. Wir lachten so sehr, dass uns die Tränen kamen. Da legte er seinen Kopf auf den Computertisch und sagte ihn, diesen Satz über ein Treffen, wenn er mal in der Stadt wäre.

Mir blieb das Lachen im Hals stecken. Ich ließ die letzten Reste seines erschöpften Glucksens auf den Boden aufschlagen. Dann stieß ich meinen Stuhl zurück.

»Du weißt, dass das nie passieren wird, oder?«

»Was?« Er sah verwirrt zu mir auf.

»Du und ich. Wir sind nicht zwei, die sich mal auf 'nen Kaffee treffen. So läuft das nicht.« Ich schlug mein Buch zu und begann, meine gesammelten Mitschriften zum Thema Postkolonialismus einzusammeln. »Nach heute Nacht werden wir beide uns nie mehr wiedersehen.« Ich hoffte, dass es wehtat, als ich es sagte.

Ich wartete nicht einmal ab, um mir den Ausdruck auf seinem Gesicht anzusehen. Ich drehte mich einfach um, lief aus der Bibliothek und stapfte den Hügel zu meinem Apartment hinauf. Er folgte mir dichtauf.

»Lass uns darüber reden«, sagte er. »Wir müssen das nicht so stehen lassen.«

Doch es gab nichts mehr zu reden. Ich hatte ihn bereits gebeten, mich loszulassen. Dies war ein Abschied. Und darum hielt ich mich zurück, obwohl ich am liebsten geschrien hätte. Ich wollte zurückkriechen zu einem Anfangspunkt, auf den wir beide uns einigen konnten. Unser Anfangspunkt war offensichtlich: Manche Dinge sollten nie einen Anfang nehmen. Manche Menschen sollten einander nie kennenlernen. Sie sollten nie stehenbleiben und miteinander reden und lachen, auf leeren Fluren, durch die ihr Echo hallt. Ganz gleich, wie romantisch ihre Freundschaft scheint oder wie gut die Puzzleteile scheinbar zusammenpassen, manche Menschen bleiben besser auf ihrer Seite des Raumes und kommen dem anderen nicht zu nahe.

An der Straßenkreuzung zwischen seinem und meinem Apartment gerieten wir in Streit. Es war kurz vor zwei Uhr morgens, und wir stritten uns auf offener Straße, unter unseren Füßen die zwei gelben Linien, die sich einmal rund um den Campus wanden – parallel zueinander, aber einander niemals berührend. Wir stritten über unseren Abschied, darüber, wie er aussehen und wie er sich anfühlen würde, bis es schließlich so weit war.

»Es würde nicht funktionieren«, sagte er. »Du musst raus in die Welt und Großes vollbringen, Hannah. Aber ich denke, du musst es allein tun. Du musst allein nach New York gehen.«

Allein.

Das Wort krachte mir förmlich entgegen. Damit war alles gesagt. Er sprach etwas aus, das ich längst wusste. Wir nahmen Abschied voneinander, endlich, und mit ihm wurden alle Ängste freigesetzt, die hinter dem Wort lauerten, als würde ein Fass umgekippt und ausgeschüttet: *Ich habe Angst zu gehen. Ich habe Angst, mich zu verändern. Ich habe Angst, allein zu gehen. Ich habe Angst, dass du mich vergisst. Ich habe Angst festzustellen, dass ich der Typ Mensch bin, den man vergisst.*

Aber vielleicht treten manche Menschen genau aus diesem Grund in unser Leben: um uns umzukippen und auszuschütten. Vielleicht stürmen manche Menschen nur in unser Leben, um uns zu sagen, dass sie gar nicht da sein sollten. Dass wir weder sie noch sonst jemanden dorthin mitnehmen können, wo wir als Nächstes hingehen.

Vielleicht ist nicht jeder Mensch, dem wir begegnen, eine Liebesgeschichte. Vielleicht sind manche ein Weckruf.

»Allein.« Seine Worte klangen in mir nach, als ich zusammen mit meinen neuen Mitbewohnerinnen auf der I-95 in Richtung Bronx fuhr. Wir kamen gerade von dem Einführungsseminar in Philadelphia, hatten uns also erst vor wenigen Tagen kennengelernt, und somit drehten sich die Gespräche auf der Fahrt in unser neues Domizil um lauter neue Dinge: unser Lieblingsessen, die schönsten College-Erinnerungen, Gemeinsamkeiten, wie wir unseren Kaffee tranken. Als die ersten Gebäude und Wolkenkratzer der Stadt am Horizont auftauchten, wurde es langsam still im Wagen.

Wir überquerten die Brücke in die Bronx. Es wäre der perfekte Augenblick gewesen, um Frank Sinatra den Einsatz zu geben: wir alle eingepfercht in dem kleinen Auto, jede mit ihrem ganz eigenen Päckchen auf dem Schoss. Vor uns tauchte unser neues Zuhause auf. Die Dinge würden sich verändern. Wir würden uns verändern. Das Leben würde sich von allen Seiten auf uns stürzen. Es gab nicht viel, was wir tatsächlich voraussagen konnten, außer, dass das Leben noch einmal ganz von vorn beginnen würde, als würde jemand die »Reset«-Taste drücken. Vieles von dem, was ich bis zu diesem Zeitpunkt angesammelt hatte, würde ich behalten, alles andere jedoch wäre neu. *Neu, neu, neu.*

Wir brauchen ein neues »Danach«

Es verbirgt sich ein Geheimnis hinter den geschürzten Lippen New York Citys, doch bevor sie es preisgibt, muss man erst ein bisschen Zeit in ihr verbringen. Bis dahin lässt sie einen weiter in dem Glauben, dass sie aufgrund ihrer Lichter und Gebäude, der Betonwüste, zu der sie in den letzten Jahrzehnten geworden ist, so ganz anders ist als alle anderen Städte.

Verbringt man aber erst einmal genug Zeit in ihren Fängen, wird sie ihr Geheimnis lüften. Sie wird sich herunterbeugen, die Hände verschwörerisch um ihren Mund legen und sagen: »Psst … Es sind die Menschen. Sie machen mich zu der, die ich bin. Und es sind die Geschichten, die sie alle mit sich herumtragen: Geschichten über Liebe und Leid, Verlust und Entdeckung. Geschichten verbergen sich hinter der Art, wie sie in der U-Bahn ihre Arme verschränken, und Geschichten sprudeln durch meine Straßen, wenn montagmorgens die Pendler aus den Bahnhöfen strömen.«

Es sind zweifellos die Menschen, die sie ausmachen, und das liegt vermutlich daran, dass New York City kein Ort ist, an den es einen zufällig verschlägt. Die Menschen kommen gezielt hierher. Sie betreten eine Bühne. Und sie gehen mit einem seltsamen Gefühl des Verlusts wieder ab. Bis heute habe ich keinen New Yorker kennengelernt, der keine Geschichte hatte. Niemand kommt nach New York, weil er mit geschlossenen Augen auf eine Landkarte getippt hat, während er sich dachte: »Schauen wir doch mal, wo die Mieten niedrig sind und uns die Nachbarn zum Einzug einen Auflauf vorbeibringen. Oh, diese Stadt hier sieht nett aus.«

Und New York City, das sind Details. All die kleinen Details. Ja, man muss nur gut genug aufpassen, dann läuft man praktisch an jeder Ecke in einen dieser prallgefüllten Augenblicke, die einen erschrecken und verändern und davon überzeugen, wieder an das Überraschungsmoment zu glauben. Die Stadt ist voller Menschen, die keine Ahnung haben, dass sie für andere Passanten regelrechte Kunstwerke sind. Tausende gehen vermutlich abends mit dem Gefühl nach Hause, wertlos, regelrechte Versager zu sein, ohne zu ahnen, welchen Eindruck sie auf einen völlig Fremden gemacht haben, einfach nur, weil sie am Morgen das Haus verlassen und sich der Welt gestellt haben. Für irgendeinen Unbekannten waren sie der Lichtblick in einem ganz normalen Tag und werden es nie erfahren.

Ich stelle mir gern vor, dass diese Details, die wir immer und überall bestaunen dürfen, New Yorks Art sind, uns zu sagen: »Dieses Leben, das du da hast, ist ein Geschenk. Ich bin keine Konstruktion aus Stahl und Beton. Ich bin ein Tummelplatz für all die Menschen, mit denen du vielleicht einmal in Berührung kommen wirst.«

Meine Mitbewohnerinnen und ich mussten nicht die typischen Hürden anderer New Yorker nehmen, und das war ein Segen. Wir mussten uns weder mit der ermüdenden Suche nach dem passenden Stadtteil herumschlagen noch mit der gruseligen Suche nach passenden Mitbewohnern – möglichst ohne befremdlichen Fetisch. Es gab keinen inneren Denkprozess, wie ich ihn oft bei Freunden beobachtete: *Okay ... Ich wohne in einem Schuhkarton. Einem Schuhkarton ohne Fenster, um genau zu sein. Und mir bleibt nichts anderes übrig, als diesen Schuhkarton mit niedlichen Sukkulenten aus dem Whole Foods zu dekorieren.*

Unser Apartment wartete bereits auf uns, als wir ankamen. Und unsere Miete wurde bezahlt. Das war eine besonders gute Seite des freiwilligen sozialen Jahres: Die Lebenshaltungskosten wurden übernommen, und wir wurden lediglich gebeten, nicht mehr als 25 Dollar pro Woche auszugeben. Was wesentlich einfacher ist, wenn man das Ganze wie eine Art Überlebenstraining angeht. Man kann ein richtiger Fuchs werden mit nur 25 Dollar.

Ich war in diesen ersten Wochen viel besser im Geld-nicht-ausgeben als ich erwartet hatte, was ich einzig und allein dem Buch verdanke, das ich damals las. Jeder von uns hatte während des Einführungsseminars ein Exemplar des Buches *Ich muss verrückt sein, so zu leben. Kompromisslose Experimente in Sachen Nächstenliebe* als Leseempfehlung für das freiwillige Jahr bekommen. Ich hatte mir das Buch schon vorher gekauft und in den Sommerferien verschlungen. Während andere es vielleicht einfach nur lasen und anschließend wieder weglegten, wühlte mich das Buch komplett auf, und ich spielte mit dem Gedanken, meine gesamten Sachen zu verschenken, keine Schuhe mehr zu tragen, nach Uganda zu ziehen und Waisenkinder zu knuddeln. Ich war überzeugt davon, alle meine Habseligkeiten verbrennen zu müssen, sobald ich einen Fuß in die Bronx gesetzt hatte.

Wenn ich es mir genau überlege, stand ich schon vor meinem Umzug völlig unter dem Bann des Buches, insbesondere auf einer meiner Abschiedspartys. (Ich sage »eine«, weil es drei bis vier solcher Partys gab, die alle gleich abliefen: Ich ging zusammen mit meinen Freundinnen in unsere Lieblingsbar, in der immer mehrere Klavierspieler um die Gunst des Publikums wetteiferten, wünschte mir »Empire State of Mind«, setzte mich auf ein Klavier und lauschte den Pianisten, wie sie schmetterten: »Hannah zieht nach New York! Verabschiedet euch alle von ihr!« Und das gilt praktisch als Abschiedsparty.) Ich hatte tagsüber in dem Buch gelesen und war dabei auf eine Geschichte über Mutter Teresa und die Tatsache gestoßen, dass sie ziemlich entstellte Füße gehabt haben muss. In all den Jahren, in denen ich ihr imaginäres Ich auf meinen Teepartys begrüßt hatte, war ich kein einziges Mal auf die Idee gekommen, ihr auf die Füße zu schauen.

Es heißt, dass sie in Kalkutta immer auf Schuhlieferungen für Straßenkinder wartete. Tags darauf verteilte sie die Schuhe dann an alle schuhlosen Kinder der Stadt. Sie – eine Heilige – wartete wortlos ab, bis fast alle Schuhe weg waren, erst dann zwängte sie ihre Füße in irgendein Paar, das noch übrig war. Egal, ob Größe 34 oder Größe 36, sie fand in allen Sohlen Trost. Jahrelanges Laufen durch die Straßen Kalkuttas in viel zu kleinen Schuhen hatte zur Folge, dass diese Frau völlig verformte Füße hatte.

Die Geschichte faszinierte mich und hielt mich so gefesselt, dass ich eine Zeitlang über nichts anderes mehr reden wollte. Ich stand also mitten in meiner Lieblingsbar, sah den Menschen um mich herum dabei zu, wie sie sich erbarmungslos anmachten, und alles, woran ich denken konnte, war, was ich Mutter Teresa fragen würde, wenn sie noch leben würde. Irgendein Typ gab mir an diesem Abend einen Drink aus und sagte mir, dass ihm meine Beine gefielen. Ich nutzte das, um von meinen Beinen auf Mutter Teresas Füße zu sprechen zu kommen. Ich brauche wohl nicht zu erwähnen, dass er mir keinen zweiten Drink spendierte. Doch während ich ihm beim Reden zuhörte, noch bevor ich ihre Füße ins Spiel brachte, bekam ich die Vorstellung nicht aus dem Kopf, wie ich Mutter Teresa einen Chai Latte zwischen die Finger schob und ihr einfach alle meine Fragen stellte: »Wie haben Sie das gemacht? Wie, ja, wie haben Sie es nur geschafft, eine zerbrochene Welt mit Ihrer Liebe zusammenzuhalten? Wie haben Sie die Leprakranken geliebt, Mama T? Und wie haben Sie die Ausgestoßenen so fest in Ihre Arme geschlossen?«

Ich stellte mir vor, wie sie den Kopf schüttelte und zu mir sagte: »Wie kannst du erwarten, die ganze Welt zu lieben, wenn du nur dich selbst siehst? Du weißt ja noch nicht einmal, wie man einen anderen Menschen wirklich liebt.«

Dann wiederum stellte ich mir vor, wie sie mich ganz freundlich am Handgelenk fasste und mit einem Lächeln auf ihrem faltigen Gesicht zu mir sagte: »Kindchen, Kindchen, du musst lernen, ein Licht zu sein. Kein Flackern. Keine gewöhnliche Glühlampe. Sondern eine dieser Laternen, die man oben auf einen Berg stellt, um den Menschen den Weg nach Hause zu weisen. So ein Licht musst du lernen zu werden.«

Das ist die beste Seite des freiwilligen sozialen Jahres. Ziel ist es – oder zumindest eines der vielen Ziele –, von einer Ich-Perspektive zu einer Wir-Perspektive zu gelangen. Den Großbuchstaben I um andere Is zu erweitern, so dass es zusammen ein W ergibt. *Wir.* Ein Leben zu führen, das sich um andere dreht, nicht um einen selbst. Während des Einführungsseminars erklärte man uns, dass alles andere wie von selbst in den Hintergrund rückt, sobald wir erst einmal die Wir-Perspektive eingenommen haben.

Ein Leben zu führen, in dem die eigene Person und die eigenen Wünsche zugunsten anderer in den Hintergrund rücken, klingt überaus romantisch, selbstlos und gut, dennoch ist es ein großer Unterschied, ob man nur darüber spricht, anderen Menschen helfen und ein besserer Mensch sein zu wollen, oder ob man tatsächlich Dinge aufgibt, um zu versuchen, so zu werden. Der Platz im Hintergrund ist unbequem, anstrengend und erfordert Mut, besonders in einer Kultur, in der uns beigebracht wird, immer an der Spitze und unter Strom zu stehen.

Wenn man allerdings betrachtete, wo wir wohnten, war es hier erheblich einfacher, in den Hintergrund zu treten, als irgendwo anders. Im Erdgeschoss unseres Wohnhauses befand sich ein Einwanderungszentrum, in dem zwei meiner Mitbewohnerinnen Englischkurse geben würden.

Das Saint Rita's Immigration Center stand Neuankömmlingen in der Bronx zu Diensten – hauptsächlich Vietnamesen und Kambodschanern. Viele der Einwanderer, die in und aus dem Zentrum strömten, waren in der Hoffnung nach Amerika gekommen, dass dort unbegrenzte Möglichkeiten auf sie warteten. Im Zentrum all dessen stand Schwester Jean Marshall – eine Frau, die ihr Herz von allem Überflüssigen befreit zu haben schien, um Platz zu schaffen für andere Menschen, insbesondere für die Menschen dieses Stadtviertels. An einer Wand im Zentrum hing ein Bild von ihr und Bill Clinton, aufgenommen, als sie und vier andere Amerikaner mit dem Eleanor Roosevelt Award für Menschenrechte ausgezeichnet worden waren. Oft schlüpfte ich frühmorgens aus dem Bett, lief die drei Stockwerke ins Zentrum hinunter, setzte mich in die Eingangshalle und schrieb Tagebuch. Ich mochte die Ruhe dort. Ich mochte es, genau in der Mitte des Raumes zu sitzen und mir vorzustellen, wie sich das Zentrum in nur wenigen Stunden mit Menschen füllte. Es war, als würden mir die Wände Kraft für den Tag geben. Nicht viele Leute können behaupten, dass das Erdgeschoss ihres Zuhauses hunderten Menschen als Lebensader dient.

Am Tag eins in der Bronx schleppten wir unsere Koffer die drei Stockwerke zu unserem Apartment hinauf und begannen nach und nach, unser Leben auf die Schlafzimmer zu verteilen, die von dem langen Flur abgingen. Ich wünschte, ich könnte mich noch erinnern, welche Farbe die Teppiche hatten oder wie die Wände beschaffen waren, doch an diesem Punkt verlässt mich meine Erinnerung – oder besser gesagt jener Teil von mir, der jedem Detail gern eine Bedeutung beimisst. Es ist nämlich so: Wenn in meinen Augen keine welterschütternde Offenbarung hinter irgendetwas steckt, dann vergesse ich es komplett wieder. Für mich kann es nicht einfach nur eine Speisekammer sein. Es ist nie einfach nur ein Dachboden. Ihr könntet mir den blauen Fliesenboden in eurer Küche zeigen, und es bestünde nicht der Hauch einer Chance, dass ich mich daran erinnere. Wenn ihr mir aber erzählt, wie kühl sich die Fliesen an der Stirn anfühlen, wenn man eine Weile zu einer Kugel zusammengerollt daraufliegt, würde sich deren Blau für alle Zeiten in mein Gedächtnis einbrennen.

In meinem Schlafzimmer hingen knallrote Vorhänge, die zu rein gar nichts im Raum passten. Trotzdem nannte ich es das Zimmer mit den roten Vorhängen, denn sie machten den Raum zu etwas Besonderem. Als mich meine Mutter das erste Mal in der Bronx besuchte und ich sie an der U-Bahn-Station Fordham Road abholte, stand sie dort mit ihrer leuchtend roten Digitalkamera am Handgelenk. Ich fragte sie, was sie damit fotografieren wolle.

»Na, die Gegend«, antwortete sie leichthin.

Auf dem Weg zu meinem Apartment wurde ihr klar, dass die Gegend, in der ich wohnte, nicht gerade viele Motive zum Fotografieren bot. Sie schoss während ihres gesamten Besuchs nur ein einziges Foto: von meinen roten Vorhängen.

Das Erste, was ich in dem Zimmer mit den roten Vorhängen machte, war, Briefe aufzuhängen. Nur so kann ich die vier Wände, in denen ich wohne, in ein echtes Zuhause verwandeln. Ich brauchte schon immer die Nähe von Worten, um mich von ihnen in einen Umhang aus Weisheit und Hoffnung hüllen zu lassen.

Die Briefe nahmen fast drei meiner Wände ein. Wenn Leute mich fragten, von wem sie seien, sagte ich, von meinen besten Freunden und von meiner Mutter. Die meisten der Briefe aber waren das Ergebnis eines einzigen Wortes: *mandare*.

Mandare war eine Tradition an meinem College. Es ist ein Wort aus dem Italienischen und heißt »versenden«. Am Ende eines besinnlichen Wochenendes, das jeder Abschlussjahrgang zusammen verbrachte, um vor den Prüfungen Kraft und Ruhe zu tanken, saßen alle Studenten noch einmal zusammen. Dort tauchte dann plötzlich ein halbes Dutzend Freiwillige mit großen, braunen Papiertüten in den Händen auf. Auf jeder Tüte stand fett mit schwarzem Filzmarker geschrieben der Name eines Anwesenden. In den Tüten befanden sich Briefe, die in den Wochen zuvor von Familienmitgliedern, engen Freunden und Verwandten eingesammelt worden waren. Sie alle hatten einen Brief in ihrem Briefkasten vorgefunden, in dem sinngemäß stand: »Hey, dieser Mensch in deinem Leben macht gerade seinen College-Abschluss. Bitte schreib ihm ein paar Zeilen, die ihn zu Tränen rühren.« Es war vermutlich etwas offizieller formuliert, aber die Menschen hatten die Möglichkeit, sich die Seele aus dem Leib zu schreiben und gute Wünsche für die Zukunft zu formulieren, die sich fraglos nachhaltiger anfühlen würden als eine Nachricht über Facebook. Eine gute Stunde lang rannen mir Tränen übers Gesicht, während ich Briefe von meinen Eltern, Tanten, besten Freunden und von Menschen las, mit denen mich bisher nicht mehr verbunden hatte, als dass wir uns ein paar Mal auf dem Campus zugewinkt hatten. Und ich erwischte mich dabei, wie ich mich in dem Raum nach Kommilitonen umschaute, die nur ganz wenige Briefe in ihrem Schoß liegen hatten. Oder gar keine Briefe, abgesehen von denen, die sie von Leuten bekommen hatten, die unbedingt noch etwas hatten loswerden wollen wie: »Wir sind uns einmal über den Weg gelaufen. Du hattest einen blauen Pulli an. Du bist bestimmt nett. Viel Glück beim Abbezahlen deines Studienkredits!« Ich saß in einem Tümpel aus Rotz und Buchstaben und konnte nicht aufhören, über diese Menschen nachzudenken. Selbst nachdem ich meine Briefe zusammengepackt und nach Hause gebracht hatte, überlegte ich, wie es wohl wäre, jemandem, den ich gar nicht kannte, etwas Derartiges – ein dickes Bündel Liebesbriefe – zu geben. Jemandem, der so etwas sonst vielleicht nie bekommen würde. Ob Fremder oder nicht, wir alle wollen von Zeit zu Zeit an die gleichen Dinge erinnert werden: Du bist es wert. Du bist einzigartig. Du schaffst das.

Das Erste, was wir bei unserer Ankunft in der Bronx feststellten, war, dass sich bei dem Einführungsseminar niemand einen Scherz erlaubt hatte, als man uns sagte, dass wir in einem Haus wohnen würden, das an eine Kirche grenzt. Eine sehr, sehr große Kirche. Die Kathedrale der Bronx, um genau zu sein. Sie stand praktisch dort, wo andere Leute eine Terrasse hatten. Nach dem Motto: »Ja, ja, kein Ding. Ich weiß, dass da eine riesige katholische Kirche in meinem Hinterhof steht.«

Nachdem wir unsere Koffer ausgepackt hatten, erwartete uns ein Priester der Pfarrei von nebenan am Tor, um uns herumzuführen. Unsere erste Station war die Kirche.

»P. Diddy hat hier einmal ein Musikvideo gedreht«, erzählte er uns, als wir auf den Haupteingang der Kirche zugingen. »Das war ganz schön aufregend.« Ich googelte das am gleichen Abend noch und tatsächlich, da war P. Diddy in seinem Musikvideo zu »Angels«. Spult man zu Minute 2:16 vor, sieht man Diddy mackermäßig in die Kirche stolzieren, kurz bevor er auf einem Motorrad durch die Straßen seines Viertels braust.

Der Vordereingang der Kirche war mit Brettern vernagelt, weshalb wir zu einem provisorischen Nebeneingang gingen. Der Priester erklärte uns, dass Unbekannte ein paar Monate zuvor ein Feuer am Haupteingang der Kirche gelegt hatten, aber ich bezweifle, dass jemals aufgeklärt wurde, wer das getan hat. Drinnen beteten Menschen gerade, als es passierte. Sie bemerkten nicht einmal, dass es brannte, bis sie von einem Gemeindemitglied aus der Kirche gescheucht wurden. Trotz massiver Bauarbeiten fand jeden Sonntag die Messe statt – auf Spanisch und auf Englisch.

Wir blieben einen Moment lang schweigend vor dem Eingang zur Kirche stehen. Meine Schultern strafften sich. Meine Hände begannen zu schwitzen. Und ganz ehrlich? Meine Hände schwitzen auch jetzt. Mein Herz schlägt schneller. Ich kann gar nichts dagegen tun, mein Körper reagiert einfach immer so, wenn ich das Thema Gott zur Sprache bringen muss – genauer gesagt, das Thema Religion.

Ich sage *Religion*, obwohl ich das Wort heute eigentlich gar nicht mehr benutze. Ich sage es, weil ich damals dachte, es gäbe nur dieses eine Wort, bis ich irgendwann einen Pfarrer im Fernsehen sagen hörte, dass es um eine Beziehung zu Gott geht. Das gefällt mir besser. Beziehungen sind etwas, das ich verstehe, meistens jedenfalls, und deshalb beruhigt es mich, als bestünde dadurch die Hoffnung, auch Gott zu verstehen.

So oder so, ich finde, Religion ist ein schwieriges Thema, und nur allzu oft sind wir von Menschen umgeben, denen es einzig darum geht, recht zu behalten. Als wäre die Suche nach einem Begriff für das, was uns letztlich erfüllt, etwas, worin man recht haben kann. Was meine eigene Beziehung zu Gott angeht, so kann ich nur sagen, dass es als ein Verlangen nach etwas Größerem begann, nach etwas, das über meine eigene Existenz hinausgeht. Und damals wusste ich nicht, ob das nun Gott war oder bedingungslose Liebe oder ein Erlöser oder einfach nur jemand, der mir all das geben konnte, was Menschen mir scheinbar nicht geben konnten.

Dennoch hatte ich mich für ein freiwilliges Jahr innerhalb einer kirchlichen Organisation entschieden. Genauer gesagt war es ein Programm der katholischen Kirche mit besonderem Schwerpunkt auf dem Leben des Heiligen Augustinus. Es gab da diesen Satz im Informationsmaterial zum Programm: *Unruhig ist unser Herz, bis es ruht in dir.* Ich mochte diesen Satz. Ich mochte es zu wissen, dass ein unruhiges Herz kein Unglück war. Ich mochte die Vorstellung, eines Tages einen Gott zu finden, der mich einfach in sich ruhen lassen würde. Doch als die Leute mitbekamen, dass ich ein freiwilliges soziales Jahr innerhalb der katholischen Kirche leisten wollte, sahen sie mich an, als wäre ich verrückt, denn ich war weder gefirmt, noch würde ich mich als Katholikin bezeichnen. Am liebsten hätte ich zu ihnen gesagt: »Gott ist Gott, oder? Und wenn Gott so ist, wie ihn die Leute immer darstellen, dann wird er schon auftauchen, ganz egal, welche Konfession wir dabei für wichtig halten.«

Ich sagte das natürlich nicht. Aber ich hätte es gern. Stattdessen erklärte ich den Leuten, dass ich fand, es passe perfekt, weil ich schon als Kind von Nonnen und vom Aschermittwoch fasziniert gewesen war. Stellt euch ein Mädchen in der Grundschule vor, Beine so dünn wie Zollstöcke, das sich in der Mädchentoilette nervös Bleistiftspäne an die Stirn reibt. Das war ich. Ich war neidisch (regelrecht eifersüchtig) auf meine katholischen Mitschülerinnen, weil sie eine Religion hatten, die es ihnen ermöglichte, hübsche, weiße Kommunionkleider zu tragen und sich bei der Firmung einen zweiten Vornamen auszusuchen, während alles, was ich hatte, die Wahl war zwischen einer Zahnspange und einem Leben als Vampir. Alles, was es in meiner kindlichen Vorstellung von Kirche gab, waren Bibelspiele und die Aussicht, in ein Becken mit kaltem Wasser getaucht zu werden. Daher meine Entscheidung, hinsichtlich meines Glaubens zu lügen und mir jeden Aschermittwoch die Minen meiner Einhorn-Bleistifte an die Stirn zu reiben, um mich meinen rußköpfigen Klassenkameraden optisch anzupassen.

Ich wollte dazugehören. Und ich schätze, wenn man jung ist, dreht sich im Grunde alles darum. Ich wollte cool sein. Ich wollte akzeptiert werden. Und wenn ich genau darüber nachdenke, werden wir dieses Bedürfnis vielleicht auch später nicht mehr los. Vielleicht dreht sich zeitlebens alles, was wir tun, sagen und glauben, um diesen einen Wunsch: *Ich will dazugehören.*

Meiner Kirche fühlte ich mich als Kind definitiv nie zugehörig. Meine Schulkameraden sahen immer so sterbenslangweilig aus in ihren Sonntagskleidern, während ich meiner Mutter nicht einmal erlaubte, mir eine Haarbürste zu kaufen. Sie trugen Miniatur-Anzüge und lavendelfarbene Kleidchen mit Blümchen am Kragen, während ich dieses dürre, kleine Etwas war – nicht ohne Grund war mein Spitzname *Knochengerüst,* da ich bis zu meinem zwölften Lebensjahr nur Haut und Knochen war –, das in Cowboystiefeln und weißen Michael-Jackson-Handschuhen umherstolzierte. Meine Freunde waren alle völlig verrückt nach diesen Bibelspielen über Jesus und seine Jünger – einer Faszination, der ich überhaupt nichts abgewinnen konnte. Auf mich wirkte Jesus immer ein bisschen wie ein Angeber. Er war wie der Typ, den in der Highschool früher oder später alle hassten, weil er so ein Moralapostel war. Und wirklich süß war er auch nicht. Ich dachte mir immer, dass er viel besser bei Frauen hätte landen können, wenn er sich mal die Haare geschnitten hätte. Das hätte seine Chancen bei ihnen um einiges erhöht, und dann hätte er seine ganzen coolen Wunder seiner Freundin vorführen können statt immer nur den vielen Typen. Also ich hätte mich auf jeden Fall mit einem Kerl verabredet, der Wasser in Wein verwandeln konnte.

Meine Klassenkameraden hatten alle eine Mom und einen Dad, die in den Kirchenbänken saßen wie Buchstützen. Meine Mom machte den Kirchgang immer im Alleingang, ohne meinen Dad, der lieber zu Hause blieb. Ich sah nicht gern, wie der junge Vater das Baby im Kindersitz neben sich auf die Bank stellte. Ich sah nicht gern, wie die Frau ihren Kopf auf seine Schulter legte und wie er mit seinen Fingern kleine Kreise auf ihrem Rücken zeichnete. Ich hörte nicht gern die höhnische, kleine Stimme in meinem Kopf: »Du? *Du* glaubst tatsächlich, dass du das einmal haben wirst? Du bist echt plemplem, Kleine. Du. Bist. Einfach. Nur. Plemplem.« Die Stimme verschwand nie, auch nicht, als ich älter wurde. Bis heute sitze ich in der Kirche – sehe in meinen bauchfreien Oberteilen und hautengen Jeans billiger aus, als ich zugeben würde – und frage mich, ob ich jemals jemanden heiraten werde, der vor dem Essen meine Hand nimmt und mit mir für all das betet, was Menschenhände nie werden vollbringen können.

Ich schätze, ich habe irgendwann einfach aufgehört, diese Dinge zu wollen. Oder ich habe aufgehört, so zu tun, als ob ich sie wollte. Und ab dem Moment, als meine Mutter nicht mehr darauf bestand, dass wir neben ihr auf der Kirchenbank saßen, und mir klar wurde, dass ich es ohnehin immer nur aus Pflichtgefühl ihr gegenüber getan hatte, ging ich nicht mehr in die Kirche. Nur einmal spionierte ich einem Schwarm aus der Sonntagsschule nach, in der Hoffnung, er hätte vielleicht die ganze Zeit nur auf mich gewartet. *Vielleicht kann ich ja doch noch heilig werden*, war mein genauer Gedanke, als ich ihn auf Facebook fand, ihm eine Freundschaftsanfrage schickte und darauf wartete, dass er sie annahm. Die ganze Nacht wartete ich auf eine Nachricht, in der so etwas stand wie: *Mein Lämmchen, der Herr hat mich geheißen, auf dich zu warten, und so lechze ich vor deinem Profilbild wie ein Hirsch nach Wasser.* Er schrieb mir nie. Er nahm einfach nur die Freundschaftsanfrage an. Und dann stolperte ich über

Bilder von ihm, auf denen er kaum etwas anhatte, und heute bin ich mir ziemlich sicher, dass er auf Jungs steht, also schätze ich mal, dass ich einfach nicht sein Typ war. Unsere Liebesgeschichte nahm ein jähes Ende.

In dem Einführungsseminar für das soziale Jahr in der Woche zuvor waren wir gebeten worden, unsere »Glaubensreise« aufzuschreiben und sie anschließend den sechsundzwanzig anderen aus der Gruppe vorzustellen.

Glaubensreisen sind im Grunde alle Irrungen und Wirrungen, die wir auf der Suche nach Gott durchlaufen, und wie diese erste Begegnung unser Leben dann im Weiteren beeinflusst. Wir alle hatten unsere ganz eigenen Gründe, an dem Programm teilzunehmen, doch ich denke, dass es da ein paar Dinge gab, die wir alle wollten, wenn auch in unterschiedlicher Reihenfolge. Manche von uns wollten weg. Andere wollten noch ein Jahr mehr, um sich zu orientieren. Die meisten wollten etwas mit ihren Händen tun, um zu spüren, dass sie etwas taten, das wirklich von Bedeutung war. Viele von uns wollten endlich Gottes Gesicht und seine schwieligen Hände sehen, von denen wir all die Jahre gehört hatten.

Ganz gleich, ob wir ihm eingepfercht in Kinderbibelgeschichten begegnet waren oder ob wir ihn in moderner Religion gefunden hatten, es wurde Zeit, einen Schritt weiterzugehen und unsere Fragen nach oben zu richten: *Wie bewegst du dich, Gott? Und wie tanzt du? Und erzähl mir von den Engeln. Und was hast du gedacht, als du ein Geschöpf wie mich gebastelt hast?*

Gott nahm im Laufe dieser Woche viele Formen und Gestalten an, als einer nach dem anderen aufstand und seine Geschichte vorstellte. Für manche schien er an jeder

Straßenecke und Kreuzung zu stehen. Andere teilten ihn auf und ließen ihn nur in bestimmte Bereiche ihres Lebens vor. Von manchen wurde er als flüsternd und eher ruhig beschrieben. Bei anderen polterte er gewaltig. In meiner Vorstellung hatte Gott immer ausgesehen wie Meister Proper, und je mehr ich nun versuchte, dieses Bild aus meinem Kopf zu kriegen, desto formschöner tauchte dieser Gott mit den buschigen, weißen Augenbrauen, den stechend blauen Augen und dem strahlend weißen T-Shirt in den Geschichten der anderen auf.

Jedes Mal, wenn jemand aufstand, um seine Geschichte vorzulesen, sah ich die Meister-Proper-Version von Gott vor mir, wie sie sich in ihrem himmlischen Gartenstuhl zurücklehnte, rosa Limonade trank und unsere Schilderungen mit Schnauben und Prusten kommentierte. Ich stellte mir vor, wie Gott mit dem Kopf wackelte und die Faust zur Siegergeste hob, wenn die Geschichten gut gerieten und er den Helden spielen durfte. Ich stellte mir vor, wie er sich Notizen machte und einzelne Passagen anstrich, wenn er Dinge in Ordnung bringen musste. Ich sah ihn eiergroße Tränen vergießen, wenn seine eigenen Geschöpfe einander Schaden zufügten. Ich stellte mir vor, wie er ein bisschen rot wurde, wenn wir nette Dinge sagten und ihm schmeichelten.

Einige Geschichten waren kurz und gut. Anderen konnte ich nur schwer folgen, weil ich so abgelenkt war von der zittrigen Stimme und den nervösen Zuckungen des Erzählers. Mich fesselten die Geschichten, die offen endeten oder noch Schwachstellen aufwiesen, denn ich schätze, dass es mir mit meinem eigenen Glauben genauso ging. Als wäre ich noch lange nicht am Ziel. Als stünde ich erst ganz am Anfang.

Wir fünf aus der Bronx waren die letzten, die ihre Geschichten vorstellen sollten. Während die anderen Teilnehmer des Programms nach einem langen Tag ins Bett gingen oder sich auf den Hotelzimmern trafen, um einander besser kennenzulernen, saß ich unten in der Hotellobby am Computer, inmitten von Geschäftsleuten, die ihre E-Mails checkten, und versuchte, Gott zu Papier zu bringen. Ich wollte, dass die anderen mir glaubten, was ich sagte. Ich wollte mir selbst glauben. Doch jedes Mal, wenn ich meine Finger auf die Tastatur legte, um etwas zu schreiben, dachte ich nur: *Was, wenn ich Dich gar nicht kenne? Was, wenn ich nur einen Haufen Lügen schreibe, damit diese Fremden glauben, ich hätte Dich gefunden?*

Gefunden ist ein gutes Stichwort. Denn alles, was ich »fand«, als ich mich hinsetzte, um meine Geschichte aufzuschreiben, waren Erinnerungen daran, wie ich im Strudel einer vermeintlich christlichen, manipulativen Sekte trieb, in die ich am College geraten war. In verschiedenen Städten und an deren Colleges ist sie verboten. Dutzende Nachrichtensender haben in den letzten Jahren verdeckt ermittelt und Enthüllungsberichte veröffentlicht. Wie es scheint, haben sich Struktur und Strenge der Glaubensgemeinschaft inzwischen verändert, doch damals wurde sie in der einschlägigen Literatur noch als Sekte geführt.

Natürlich hätte ich jeden ausgelacht, der mir vorher gesagt hätte, ich könnte einmal in so etwas hineingeraten. Ich hatte das Wort *Sekte* bis dato immer mit einer Reihe anderer damit verknüpfter Dinge verbunden: der Massensuizid von Jonestown, Charles Manson, Gehirnwäsche, Menschen, die ihre Familien über Nacht verlassen.

Es war in meinem dritten Jahr am College. In den ersten

beiden Jahren hatte ich meiner Mutter dabei zugesehen, wie sie lernen musste, ohne ihre Mutter zu leben und dieses ewige Auf und Ab mit meinem Bruder durchzustehen – ihrem eigenen Jungen, der abhängig war von Schmerzmitteln, deren lange Namen ich nie richtig aussprechen konnte. Ich sah meine Mutter in der Küche stehen, nachdem mein Bruder und ich uns Worte ins Gesicht gebrüllt hatten, die wir niemals würden zurücknehmen können, und fragte mich, woher sie die Kraft nahm, so stark zu sein. Wie sie es schaffte, mit anzusehen, wie sich ihr wundervoller Junge in einen Fremden verwandelte, sobald er kleine Tabletten schluckte.

Damit keine Missverständnisse aufkommen: Mein Bruder ist nie gemein oder gefährlich geworden; in seinem Herzen ist er immer der gleiche süße und zuverlässige Kerl geblieben. Es fiel mir nur einfach unendlich schwer, mit ihm in einem Raum zu sein und mir nicht zu wünschen, ihm würde Besseres an die Haustür geliefert werden, eine Pizza zum Beispiel.

Vielleicht weinte meine Mutter seinetwegen öfter, als ich je erfahren werde, trotzdem sah ich sie bei meinen Besuchen in den Semesterferien jeden Morgen bei derselben Routine. Sieben Uhr: Filterkaffee aus der Herdkanne. Ein Schuss Kaffeesahne. Eine aufgeschlagene Bibel, die seit Jahren in demselben Ledereinband steckte, aus den Seitenfächern quollen alte Gemeindebriefe. Aus dieser Bibel schrieb sie dann Bibelstellen ab, bis die zweite Kanne Kaffee leer war. Sie hütete die Abhängigkeit meines Bruders wie ein Geheimnis. Es war, als hätte jedwede Düsternis nicht den Hauch einer Chance gegen all die Freude, mit der sie sich umgab. Sie betete am Spülbecken. Sie schmuggelte in alle Briefe, die sie mir schrieb, Bibelverse – nicht weil sie glaubte, mir bei der Suche nach Gott helfen zu müssen. Ich denke einfach, sie wusste, dass ich zufriedener wäre, wenn ich zugeben würde, dass er schon da war.

Also beschloss ich im Herbst meines dritten Collegejahres, Gott finden zu wollen. Für mich, aber vor allem für sie. Um ihr zu zeigen, dass ich ihn tatsächlich gefunden hatte. So wie Elizabeth Gilbert in *Eat Pray Love*, nur ohne Indien, Bali und feurige Italiener, begab ich mich auf die Suche nach Gott. Ich war neunzehn Jahre alt und raste suchend über den Campus eines katholischen Colleges, als wäre Gott der Weltenbummler Walter aus den Wimmelbüchern, die ich jahrelang abgesucht hatte.

Ein Jahr zuvor hatte mich eine Studentin gefragt, ob ich nicht Lust hätte, mich mit ihr zum Bibelkreis zu treffen. Sie fragte mich das nicht nur ein Mal, um genau zu sein. Ich sagte immer nein. Bis ich ja sagte. Und so fing ich an, mit ihr in der Bibel zu lesen und in ihre Kirche zu gehen. Es war immer noch eine andere Frau mit uns im Raum, wenn wir uns trafen, die Notizen für mich machte. Ich fand es ziemlich seltsam, dass sie oft bis spät abends bei uns im Wohnheim blieb, obwohl sie zu Hause eine Familie hatte. Ich erinnere mich an ein Treffen, bei dem das Mädchen und die Frau mich baten, eine neue Seite in meinem Notizbuch aufzuschlagen. Auf diese Seite sollte ich alle Sünden schreiben, die ich begangen hatte. Ich weiß noch, wie ich dachte: *Hm, letzte Woche? Oder letztes Jahr?* Doch sie sagten, dass ich alle aufschreiben solle. Jede einzelne Sünde, an die ich mich erinnern konnte.

Erinnerungen an Lügen und Schmerz, Sucht und Lust füllten die Seiten des Notizbuches. Ich weiß noch, wie ich dachte, dass ich mir nach dem Treffen ein neues kaufen müsse. Das hier wollte ich nicht mehr. Und als ich fertig war mit Schreiben, sollte ich alles laut vorlesen und jede Sünde ausführlich erklären. Meine Hände glühten. Ich schämte mich, über Abende zu reden, an denen ich zu viel getrunken hatte oder über Nächte, in denen ich mit irgendwem einen One-Night-Stand gehabt hatte. Es war schrecklich, in allen Einzelheiten zu erzählen, was genau passiert war. Als würde man sich aufgrund solcher Dinge nicht schon leer genug fühlen. Aber mit Menschen darüber zu sprechen, die praktisch Fremde waren, mich vor ihnen unter diese Glocke aus Scham zu setzen, gab mir das Gefühl, vollkommen wertlos zu sein.

Rückblickend macht mich das alles ziemlich traurig, denn selbst in diesem demütigenden Augenblick wünschte ich mir nichts mehr, als genau das zu haben, was diese Menschen hatten. Alle waren so nett zu mir. Alle wollten mich wirklich kennenlernen. Ich fühlte mich aufrichtig geliebt und als Teil der Gruppe. Auch wenn ich nicht mit allem einverstanden war, was diese Leute mir sagten, so übertraf doch nichts das Gefühl dazuzugehören: *Du wirst geliebt. Du bist in Ordnung. Du bist vollkommen.* Erst als ich eine Nachricht von einem Jungen aus der Gemeinschaft bekam, in der stand: »Ich kann es kaum erwarten, dich meine Schwester in Christus zu nennen«, merkte ich, dass da etwas zwischen uns stand. Dass uns etwas trennte. Da war es wieder, dieses Gefühl. Das Gefühl, nicht richtig dazuzupassen.

Das war der Moment, in dem ich erfuhr, dass ich noch nicht im Licht war. Genauer gesagt stellte sich das im Laufe einer Bibelstunde heraus. Während wir Bibelstelle für Bibelstelle lasen, wurde mir klar, dass nur jene im Licht waren, die in die Gemeinschaft dieser Kirche hineingetauft waren. Erst dann würde Gott etwas mit mir zu tun haben wollen.

Der Weg zur Erlösung führte einzig über diese Kirche. Meine Freunde würden in die Hölle kommen – ich musste sie retten. Meine Familie würde in die Hölle kommen – ich musste sie retten. Mein gesamter Campus, »alles Wölfe im Schafspelz«, würde in die Hölle kommen. Und ich, sollte ich von diesem Weg abkommen … wäre auch verdammt.

Also beschloss ich, mich in dieser Kirche taufen zu lassen, und wurde fortan mit Regeln überhäuft, was ich zu tun und zu lassen hatte, sobald ich erst einmal Mitglied war. Ich dürfte nicht auf Partys gehen. Ich dürfte keinen Alkohol trinken. Ich dürfte mich nicht mit Jungs verabreden, die nicht der Gemeinschaft angehörten. Meine Aufgabe wäre es, andere zu disziplinieren. Mein Ziel wäre es, mehr Menschen ans Taufbecken und noch mehr Menschen in die Kirche zu bekommen. Ich weiß noch, wie ich dachte: *Gott, ich will kein Regelwerk. Ich will etwas fühlen.*

Am Abend vor der Taufe bat mich die ältere Frau noch einmal um ein Treffen. Sie wollte ein letztes Thema mit mir besprechen, bevor ich gerettet werden konnte: meine Mutter. Sie sagte, dass meine Mutter in die Hölle kommen würde, wenn es mir nicht gelänge, dass sie dieser Kirche beitrat. Ich müsste sie retten.

Das war's für mich. Ich denke, das bewirkte den Bruch. Ich wollte ihr ins Gesicht schreien: »Sie haben keine Ahnung, was für eine gottesfürchtige Frau meine Mutter ist. Immer und immer wieder hat meine Mutter mich gerettet. Sie haben kein Recht, sie zu verdammen.«

Ich weiß, dass ich sofort den Raum hätte verlassen sollen. Stattdessen willigte ich ein, meine Mutter retten zu wollen, damit ich selbst gerettet werden konnte. Ich war die endlosen Hürden leid. Ich wollte einfach nur gerettet werden.

Ich werde vermutlich nie erfahren, warum es so kam, aber zwanzig Minuten vor meiner Taufe erzählte ich meiner Mitbewohnerin, was ich vorhatte. Ich erinnere mich nicht mehr an meine genauen Worte, ich weiß nur noch, dass ich auf der Türschwelle zwischen ihrem und meinem Zimmer stand und zu ihr sagte, dass ich an diesem Abend verändert nach Hause kommen würde, praktisch wie ein neuer Mensch. Sie antwortete, dass sie nicht wolle, dass ich gehe. Wo auch immer ich vorhatte hinzugehen, sie wolle nicht, dass ich gehe. In den nächsten Stunden schwankte ich zwischen panischem Schreien und hysterischem Weinen hin und her. Bis heute sagt meine Mutter, dass sie nie zuvor solche Angst um mich hatte wie in diesem Moment, als sie den Telefonhörer abnahm und mich stammeln hörte: »Ich will nicht in die Hölle kommen. Bitte hilf mir. Ich komme sonst in die Hölle.« Ich hatte niemandem, auch ihr nicht, erzählt, mit wem ich mich traf, was wir dort machten oder dass ich plante, mich taufen zu lassen. Ich wollte sie überraschen. Ich wollte, dass sie stolz auf mich war, weil ich zum Glauben gefunden hatte.

Ich ließ mich an diesem Tag nicht taufen. Stattdessen telefonierte ich zwei Stunden lang mit der Frau eines Kirchenältesten aus der Gemeinde, in der ich aufgewachsen war. Meine Finger krallten sich in den Teppich, als ich sie wieder und wieder durch den Hörer sagen hörte: »Du kommst nicht in die Hölle. Keine Angst, das wird nicht geschehen.«

Erst als ich am nächsten Tag im Büro meines Studienberaters saß, der sich mir stolz als Atheist vorstellte, begann ich zu realisieren, was hier eigentlich vor sich ging. Ich sagte ihm, dass ich ins Licht kommen müsse. Mitten im Gespräch über die Wahl meiner Kurse für das nächste

Semester erzählte ich ihm, dass ich ins Licht kommen wolle. Er schickte mich auf der Stelle zur Studentenseelsorge. Das war sehr klug von ihm. Schließlich gibt es nun wirklich keinen erkennbaren Zusammenhang zwischen »im Licht sein« und dem Kurslevel für kreatives Schreiben. Eine halbe Stunde später stand ich wieder in seinem Büro, in der Hand den Namen einer Gruppe, den mir die Frau am Empfang der Studentenseelsorge genannt hatte. Vieles von dem, was ich erzählt hatte, war ihr bekannt vorgekommen, darum sollte ich im Internet diese spezielle Gruppe googeln. Mein Berater bot mir an, seinen Computer zu benutzen, und er stand hinter mir, als ich den Namen der Gruppe in die Suchmaschine eingab. Das Wort SEKTE sprang uns vom Bildschirm entgegen. Ich las den Eintrag: »Diese Gemeinschaft weist alle nötigen Merkmale auf, um als manipulative Sekte eingestuft zu werden, darunter die Lehre, der einzig wahre Weg zur Erlösung zu sein, emotionales Ködern, Täuschung zum Ziele der Anwerbung, Bewusstseinskontrolle und vieles mehr.«

Ich war eine der letzten, die an diesem Abend die studentische Beratungsstelle verließ. Ich saß in einer Ecke des Raumes, in der vier Computer standen, und las schluchzend Berichte über Frauen, die ihre Ehemänner, und junge Männer, die ihre Freundinnen verlassen hatten – Schritt für Schritt oder von einem Tag auf den anderen –, um in dieser Sekte Erlösung zu finden. Ich schrieb alles auf, was ich erlebt hatte, und übergab es am nächsten Morgen der Studentenseelsorge.

So unglaublich es klingen mag, aber ich versuchte tatsächlich, diese ganze Geschichte in zwei Sätze zu verpacken und sie ganz unauffällig in meine Glaubensreise zu schmuggeln. Es funktionierte nicht. Die anderen Freiwilligen hatten alle möglichen Fragen. An unserem letzten Abend, bevor wir zu unseren unterschiedlichen Bestimmungsorten aufbrachen, kam die Geschichte noch einmal auf den Tisch. Wir hatten den Tag in Atlantik City verbracht, waren auf einem Boot die Küste entlanggeschippert und krebsrot wieder ausgestiegen. Wir wuschen uns den Sand und das Salz von der Haut und schlüpften zum Abendessen in unsere besten Khakihosen und Sommerkleider. Als wir in einem italienischen Restaurant direkt am Wasser auf unser Essen warteten, fragte mich jemand, ob ich nicht mehr von der Geschichte erzählen könne. Also erzählte ich der Gruppe, was wirklich geschehen war. Wie in einer Blu-ray-Sonderedition fügte ich alle gelöschten Szenen wieder ein. Und als ich fertig war, fragte mich jemand, was danach geschehen sei. Irgendjemand fragt immer nach dem »Danach«. Was geschah, nachdem sie dich ausgeweidet und dir das Namenschild »selbstsüchtigste Sünderin des Jahrhunderts« an die Brust geheftet hatten? Was geschah, nachdem die Univerwaltung sämtliche Studenten per E-Mail über die Gefahr einer religiösen Glaubensgemeinschaft am Campus gewarnt hatte? *In welchem Loch hast du dich verkrochen, Hannah?*

Nun, ich stellte kurz darauf fest, dass ich mit meiner »Sekten-Story« auf Partys und bei Treffen richtig für Unterhaltung sorgen konnte. Außerdem war es eine bombensichere Methode, um einen Typen beim ersten Date zu beeindrucken, denn wer konnte schon einen Satz beginnen mit: »Als ich einmal fast in einer Sekte war.« Ich wurde richtig gut darin, die Geschichte zu erzählen, darüber zu witzeln, ohne je an den Punkt zu gelangen, wo es wehtat. Ich denke, hätte man nur tief genug gebohrt, wäre man bestimmt auf den wahren Schmerz gestoßen, der in mir verborgen lag, damals, als alle meine Gebete dem Verlangen entsprangen, Gott an den Schultern packen und schreien zu wollen: »Warum hast du mich dermaßen in die Scheiße geritten, als ich nach dir gesucht habe? Wie kannst du nur zulassen, dass aus deiner Religion etwas derart Hässliches wird, wenn sie in die Hände bestimmter Menschen gerät?«

Ich erinnere mich, wie ich ein paar Tage, nachdem sich die Dinge auf dem Campus beruhigt hatten, meine Mutter bei der Arbeit anrief, um ihr von meinen neuesten Entdeckungen zur psychologischen Taktik der Gemeinschaft zu berichten. So war ich schon immer: Ich steigere mich vollkommen in die Recherche von Dingen hinein, die ich nicht begreife. In diesem Fall lagen nun stapel- und ordnerweise Erfahrungsberichte und Artikel über die Gemeinschaft vor mir.

»Du glaubst nicht, was ich heute herausgefunden habe. Erinnerst du dich, als ich dir erzählt habe, wie sie …«

»Hannah«, fiel sie mir mitten im Satz ins Wort. »Ich weiß, dass du das alles begreifen willst. Und das verstehe ich. Aber ich weiß auch, dass es dir dabei weniger um die Antworten geht als vielmehr darum, wo Gott in alldem ist.«

Sie zögerte. »Vielleicht denkst du einmal darüber nach, dass Gott es war, der dich da rausgeholt hat. Dass er im richtigen Moment eingeschritten ist. Und jetzt bist du draußen.«

Und mit dieser Empfehlung – diesem weisen Wort meiner Mutter – packte ich mein störrisches Herz und ein paar Klamotten und nahm mir übers Wochenende eine Auszeit. Und in den Bergen von Massachusetts – in einem Erholungszentrum, in dem es die beste Seelennahrung der nördlichen Hemisphäre gab – ließ ich meine Verbitterung zum ersten Mal los. Ich legte sie einfach für eine Weile ab. Ich erkundete die Gegend, die von traumhaften Bergen umgeben war, die zu weit in der Ferne lagen, um je an den Punkt zu gelangen, wo der Himmel die Erde berührt. Und es wurde so viel gelacht in dem kleinen gelben Zimmer, das sich fünf Mädchen und ich mit einem Bild von Jesus teilten, das hoch über uns an der Wand hing und auf dem er aussah wie ein Model aus der *GQ*. Hier saßen wir zwischen den Seminaren zusammen und schlossen eine ganz besondere Freundschaft, für die es nur einen Namen gibt: *GQ* Jesus. Und hier, in diesem Raum, lernte ich meine beste Freundin Celia kennen. Wäre die Sekte nicht gewesen, hätte ich Celia nie kennengelernt. Und solltet ihr auch so eine beste Freundin haben, die euch besser kennt, als ihr euch selbst, dann werdet ihr sofort verstehen, warum es so wichtig war, sie in diesem gelben Zimmer kennenzulernen.

Das war die Version des »Danachs«, zu der ich immer gestanden hatte. Sie war stichhaltig, überzeugend und ließ sich durch nichts erschüttern. Zumindest nicht bis zu dem Tag in der Kathedrale der Bronx, der Tag, an dem ich nach New York zog. Plötzlich geriet diese Version des »Danachs« ins Wanken. Ich spürte, wie mir übel wurde, während wir alle schweigend in der Kirche standen. Als würde ich weglaufen wollen und wüsste nicht, wohin.

Es war, als würde ich in der Wohnung eines Exfreundes stehen. Nur dass hier Bänke standen. Und Kerzen brannten. Und ganz vorn im Raum ein riesiges Kruzifix hing. Gott ist nicht mein Exfreund (nur um das klarzustellen), aber es rief die gleichen heftigen Gefühle in mir wach. Es war, als würde man sich an all die kleinen Dinge erinnern, die man an jemandem vermisste, jemand, von dem die Trennung nicht so verlaufen war wie geplant. Es war ein so vertrautes Gefühl – so vertraut, dass es fast wehtat –, in der Mitte von etwas zu stehen, das zu Gott gehörte, und zu wissen, dass wir noch nicht im Reinen miteinander waren.

Es war, als würden Gott und ich in dieser Kirche endlich den Facebook-Status unserer Beziehung festlegen. Und dieser Status lautete ganz klar: »Es ist kompliziert.« Und das wiederum bedeutete: Wir hatten uns entzweit, entfremdet, doch wir konnten einander nicht endgültig loslassen, deshalb meldeten wir uns von Zeit zu Zeit beim anderen, aber keiner von uns war je mutig genug, den wahren Problemen lange genug ins Auge zu sehen, um die entscheidende Frage zu stellen: Bleibst du oder gehst du? Entscheide dich.

Ich sprach kein Wort, während uns der Priester die Geschichte der Kirche erzählte, und auch nicht, als er uns sagte, dass wir jederzeit hierherkommen könnten. Egal ob Tag oder Nacht, wir würden einen Schlüssel bekommen. Ich dachte, dass ich hierherkommen würde. Ich stellte mir vor, wie ich mitten in der Nacht, während der Rest der Welt schlief, auf diesen Bänken sitzen und die Schönheit dieser Kirche in mich aufsaugen würde. Wie ich die Stunde zwischen zwei und drei Uhr morgens dazu nutzen würde, das bunte Fensterglas zu betrachten und Gott die großen Fragen zu stellen.

Aber was hätte ich sagen sollen? Was hätte ich Gott in der Erhabenheit dieser Kirche zuflüstern sollen außer: »Wir brauchen ein neues ›Danach‹. Wenn du hier bist und mich hörst, dann bitte, ich glaube, wir müssen ein neues ›Danach‹ finden.«

Du bist hier

Vom ersten Moment an fühlten wir uns in der Bronx, als wären wir Teil von etwas Größerem. Es war wie dieses Gefühl, eine Zeitlang weggehen zu können, wiederzukommen, und alles würde immer noch gleich aussehen. Die Menschen könnten sich verändert haben, ihre Geschichten könnten im Laufe der sich dahinschleppenden Monate August bis Oktober an Glanz gewonnen oder verloren haben, doch alles rund herum wäre nach wie vor absolut vertraut.

Ohne irgendetwas dafür tun zu müssen, wurden wir zu Nachbarn. Es war nicht wie damals in der vierten Klasse, als ich nur noch in Neonfarben herumlief – und ich meine diese richtig grellen, in den Augen stechenden Leuchtstiftfarben –, weil ich hoffte, so die beliebten Mädchen beim Mittagessen an meinen Tisch zu locken. Oder wie im College, als ich erst achtzehn Mal mit den Mädels aus meinem Studentenwohnheim in die Mensa gehen musste, bevor die Angst nachließ, dass sie mich vergessen könnten. Es war nichts dergleichen. Es war einfach nur »Du bist hier, und damit bist du eine von uns. Du gehörst jetzt zu uns.«

Es war nicht überall im Viertel so, aber dort, wo wir wohnten, war es leicht, sich willkommen zu fühlen, und dieses Gefühl vermisse ich heute manchmal. Damals war es für mich selbstverständlich, wahrgenommen zu werden; heute fehlt es mir, von Fremden im Vorbeilaufen gegrüßt zu werden. Die Menschen mochten uns einfach. Auf eine Art, wie ich es nie für möglich gehalten hätte, da mir diese

Form von Zuneigung nie zuvor begegnet war. Manchmal war ich kurz davor, ihnen zuzuflüstern: »Warum mögt ihr mich? Setzt euch zu mir? Redet mit mir? Wollt mich kennenlernen? Ihr wisst doch gar nichts über mich. Kann es wirklich so einfach sein?«

Eine meiner Mitbewohnerinnen nannte es »Agape«. Ich hatte das Wort noch nie gehört, aber es war ihr Lieblingswort, und ich war sofort begeistert davon, denn es bedeutet, einen Menschen so zu lieben, wie er ist – und nicht, wie er hoffentlich sein wird, wenn wir ihn nur lange genug verbiegen und verformen. Agape kommt aus dem Griechischen und beruht auf der Vorstellung, dass jeder Mensch aus Schichten besteht, wir also niemanden nur auf das beschränken können, was wir auf den ersten Blick von ihm sehen. Und das alles unter der Voraussetzung, dass jemanden zu lieben auch immer heißt, an ihn zu glauben.

Ich gab also in diesen ersten Tagen mein Bestes, mich in Agape zu üben, und verliebte mich prompt in alles um mich herum, zum Beispiel in unsere Vordertreppe. Auf dieser Treppe saßen wir immer mit einem Becher Kaffee von Moty's in der Hand – der beste Kaffee, den ich je getrunken habe, und das für gerade mal 60 Cent.

Moty's war die Bodega schräg gegenüber von unserem Apartment. Die Gänge waren so eng, dass sich dort völlig neue Dimensionen von Platzangst auftaten. Man ging geradewegs an den Tresen und bestellte bei dem Mann mit den grauen Haaren, der immer neben der Kasse stand, einen Becher Kaffee.

»Klein und süß, bitte.«

»Wie du«, sagte er lächelnd, verschwand hinter dem Tresen und tauchte mit einem New Yorker Pappbecher in der Hand wieder auf, auf dem immer zwei Servietten lagen. Ein Schluck. Man ist süchtig. Alles ist möglich.

Und dann war da Juan.

Juan war nicht einfach nur der Friseur direkt gegenüber von uns, sondern ein wahres Phänomen. Sein Laden war immer brechend voll, egal ob morgens oder abends, und den ganzen Tag über machten es sich Leute vor seiner Tür auf Plastikgartenstühlen gemütlich. Mittags, sobald die Schule aus war, besetzten dann Schüler die Drehstühle, um sich Sterne und Zickzackmuster auf ihre kleinen Köpfe rasieren zu lassen. Nie gab es einen freien Platz. Immer wurde gelacht.

Ich sah Juan zum ersten Mal bei unserer Ankunft, als wir unser Auto hinter dem Tor zu unserem Apartment parkten und begannen, unser Gepäck von der Rückbank und aus dem Kofferraum zu zerren. Er sah mich an und warf mir ein umwerfendes Lächeln zu. Ich kam mir schlagartig total dämlich vor in meinem Freiwilligen-T-Shirt, als wäre die Bronx ein Ferienlager, in dem ich meine Zelte aufzuschlagen gedachte. Ich lief knallrot an. Ich sah, wie er sich kopfschüttelnd wieder über seinen Kunden beugte. Ich sah ihn lächeln, obwohl er nach unten schaute.

Tags darauf suchte ich mir einen strategisch günstigen Platz auf der Vordertreppe, vergrub die Nase in einem Buch und beobachtete Juan von nun an täglich beim Haareschneiden. Wir beäugten einander wie Viertklässler. Es war wie eine Neuauflage des Gefühls, das Jimmy Thompson in der achten Klasse in mir ausgelöst hatte. Schwitzige Hände. Herzrasen. Das volle Programm. Ich war verloren, wenn es um Juan und seinen schönen Bart ging.

Eines Morgens saßen eine meiner Mitbewohnerinnen und ich wieder einmal zusammen auf der Treppe, jede auf »ihrem Platz«: sie rechts außen in der Ecke; ich ganz oben, von wo aus ich Juan sehen konnte.

Auf der anderen Straßenseite stand eine Gruppe Männer vor dem Friseurladen und unterhielt sich. Da trat auf einmal ein Mann aus der Gruppe heraus, starrte uns beide an, steckte sich zwei Finger in den Mund und stieß einen schrillen Pfiff aus. Dann schlug er die Hacken zusammen und salutierte.

»Er meint uns«, flüsterte mir meine Mitbewohnerin zu.

»Ja, sieht so aus«, flüsterte ich zurück.

Ohne auf den Verkehr zu achten trat er auf die Einbahnstraße und steuerte direkt auf uns zu. Es war einer dieser Momente, in dem man schwört, das eigene Leben wie einen Film vor seinen Augen ablaufen zu sehen. Man denkt an die Hochzeit, die man nie hatte. Die Enkel, die man nie wickeln würde. Er beschleunigte seinen Schritt. Dann blieb er plötzlich wie angewurzelt stehen, nahm am Fuß der Treppe Aufstellung und salutierte wieder.

»*Capitana! Sargenta!*«, sagte er laut. Er wartete, bis wir ebenfalls salutiert hatten, dann lockerte er seine Haltung und nahm seine Baseballkappe ab, unter der ein kahler, glänzender Kopf zum Vorschein kam. Anschließend schüttelte er uns die Hände.

Sein Name war Sargento. Und das war alles, was ich verstand. Den Rest musste mir meine Mitbewohnerin übersetzen, die allerdings auch alle Mühe hatte, sein Spanisch zu verstehen. Er sagte ihr, dass er beim Militär sei (was Jahre zurückliegen musste). Er warnte uns, dass unser Viertel in Gefahr sei. Wir sollten uns bereithalten zu kämpfen. Daher seine Spitznamen für uns: Sargenta und Capitana.

Während er redete, fielen mir sein schmutziges Gesicht und seine dreckige Kappe auf. Seine Uniformjacke war ebenfalls verdreckt. Seine Augen hatten zwei verschiedene Farben. Das eine war blau, das andere seltsam silbrig-weiß. Er wirkte nervös, ließ sich ständig vom Geschehen rund herum ablenken. Doch er strahlte etwas Freundliches aus.

In den darauffolgenden Wochen versuchten wir, ihm mehr Antworten darüber zu entlocken, wer er war, aber viel mehr als seine Kampfbefehle bekamen wir nicht aus ihm heraus. Wir wussten, dass er obdachlos war. Meistens wirkte er ein bisschen angetrunken, wenn er mit uns redete. Ab und zu fegte er im Friseurladen den Boden und wollte uns dann von dem Geld Geschenke kaufen. Einmal fragte ich ihn, wo er schlief. Ich zuckte zusammen, als er mit dem Finger auf eine Bank im Park gegenüber deutete. Ich versuchte, so zu tun, als würde ich es gleich wieder vergessen. Die Vorstellung, wie er zusammengerollt auf einer Bank lag, während die Außentemperatur in den einstelligen Bereich fiel, machte mir unsere Begegnungen nicht unbedingt leichter. Ich wollte ihm ein Bett und all die Dinge geben, die ich nicht zu geben hatte.

Es war seltsam, aber während ich mit Sargento auf der Straße stand und seinen Anweisungen lauschte, wie wir das Viertel zu retten hatten, fühlte ich mich wahrgenommen. Ja, so möchte ich es eine Zeitlang nennen: *wahrgenommen*. Aus einer Menge auserwählt. Gesehen. Von diesem Tag an wirbelte er immer sofort herum, wenn er mich sah, nahm Habachtstellung ein und salutierte überschwänglich. Dann schoss er über die Straße auf mich zu.

Alles, was ich in diesen ersten Wochen dachte und fühlte, schrieb ich in ein dunkelrotes Tagebuch mit Magnetverschluss. Die Seiten füllten sich rasch. Nach ein paar Wochen steckte ich das Tagebuch in einen Umschlag und schickte es Celia. Sie fand es in ihrem Uni-Postfach in Massachusetts, nahm es, füllte die nächsten zwei bis drei Dutzend Seiten und schickte es an mich zurück.

In diesen Tagebüchern bewahrten wir unsere Gedanken auf. Wir konnten nicht Seite an Seite miterleben, was im Leben der anderen geschah, doch die Tagebücher gaben uns die Möglichkeit, es Seite für Seite nachzuerleben.

Auf die Idee, uns Tagebücher hin- und herzuschicken, waren wir in dem Semester gekommen, nachdem wir uns kennengelernt hatten. Ich war ein Jahr über ihr am College. Celia verbrachte das Semester in Prag, und ich bereitete mich zu Hause auf meine Abschlussprüfungen vor. Sie war zwanzig, und ich war einundzwanzig. Wir sammelten damals beide alle möglichen Beweise und Belege für eine Wahrheit, auf die uns niemand vorbereitet hatte: Leben heißt Loslassen. Gerade wenn wir anfangen, uns an einem Ort, in einem Job oder mit einem Menschen wohlzufühlen, ändert sich alles, und wir müssen ein neues Gleichgewicht finden. So geht das ständig, wenn wir zwanzig sind. Und vermutlich auch, wenn wir dreißig sind. Und ich würde wetten, dass es ein Leben lang so weitergeht: Wir werden älter, und unsere Freunde fangen an, sich davonzustehlen, ohne »Auf Wiedersehen« zu sagen oder »Ich liebe dich« oder »Du wirst mir fehlen.«

Irgendwie scheint es, als würde uns das Leben eines schönen Tages einen Schlag auf den Kopf versetzen und uns eine Liste reichen, auf der alles steht, was wir behalten können. Die Liste ist überraschend lang. Wir können Briefe zum Andenken behalten. Wir können unsere gute Laune behalten. Wir können etwas im Auge behalten und uns nach Kräften bemühen, Geheimnisse für uns zu behalten. Wir können die Nerven behalten. Wir können das Sweatshirt behalten, das er auf dem Wohnzimmerboden liegen gelassen hat. Wir können recht behalten und Dinge im Gedächtnis behalten. Aber wir können keine Menschen behalten. Menschen sind keine Dinge – wir können sie nicht behalten.

»Manchmal hab ich das Gefühl, dass ich gar nicht gehen will«, sagte Celia am letzten Abend vor ihrem Abflug nach Prag zu mir. Die weißen Deckenleuchten rankten wie Efeu durch den Raum. Wir saßen in meinem Apartment auf dem Boden und tranken becherweise Lipton Eistee. Das war unser Ding.

»Ich weiß«, sagte ich leise. Ich hätte sie so gern bei mir behalten. »Aber du musst gehen. Du musst herausfinden, was da draußen auf dich wartet. Und du musst es von ganzem Herzen wollen. Wir werden alle hier sein, wenn du zurückkommst.«

Ich war mir da allerdings alles andere als sicher. Was ich wusste, war, dass sie fortgehen und ich mich verändern würde und die Dinge sich auseinanderentwickeln würden. Vielleicht war das hier der Beginn einer lebenslangen Fernbeziehung. Ich versuchte, nicht an die nächsten Stationen in der Zukunft zu denken: College-Abschluss, Reisen, neue Jobs, Affären, Familie. Das alles könnte innerhalb eines Wimpernschlags geschehen. Trotzdem sagte ich ihr, dass sie nicht an zwei Orten gleichzeitig sein könne. Sie müsse sich entscheiden.

Ein paar Wochen später kam das erste Tagebuch aus Prag bei mir an. Auf die erste Seite hatte sie geschrieben: »Versprich mir, dass du mich nie vergisst, denn sonst würde ich niemals gehen.« Wir hatten das Zitat einmal zusammen in einem alten Stockbett entdeckt, in das es jemand eingeritzt hatte. Allerdings büßte es etwas an Wert ein, als wir herausfanden, von wem es ursprünglich stammte: Ferkel hat es zu Winnie Puuh gesagt.

Es war etwas Besonderes, Celia mit mir herumtragen zu können und ihre Erlebnisse auf einem Blatt Papier zu lesen statt auf einem Bildschirm. Im Unterschied zu allen anderen Kommunikationsformen waren unsere Tagebücher greifbar. Sie fühlten sich anders an als eine SMS oder ein Telefonat, in dem man der anderen einfach alles sofort erzählte. Den Tagebüchern fehlte das Unmittelbare, das Direkte. Wir mussten den Geheimnissen, die uns umgaben, nicht auf den Grund gehen. Sollten unsere süßen kleinen Tagebücher eines Tages einem großen Historiker in die Hände fallen, wäre sein Fazit vermutlich Folgendes: Die beiden haben nicht gerade viel verstanden. Aber sie haben sich bemüht. Sie haben sich verliebt. Sie haben nach Gott gesucht. Sie haben aus Banalem gern Wunder geformt. Aber vor allem haben sie einander Mut gemacht. Und sich gegenseitig Kraft gegeben. Und das war das Entscheidende.

Ich saß in diesen ersten Septemberwochen oft auf der Treppe vor unserem Haus und schrieb Tagebuch an Celia. Und sie war es auch, der ich mich als Erste anvertraute, als sich mein Job in Manhattan nicht so entwickelte, wie ich es mir vorgestellt hatte.

Die Stelle des UNO-Vertreters war im Jahr zuvor noch eine Halbtagsstelle gewesen. Mein Vorgänger hatte einerseits als Verbindungsmann in der UNO gearbeitet, andererseits im Einwanderungszentrum Englisch als Zweitsprache unterrichtet. Seit diesem Jahr war es jedoch eine

Vollzeitstelle, und während es theoretisch danach aussah, als würde ich an einer UNO-Sitzung nach der anderen teilnehmen, pausenlos Protokolle schreiben, Aufsätze ausarbeiten und in Ausschüssen tätig sein, bot der Job in der Praxis nicht mal annähernd genug Arbeit für eine 40-Stunden-Woche.

Meine Vorgesetzte setzte sich dafür ein, dass ich einen Schreibtisch im UNO-Gebäude bekam. Ich besorgte Büromaterialien. Ich hatte einen mustergültigen *Der Teufel trägt Prada*-Moment, als ich versuchte, auf High Heels einen Drucker die Lexington Avenue entlangzuschleppen. Doch für mehr als ein paar Stunden pro Woche reichte die Arbeit nicht aus. Während sich meine Mitbewohnerinnen in ihre Jobs in der Bronx hineinknieten, nahm ich den Zug nach Manhattan und versuchte mich in Arbeitsbeschaffungsmaßnahmen.

»Sie müssen lernen, in kleinen Schritten zu denken«, sagte eine Frau während des UNO-Einführungsseminars zu mir, an dem ich in den ersten beiden Wochen teilnahm. »Die Dinge gehen hier oft nur langsam voran, aber es gibt kleine Etappensiege.«

Ich klammerte mich fester an den Gedanken kleiner Etappensiege, als sie je erfahren wird, als ich merkte, wie wichtig es für mich war, etwas zu tun zu haben. Ohne Arbeit fühlte ich mich einfach nur hilflos. Ich musste mir etwas anderes suchen, womit ich die Stunden füllen konnte.

»Wer ist da, bitte?« Die Frau am anderen Ende der Leitung sprach mit breitem, irischem Akzent.

»Mein Name ist Hannah. Ich bin eine der diesjährigen Freiwilligen drüben im Einwanderungszentrum. Sind Sie Schwester Margaret?«

»Ja, ich bin Schwester Margaret.« Im Hintergrund klapperte und schepperte es.

Schwester Margaret war die Geschäftsführerin eines Gemeindezentrums in Fordham. Die Einrichtung bot alle erdenklichen Dienstleistungen an, von einer Kinderkrippe bis hin zu einem Wohnheim für alleinerziehende Mütter. Als ich ihren Namen kurz zuvor gegoogelt hatte, hatte die Suchmaschine nicht mehr ausgespuckt als eine Telefonnummer und einen Blog, der seit 2008 nicht mehr aktualisiert worden war. Es wurde der Arbeit, die Schwester Margaret seit über dreißig Jahren in Fordham leistete, nicht gerecht. Solltet ihr je in den Genuss eines Plauschs mit ihr kommen, werdet ihr erfahren, dass alles mit einem Teller Suppe und einem Sandwich begann. Diese bescheidenen Anfänge wuchsen in den nächsten dreißig Jahren weit über eine Schlange vor einer Suppenküche hinaus, und es wurde eine Dachorganisation daraus, die sich verschiedener Gruppen in der Bronx annahm, darunter Kinder, Obdachlose, alleinerziehende Mütter oder Menschen mit HIV/Aids.

»Ich bin auf der Suche nach einer zusätzlichen ehrenamtlichen Arbeit«, sagte ich zu Schwester Margaret am Telefon. »Sie wurden mir empfohlen. Man hat mir gesagt, dass ich …«

»Oh ja, kommen Sie vorbei! Kommen Sie vorbei! Wir würden uns freuen, Sie bei uns zu haben.«

»Wann kann ich …«

»Kommen Sie heute noch. Am besten jetzt gleich. Gehen Sie einfach rechts aus Ihrem Haus die Straße hinunter und an der Straßengabelung bei C-Town wieder rechts, dann sehen Sie unser Gebäude rechter Hand schon. Es hängt eine Fahne davor! Bis gleich!« Dann war die Leitung tot.

Es gab keine Hürden. Keine Verhandlungen. Kein »Wir

melden uns bei Ihnen, wenn wir denken, dass Sie zu uns passen.« Ich sollte einfach vorbeikommen. Jetzt gleich. So, wie ich war. Ein paar Minuten später war ich zur Tür hinaus, bog am Supermarkt C-Town rechts ab und lief einen langen Flur hinunter, von dem rechts und links Klassenzimmer voller Vorschüler abgingen. Die Flurwände waren mit Kunstwerken dekoriert, die an herabfallendes Laub erinnerten.

»Können Sie uns in dieses Buch bringen, über das jetzt alle sprechen?« Es war eine der ersten Fragen, die sie mir überhaupt stellte. Ich folgte Schwester Margaret auf einem Rundgang durch die Klassenzimmer, in denen Kinder zwischen drei und sechs Jahren Snacks aus bunten Brotdosen holten und Sandwiches auswickelten.

»Dieses Buch?«, fragte ich.

»Ja, dieses Buch. Das auf dem Computer. Sie kennen sich doch bestimmt mit Computern aus, oder?«

»Meinen Sie Facebook?«, fragte ich.

»Ja! Genau! Alle sagen, dass wir das brauchen.«

»Ja«, sagte ich selbstsicher. »Das kann ich machen.«

Und damit scheuchte sie mich in ihr Büro, um mir die beiden anderen Frauen vorzustellen, die im Sekretariat der Vorschule arbeiteten.

»Sandra! Shelley! Ihr müsst unbedingt unsere neue freiwillige Helferin kennenlernen. Sie wird uns für eine Weile unterstützen!«

Sie machten Platz für mich. Räumten einen Schreibtisch für mich frei. Und da war es wieder, dieses Gefühl: das Gefühl, dazuzugehören. Das Gefühl, so gewollt zu werden, wie man ist.

Kleine Hände

New York wird immer und niemals meine Stadt sein. In diesem Dilemma werde ich wohl stecken, bis ich alt und grau bin. Immer, weil ich nie genug davon bekommen werde, die Menschen in dieser Stadt zu beobachten. Und niemals, weil ich einfach nicht der Typ bin, der während einer Bahnfahrt still dasitzen kann. Ich habe ständig Hummeln im Hintern, und das kommt bei den Pendlern von New York City gar nicht gut an. Und genau das war mein Problem: Während meiner gesamten Zeit in New York City wollte ich mich unterhalten. Ich wollte das Wort *Fremder* mit einem Vorschlaghammer kurz und klein schlagen. Die Menschen, die in all der Zeit mit mir in der Bahn fuhren, werden das nie erfahren, aber ich habe Wege gefunden, sie noch lange, nachdem unsere Wege sich trennten, bei mir zu behalten. Ich habe mir Gedanken über sie gemacht, während sie um mich herum saßen. Ich habe sie in Briefe geschrieben.

So war ich schon immer. Ich beobachte gern Menschen. Oder ich sorge mich zu sehr. So oder so, ich höre zu, wenn ein Obdachloser zum x-ten Mal am Morgen seine Rede in einem U-Bahn-Wagen hält. Ich klebe förmlich an der zerzausten, nur spärlich bekleideten Frau, die streitlustig wirres Zeug vor sich hin brabbelt, und frage mich immer, warum sonst niemand von seiner Lektüre aufblickt, um sie anzuschauen.

Meine Blicke schießen nur so durch die Züge und bleiben vor allem an den Dingen hängen, die anderen leicht entgehen: Das Pärchen, das am hinteren Ende des Zuges kaum hörbar miteinander streitet. Er distanziert. Sie unterlegen. Oder die Frau, die ihren Sohn fest im Arm hält, ihn mit jeder Station enger an sich zieht. Tiefer und tiefer rutscht der Kleine in seiner dicken, schwarzen North-Face-Jacke in ihren Schoß. Sie wirkt so fürsorglich. So ruhig. Immer wieder küsst sie ihn auf seine kleine Stirn und drückt ihn an sich, als wolle sie sagen: *Bitte werde nie größer.* Oder das Mädchen, das mir gegenübersitzt und sich mit Händen und Füßen dagegen wehrt einzuschlafen. Ich muss ihr einfach dabei zusehen, wie sie unentwegt die Beine übereinanderschlägt, rechts über links, links über rechts.

Es gibt nichts wirklich Spannendes an ihr oder der Mutter oder den beiden Streitenden, trotzdem kleben meine Blicke förmlich an ihnen, und ich überlege mir, was ich zu ihnen sagen würde, wenn ich die Möglichkeit dazu hätte. Ich sammele diese Fremden in meinem Gedächtnis, suche mir während der Fahrt einen nach dem anderen aus und stelle mir vor, wie es wäre, mit ihnen zu reden, ihre Ängste zu kennen, sie einfach nur zu fragen: *Wie geht's dir?*

»Wie geht's dir heute? Sei ehrlich, sag's mir. Bist du glücklich? Bist du heute Morgen gut aus den Federn gekommen? Hast du dich auf den Tag gefreut, oder liegt da seit Längerem ein grauer Schatten über allem?« Vielleicht sind wir alle nur ein *Wie geht's dir?* davon entfernt, uns in dem täglichen Einerlei nicht so allein zu fühlen.

Ich will jemandem, den ich nie wirklich kennenlernen werde, sagen: »Hey, vielleicht werden sich unsere Knie nie berühren, und vielleicht werden wir uns nie in einer Spelunke in Brooklyn politisch die Köpfe einschlagen, aber vielleicht würdest du gern wissen, dass es da draußen andere Menschen gibt. Auch sie haben zu kämpfen. Sie wollen dein Bestes. Sie stehen hinter dir, auch wenn du nicht siehst, wie sie ihre Fäuste für dich recken.«

Im Grunde will ich genau das Gegenteil von dem tun, was ich tatsächlich jedes Mal tue, wenn ich in einen Zug steige und auf andere Fremde treffe, die in die gleiche Richtung wie ich unterwegs sind: mein Handy zücken und vorgeben, woanders zu sein.

Ich benutze mein Telefon, um mich von den Menschen um mich herum abzuschotten, um in meiner eigenen Blase mit meinen eigenen Gesprächen und meinen eigenen Geräuschen zu bleiben. Aber ganz ehrlich? Es macht mich nur noch einsamer. Es macht mich einsam, inmitten von Menschen zu sitzen, deren Namen ich mir problemlos merken könnte, und mich wie sie lieber auf etwas zu konzentrieren, das sich auf dem Display eines aalglatten, weißen, rechteckigen Kastens abspielt, auf dessen Rückseite ein angebissener Apfel in Silber glänzt. Pausenlos zücke ich dieses Ding, und dann scrolle ich und scrolle ich – ohne dabei wirklich etwas wahrzunehmen –, einfach nur in der Hoffnung, in diesem Moment wichtig oder gefragt auszusehen.

Manchmal tue ich sogar so, als würde ich eine Nummer wählen, und halte mir dann das Telefon ans Ohr.

»Hallo!«

Schweigen am anderen Ende der Leitung.

»Danke gut! Wie geht's dir?

Schweigen.

»Super! Klar! Das machen wir!«

Nichts als Schweigen.

»Okay! Halb sieben klingt super. Ich liebe diese kleine Bar … Okay … Bis später!«

Ich lade mich selbst an fiktive Orte ein. Ich lache mit niemandem. Ich tue so, als ob irgendwo irgendwer auf mich wartet.

Ich verbrachte einen nicht unerheblichen Teil meiner Zeit in der U-Bahn, da mein Alltag von nun an zweigeteilt war. Die eine Hälfte der Woche verbrachte ich inmitten von Vorschülern und wurde zu einer wahren Expertin im Erzählen von Geschichten und im Entschlüsseln von Kindergeschrei. Den anderen Teil der Woche widmete ich mich meiner Aufgabe als Verbindungsfrau in der UNO. Auch hier wurden Geschichten erzählt und musste Geschrei entschlüsselt werden, wenn auch auf ganz andere Art und Weise.

In der Vorschule war mein Platz überall dort, wo Schwester Margaret mich brauchte. Eines Morgens sprang ich als Unterstützung für eine Lehrerin ein, deren Helferin krank geworden war. Nachdem ich die Kinder erfolgreich zu einem Sitzkreis zusammengetrieben hatte, ließ ich mich erschöpft auf einen Stuhl am hinteren Ende des Raumes fallen und hörte den Kindern zu, wie sie S-Laute übten à la Susi sag mal süße Sahne. Neben mir saß noch eine andere Lehrerin. Sie sagte kein Wort, starrte einfach nur mit vor der Brust verschränkten Armen geradeaus. Betretenes Schweigen ist schon immer ein Graus für mich gewesen, darum wollte ich das Eis brechen und ein Gespräch mit ihr beginnen.

»Ich bin so müde«, sagte ich zu ihr. Es war das Einzige, was mir in diesem Moment einfiel.

Ihr Kopf flog zu mir herum. Sie musterte mich von oben bis unten. Dann noch einmal von unten bis oben. »Süße, du hast nicht die geringste Ahnung, was es heißt, müde zu sein.« Sie warf mir einen letzten abschätzigen Blick zu, verschränkte die Arme demonstrativ erneut vor der Brust und starrte wieder geradeaus. Um mich herum zischte es weiter.

Ssss ... Ssss ... Ssss ...

Ich bereute meine Entscheidung, etwas gesagt zu haben, sofort. Verlegen starrte ich auf meine Schuhe hinunter und vergrub die Hände tief in den Taschen meines Kleides. Ich hatte sie nicht beleidigen wollen. Ich hatte lediglich versucht, ein gemeinsames Thema zu finden. Ich sagte für den Rest der Stunde kein Wort mehr. Als es Zeit wurde, die Kinder in einer Reihe aufzustellen und zur Toilette zu bringen, bemühte ich mich, so wenig Lärm wie möglich zu machen.

Doch die Frau hatte recht: Ich hatte nicht die geringste Ahnung, was es hieß, müde zu sein. Müde bedeutete für mich, nicht die vollen acht Stunden Schlaf zu bekommen. Müde bedeutete ein anstrengendes Wochenende voller Partys hier und Verabredungen da. Ich wusste rein gar nichts über die Welt, in der ich mich jetzt bewegte, oder von den Menschen, die ich Tag für Tag grüßte – wo sie gewesen waren, was sie erlebt hatten, und wie sich das alles zu dem summierte, was sich wirklich müde nennt.

Ich schreibe das in dem Wissen, dass ich die Armut, auf die ich in der Bronx traf, niemals verstehen werde. Ich will gar nicht erst versuchen, so zu tun, als wäre ich eine Expertin auf diesem Gebiet. Ich lebte in einem Viertel, das zum ärmsten Wahlbezirk des Landes zählte, und doch waren es nur wenige U-Bahn-Stationen bis zum reichsten Wahlbezirk. Ich begann mein freiwilliges Jahr zu einem Zeitpunkt, als die Zeitungen die Bronx als ein Schlachtfeld bezeichneten, auf dem die Menschen um ihr Überleben kämpften.

Obwohl wir nur 25 Dollar in der Woche verdienten, wurde mir recht schnell klar, dass es einen Unterschied zwischen uns und unseren Nachbarn gab, auch wenn wir das gern ignoriert hätten. Diese Tatsache wurde mir jeden Mittwochmorgen aufs Neue vor Augen geführt, wenn sich an unserer Haustür vorbei eine lange Schlange zu bilden begann. Pünktlich ab halb acht stellten sich die Bedürftigen des Viertels mit Handwagen an der Essensausgabe der Kirche an, um Lebensmittel zu erhalten. Egal, wie kalt es draußen war, die Schlange am Mittwoch riss nie ab. Ich konnte den Menschen im Vorbeilaufen kaum in die Augen sehen. Ich hielt den Kopf gesenkt und steckte mir meine Ohrstöpsel in die Ohren. Das waren nicht einfach irgendwelche Menschen. Das waren keine Fremden. Das waren meine Nachbarn. Und ich hatte keine Ahnung, wie ich ihnen helfen konnte.

Ich hätte gern so getan, als gäbe es keinen Unterschied zwischen uns. Doch es gab ihn. Nicht nur im wirtschaftlichen Sinne, sondern auch, was die Chancen und Möglichkeiten betraf, die uns das Leben bot. Ich hatte die besten Schulen besucht. Als ich aufwuchs, hatten Turnen und Tanzen auf meinem Programm gestanden. Ich hatte das Privileg genossen, auf ein privates katholisches College zu gehen. Und obwohl ich auf einem Schuldenberg von über 50.000 Dollar saß, hatte ich überhaupt die Wahl gehabt, ein solches Studiendarlehen aufzunehmen. Meine Eltern waren finanziell in der Lage gewesen, für mich zu bürgen. Ich hatte großes Glück gehabt und erkannte, dass die Dinge mit »Glück« nicht in Ordnung gebracht werden konnten.

Ich schätze, bis zu diesem Zeitpunkt hatte mein Leben hauptsächlich aus Dingen bestanden, die ich in Ordnung bringen konnte. Aus Umständen, die ich verändern konnte. Die Strategin in mir, die Problemlöserin in mir, dachte einfach immer, alles verbessern zu können. Für mich gab es nur diese eine Art, Wunden zu heilen. Traurig? Mach eine Pro- und Kontraliste. Überfordert? Bring System in die Sache. Ich war überzeugt, dass es für jedes Problem und für jeden Schmerz die passende Strategie gab, man musste sie nur finden.

Meine Mutter sagt diesbezüglich immer, dass es ihr schleierhaft ist, woher ich das habe. Woher all diese Regeln und der Drang kommen, alles in Ordnung bringen zu müssen. In diesem Punkt unterscheiden wir uns grundlegend. Während ich mich abstrampele, um für jeden immer alles zu sein, lebt meine Mutter einfach. Sie schränkt sich nicht ein. Oft sieht sie mich an, als wäre ich eine verwilderte Katze, denn sie gruselt sich vor mir und vor der Art, wie ich die Welt mit Systemen malträtiere.

Ich erinnere mich noch, wie ich im ersten Jahr am College meinen ersten richtigen Liebeskummer hatte. Meine Mutter fuhr ganze drei Stunden, um mich aus meiner Studentenbude zu retten. Mein Freund und ich waren fast vier Jahre zusammen gewesen. Für eine Achtzehnjährige kommt das praktisch einem Weltuntergang gleich. Meine Mutter und ich setzten uns in Auburn, Massachusetts, in einen Applebee's, und ich erklärte ihr, dass ich eine Liste machen wollte, um mir Punkt für Punkt zu überlegen, wie ich darüber hinwegkommen und stärker daraus hervorgehen könnte. »Oder du könntest einfach nur traurig sein … und keine Liste machen«, sagte sie ruhig. »Du könntest ein Stückchen Kuchen essen und weinen, wenn dir danach ist.«

Am Abend lag meine Mutter auf dem Fußboden und hörte mir dabei zu, wie ich schluchzte und unentwegt auf mein Handy schaute, in der Hoffnung, dass er doch noch anrief. Sie machte in dieser Nacht kein Auge zu. Es gibt eigentlich keinen Grund, diesen letzten Satz zu schreiben, aber ich finde ihn einfach zu schön, um ihn wegzulassen.

Diesmal würde kein System funktionieren. Ich fühlte mich einfach nur nutzlos.

Kein anderes Wort beschreibt so offen und ehrlich das Gefühl, mit dem ich mich in Manhattan morgens oft an meinen Schreibtisch setzte: nutzlos.

Ich saß dort keine fünf Minuten – gerade lange genug, um den Computer hochzufahren und mein E-Mail-Postfach zu öffnen –, schon kamen die ganzen hässlichen Gedanken aus ihren Löchern gekrochen. Es war wie in dieser Szene in *Der Zauber von Oz*, in der Glinda den Munchkins gut zuredet, aus ihren Hütten und hinter den Büschen hervorzukommen. Nur dass diese Munchkins ebenso gut mit Speeren hätten bewaffnet sein und Hannibal-Lecter-Masken hätten tragen können, denn kein einziger dieser hässlichen Gedanken machte irgendwelche Anstalten, mich auf einen gelben Ziegelsteinweg zu führen. Es war die Art von Gedanken, die einen für den Rest des Tages in den Schwitzkasten nahmen, wenn man sie nicht sofort zum Teufel schickte.

Was glaubst du eigentlich, was du hier machst? Mit diesem Gedanken fing es immer an. *Glaubst du wirklich, du könntest etwas bewegen? Schau dich doch mal um, Mädchen, nichts von dem, was du hier tust, ist irgendwie von Bedeutung.*

Die kannibalischen Munchkins kreisten mich ein, wurden immer mehr, und ich versuchte krampfhaft, mich mit Arbeit abzulenken. *Du willst also etwas tun, das Gewicht hat? Oh … wie süß. Schon irgendwelche Fortschritte bis jetzt? Sieht nicht danach aus. Vielleicht solltest du es einfach aufgeben. Du bist zu blöd dazu. Du bist einfach nicht gut genug.*

Die Gedanken kannten kein Erbarmen. Und ich wusste nicht, wie ihnen zu entkommen. Falls es irgendeinen Weg gab, sie zu verscheuchen oder in eine Ecke zu drängen, dann kannte ich ihn nicht. Nach gerade einmal einer Stunde an diesem Schreibtisch hätte ich euch sagen können, dass der Grund, weshalb sich viele Menschen oft nicht trauten, etwas zu tun, das sie schon immer tun wollten, wie zum Beispiel in eine Stadt ziehen, in der sie schon immer leben wollten, selten darin zu finden ist, dass andere Menschen nicht an sie glauben. Inzwischen bin ich fest überzeugt davon, dass wir selbst unsere größten Feinde sind, wenn es darum geht, uns unsere Lebenswünsche zu erfüllen. Wir sind wahre Meister darin, uns jeden Tag aufs Neue die gemeinsten Lügen einzureden. *Du verdienst es nicht. Du bist hässlich. Du bist nutzlos.*

Um noch einmal kurz auf dieses Wort zurückzukommen: *nutzlos*. Ich denke nicht, dass ich je damit gerechnet hatte, dieses Gefühl einmal dermaßen stark zu empfinden. Niemand schlägt ein neues Kapitel in seinem Leben auf und denkt sich dabei: *Das könnte das Kapitel sein, in dem ich mich vollkommen nutzlos fühle.* Doch alles um mich herum – die Probleme in der UNO, die Sparmaßnahmen im Gemeindezentrum –, all die großen Probleme, global, national und alles dazwischen, gaben mir das Gefühl, nichts und niemandem helfen zu können.

Ich weiß nicht mehr, ob man uns vorab sagte, dass das freiwillige Jahr mit einer Schonfrist beginnen würde, oder ob ich mir das ausgedacht habe, um mir selbst Mut zu machen für die Zeit, wenn die Schonfrist erst einmal abgelaufen sein würde. So oder so, sie kam und ging. Schnell. Und gewährte nur wenig Gnade. New York war immer noch New York – hinreißend schön. In der U-Bahn saßen immer noch süße Jungs. Bettler bettelten immer noch. Nichts an der Welt hatte sich wirklich verändert, außer meiner eigenen Sicht darauf – und die hatte einen ordentlichen Knacks abbekommen. Und ich würde sagen, dass ich eine gehörige Portion Hoffnung verloren habe, weil die Welt so kaputt war und ich mich dem nicht entziehen konnte.

Eines Morgens beschlossen meine Mitbewohnerinnen und ich, eine Kirche in der Bronx auszuprobieren. Das war, nachdem ich sämtliche Selbsthilfemöglichkeiten ausgeschöpft hatte, die unser Viertel zu bieten hatte.

Bibliotheken sind wie ein Sechser im Lotto, wenn man knapp bei Kasse ist oder nicht einfach mal schnell in ein Flugzeug steigen kann, um sich auf die Suche nach sich selbst zu begeben. Ich lieh mir fast ein Dutzend Selbsthilfebücher aus. Der Frau an der Ausleihstelle stand die Bestürzung ins Gesicht geschrieben, als sie die Bücher über den Scanner zog. Ich hätte vermutlich genauso geschaut, wenn sich bei mir ein Mädchen ganze neun Bücher mit dem Titel *Ändere dein Leben* oder so ähnlich ausgeliehen hätte. Die Alarmglocken schrillten. Laut.

Zum Glück lief Juan, der Friseur, nicht zufällig an dem Tag an unserem Haus vorbei, als ich den Bücherstapel mit *Ändere deine Einstellung*, *Ändere die Welt* und *Ändere jetzt dein Leben* über unsere Vordertreppe verteilte. Ich hätte ihm erklären müssen, dass ich mich auf der Suche nach Erfüllung und Glückseligkeit befand, indem ich mit meinem inneren Kind kicherte, indem ich lernte, meinen Hüftspeck zu lieben und Energie aus mir selbst zu schöpfen. Vermutlich hätte er mich nur schief angesehen und gefragt, warum ich versuchte, mein Leben auf die Reihe zu bekommen, indem ich ein Buch las.

Die Bücher waren eine Enttäuschung, falls euch das interessiert. Ich war auf der Suche nach einem Geheimnis, nach einer Schritt-für-Schritt-Anleitung, die mir wirklich weiterhelfen würde. Es gibt bestimmt Menschen, bei denen die Hilfe zur Selbsthilfe funktioniert, mich jedoch machte sie nur schrecklich einsam. Jedes Mal, wenn ich ein neues Buch aufschlug, wusste ich einfach nicht, was ich mit der Welt anstellen sollte. Und die Welt wirkte so unpersönlich – nicht gerade etwas, woran man seine Stirn drücken wollte, um durch die Scheibe zu spähen und zu sehen, wohin man in dem ganzen Chaos fiel.

Ich schätze, ich war zu jung, um zu verstehen, dass wir nicht immer vollkommen kontrolliert durchs Leben steuern. Um zu einer besseren Version von uns selbst zu werden, bleibt uns manchmal nichts anderes übrig, als durch knietiefen Schlamm zu waten. Das ist alles andere als schön. Oder gleichmäßig. Es geht auch nicht Schritt für Schritt oder nach einem Patentrezept voran. Es ist einfach nur Waten durch Schlamm.

Es war meine Idee, diese Kirche auszuprobieren. Ich hatte meiner Mutter versprochen, wenigstens zu versuchen, Gott zu finden, während ich in der Bronx lebte. Die Kirche war nur einen knappen Kilometer von unserem Apartment entfernt. Sie war klein und schlicht und wirkte mit ihrem klassischen weißen Kirchturm wie eine Filmkulisse.

Schweigend betraten wir das Gebäude. Es waren schon

einige Menschen da, die einander umarmten, herzten und begrüßten, als hätten sie sich seit Jahren nicht mehr gesehen. Es war etwas, das ich »Kirche, die nicht nur sonntags stattfindet« nennen möchte. Es ging um den festen Glauben daran, dass Gott mehr war als nur jemand, der sonntagmorgens kurz auf- und dann gleich wieder abtauchte. Die Art, wie die Menschen hier über ihn sprachen und ihn in ihre Gespräche einbezogen, machte mich nachdenklich, und ich fragte mich, was mir entging. Diese Menschen klangen, als würden sie jeden Morgen Gespräche mit Gott führen. Alles, was ich dagegen je gemacht hatte, war, haufenweise Wünsche aufzuschreiben – ellenlange Listen, die an Weihnachtswunschzettel erinnerten – und dann die ganze Woche zu jammern, wenn Gott nicht »aufkreuzte«, um mir alles zu bringen, was ich haben wollte.

Bevor der Gottesdienst anfing, kamen immer wieder Menschen auf uns zu, um uns die Hände zu schütteln und zu fragen, was uns in ihre kleine Kirche führte. In ihre kleine Gemeinde. Ein paar übersprangen das Händeschütteln einfach und umarmten uns gleich, breiteten einfach ihre Arme aus und luden uns ein, uns an sie zu drücken. Ich hatte jedes Mal das Gefühl, für eine kleine Ewigkeit von diesen Armen verschlungen zu werden. Ich zuckte zusammen, wenn sie mich an sich zogen. Und ich zuckte zusammen, wenn sie mich wieder freigaben und sich anderen Leuten zuwandten. Spürte ich da so etwas wie Eifersucht? Es mag seltsam klingen, aber ich wollte eine von ihnen sein. Ich wollte eine von denen sein, der sie in der Woche zuvor eine Hand auf die Schulter gelegt und vollkommen aufrichtig gesagt hatten: »Ich werde für dich beten.« Eine von denen, die sie in ihre abendlichen Gebete einschlossen.

Die Menschen sangen. Stampften mit den Füßen. Klatschten in die Hände. Riefen »Jesus Christus! Halleluјah!« zur Decke hinauf, als würde oben im Kirchturm Jesus höchstpersönlich eine Privatparty schmeißen. Es gab kein Halten mehr, alle sprangen auf und sangen im Chor. Es war, als würden die Wände des kleinen Gebäudes jeden Moment unter all den Frohlockungen nachgeben. Könnte Freude Fenster zum Zerspringen und Hallelujahs Holzdielen zum Bersten bringen, diese Kirche läge bis Mittag in Trümmern. Eine Frau schwenkte enthusiastisch eine gelbe Fahne und lief damit die Gänge auf und ab. Eine andere Frau fiel auf die Knie und warf die Hände in die Luft, Tränen rannen über ihr Gesicht. Menschen riefen in den unterschiedlichsten Sprachen ihren Herrn an. Es war ein berauschender Anblick.

Ich wurde regelrecht mitgerissen von den Emotionen, die von allen Seiten auf mich einstürmten. Ich musste mich an der Kirchenbank festhalten, so schwindelig und trunken machte mich die allgegenwärtige Freude. *So fühlt sich Gott nicht an*, dachte ich. *Gott ist ein Oberhaupt. Eine Autorität. Ein Gebieter.*

Er war jemand, der seine Liebe an Bedingungen knüpfte. Er war ein Klatschmaul, das sich nie einen Kommentar verkneifen konnte, wenn ich etwas falsch machte. Er führte an einer großen Tafel im Himmel Strichliste gegen mich. Er zupfte Blütenblätter von Gänseblümchen ab: »Ich liebe dich, *ich liebe dich nicht* …« Zugegeben, meine Sicht auf Gott war recht einfältig. Ich zweifelte an ihm, urteilte über ihn und sah in ihm immer einen zornigen alten Mann, der hoch oben in den Wolken thronte, Blitze auf uns herabschickte und dabei rief: »SSSSSSÜNNNNNNNNDER«. Er war der Typ, der die Party ruinierte, nicht der, der sie schmiss.

Was also war das für ein Gott, den diese Menschen kennen- und liebengelernt hatten? In welchem mir unbekannten Teil des Himmels feierten sie ihre wilden Partys? Ich wollte ein Stück von diesem Himmel. Wenn das der Himmel war, dann wollte ich ein Stück davon.

Die ganze Kirche war von Musik erfüllt. Ich strich mir über die Wangen und stellte fest, dass ich weinte. Gefühle, die ich nicht einzuordnen wusste, durchfuhren mich. Ich war hungrig. Doch es war kein gewöhnlicher Hunger. Ich war einsam. Ich beneidete diese Menschen um das, was sie hatten. Darum, wie sie einander an den Händen hielten, wie sie sich aufeinander verließen. Und zwischen all diesen Menschen saß ich – mit meinem ewigen Wunsch, die Armut zu beenden oder zu bekämpfen oder wenigstens zu verstehen – und wusste noch nicht einmal, wie ich mir meine eigene Armut eingestehen sollte. Ich wusste nicht, wie ich mir eingestehen sollte, dass mir etwas fehlte.

Kennt ihr diesen Moment, wenn man das ganze glibberige Zeug aus einem Kürbis gekratzt hat? Kurz bevor man anfängt, ein Gesicht in den Kerl zu schnitzen und eine Laterne daraus zu machen? Genauso fühlte es sich an: nur waren es Mut und Wahrheit anstelle von Kürbisfleisch. Doch auch im Fleisch finden sich fruchtbare Kerne. Kerne, die nur darauf warten, dass man erkennt, was aus ihnen werden kann, wenn man sich nur richtig um sie kümmert.

Ich war in dem halsstarrigen Glauben in das freiwillige soziale Jahr gestolpert, dass ich anderen Menschen »helfen« würde. Doch als in dieser Kirche ein Riss durch mein Innerstes ging, wurde mir klar, dass ich diejenige war, die Hilfe brauchte. Ich war diejenige, der im Laufe des Jahres geholfen würde. Wie gesagt, es gab Kerne voller Hoffnung.

Ein paar Wochen nachdem ich bei Schwester Margaret angefangen hatte, nahm sie mich mit ans andere Ende der Stadt zu einer Informationsveranstaltung, in der es um die Beantragung von Fördermitteln ging. Sie wollte einige Zuschüsse für das Gemeindezentrum beantragen, und ich hatte angeboten, ihr dabei behilflich zu sein. Ich hatte ehrlich gesagt nicht die leiseste Ahnung, wie man Förderanträge stellte oder Finanzhilfen beantragte, doch ich stand für jede Arbeit parat. Ich beantwortete damals wirklich jede Frage mit ja. Ja, ich komme mit zu dem Infotreff. Ja, ich finde das heraus. Ja, ich tue alles, wenn Sie mir nur versprechen, dass mir nie die Arbeit ausgehen wird.

Ich gab auf der Veranstaltung mein Bestes, der Referentin zu folgen, doch ich verstand nicht einmal die Hälfte der ganzen Fachausdrücke, mit denen sie uns bombardierte. Stattdessen knabberte ich an den kostenlosen Keksen herum, löste die Schokoladenstückchen aus der Mitte heraus und stapelte sie auf der Serviette vor mir übereinander auf. Mein Blick huschte von einem Zuhörer zum nächsten – allesamt auf der Jagd nach den gleichen Zuschüssen –, und blieb schließlich an Schwester Margaret hängen, die sich unbeirrt durch die dicken Papierstapel wühlte, die am Eingang verteilt worden waren. Sollte sie in diesem Moment beunruhigt gewesen sein, verbarg sie es wie ein Geheimnis.

Es gibt absolut nichts, was ich hier tun kann, dachte ich. *Ich kann ihr nicht helfen. Kein bisschen.* Ich wünschte, ich wüsste eine Lösung für all die Budgetkürzungen und Sparmaßnahmen. Ich wünschte, es gäbe ein besseres System. Hilflos starrte ich auf meine kleinen Hände. Ich begriff, dass ich im Grunde gar nichts verstand.

Rückblickend wünsche ich mir, jeder von uns könnte so einen Moment erleben: Einen Moment, in dem man erkennt, wie unglaublich klein die eigenen Hände sind und wie unglaublich groß die Welt ist. Und wie wenig diese beiden Dinge zusammenzupassen scheinen. Denn vielleicht ist diese Erkenntnis der allererste Schritt, um überhaupt etwas zu verändern.

Da wir gerade von kleinen Händen sprechen: Ich verliebte mich kurz darauf in ganze zweiundfünfzig süße Exemplare davon. Statt weiter von Klassenzimmer zu Klassenzimmer gereicht zu werden, um dort auszuhelfen, wo Not am Mann war, fand ich eine feste Aufgabe in der Klasse von Ms. Cheryl.

Ich war mir vom ersten Tag an sicher, dass sie mich nicht leiden konnte. Sie war streng und kühl zu den Kindern. Ich versuchte, ihr nicht im Weg herumzustehen, eierte ungelenk um sie herum und gab mein Bestes, so zu tun, als wüsste ich, wie der Hase im Klassenzimmer lief. Doch schon bald durfte ich den Kindern morgens vorlesen. Und dann bot sie mir den Platz an ihrer Seite an, wenn wir nachmittags mit den Kindern in den Park gingen.

Zwischen Frühstückmachen und Superman- und Prinzessinnendecken über leuchtend blaue Kinderbettchen legen entwickelte sich eine Beziehung zwischen uns. In den ersten Wochen nannte sie mich »Punkerin«. Aus »Punkerin« wurde »Mädchen« und aus »Mädchen« wurde schließlich »Mama«. Und es gefiel mir, dass sie mich »Mama« nannte, denn oft gab ich mir abends beim Einschlafen alle möglichen hässlichen Namen, und wenn ich dann morgens wieder in die Vorschule kam, nannte sie mich immer noch »Mama«. Ich wusste das damals nicht, aber das war Wertschätzung. »Mama« ist die schönste Definition von Wertschätzung, die ich kenne.

Es entwickelte sich eine ganz besondere Beziehung zwischen uns, einfach so, während wir auf winzigen Stühlen saßen und Freundschaftsbänder aus knallbunten Perlen und schwarzen Pfeifenputzern bastelten. Ich erkannte, dass Ms. Cheryl viel sanfter war, als ich zunächst angenommen hatte. Sie war sanft, aber sie konnte durchgreifen. Und sie war die Erste, die mir auf den Kopf zusagte, dass ich das nicht konnte.

»Du bist ein Mäuschen«, sagte sie. »Ich sehne den Tag herbei, an dem du kein Mäuschen mehr bist.« Ehrlich war sie obendrein.

Ich verbrachte immer mehr Zeit bei Ms. Cheryl und den Kindern. Manchmal, wenn ich am Nachmittag zu Sitzungen in die UNO musste, ging ich schon frühmorgens ins Gemeindezentrum, um mit den Kindern zu frühstücken. Selbst die einfachsten Dinge, wie neben Cheryl zu sitzen und Cornflakes-Packungen aufzureißen, waren etwas, worauf ich mich freute. Es mag banal klingen, aber es gefiel mir, gebraucht zu werden. Es gefiel mir, eine Rolle zu haben, in der ich, wenn ich mal eine Weile fehlte, bei meiner Rückkehr von Bildern und Selbstgebasteltem erwartet wurde. Das soll nicht selbstsüchtig klingen. Ich will einfach gebraucht werden. Ich will jemand sein, den man vermisst, wenn etwas passiert und sich das Leben verändert und ich nicht mehr da bin.

Ich vergleiche das, was in meinem Herzen vor sich ging, gern mit der Wandlung, die der Grinch erlebte, als er die Bewohner von Whoville Weihnachtslieder schmettern hörte. Mir ging das Herz auf. Und ich begann, diese seltsamen Muttergefühle zu entwickeln, wann immer mich eines dieser kleinen Wesen in leuchtend blauem T-Shirt und Leopardenstrumpfhose »Miss Hannah« nannte. Ich war in sie alle vernarrt: in Joel, den Herzensbrecher. In Yarelis, die Krawallmacherin. In Isis, den Frechdachs. Sie waren allesamt noch Hosenscheißer, und trotzdem waren sie schon kleine Draufgänger und Optimisten, Petzen und Platzhirsche. Und auch wenn es frustrierend war, dass sie von heute auf morgen wieder alles vergaßen, was man ihnen beibrachte, hörte ich ihnen so gern dabei zu, wenn sie das Abc aufsagten. Ich mochte es, wie sie sich allmählich bestimmte Verhaltensweisen aneigneten und wie sie lernten, *danke* und *bitte* zu sagen. Ich mochte es, wie sie aus den unerfindlichsten Gründen anfingen zu weinen, und ich bei dem Versuch, sie zu trösten, wegen ihres lauten Schluchzens kein einziges Wort verstand. Und es gefiel mir, dass der ganze Kummer keine fünf Minuten später schon wieder vergessen war. Alles weg. Alles auf Anfang. Sie waren wieder ganz die Alten, und dafür bewunderte ich sie.

Manchmal stellte eine große UNO-Konferenz zum Thema Hunger oder Bildung von Mädchen den Höhepunkt meines Tages dar. Meistens jedoch war es der Moment, wenn ich zweiundfünfzig kleine Hände auf der Toilette erfolgreich gesäubert und die Kinder anschließend zurück ins Klassenzimmer gescheucht hatte. Dann drehten wir die Musik auf, Justin Biebers Stimme dröhnte durch den Raum, und wir tanzten. Ein Chor von »Baby, baby, baby« gesungen von Babys wurde zum Soundtrack meines Lebens.

»Komm, wir machen ein Sandwich«, sagte das kleine Mädchen und schleppte eine Kiste voller bunter Plastikförmchen an. Sie trug eine dicke, froschgrüne Brille, durch die sie mich mit riesigen Kulleraugen anstrahlte. Auf ihrem

Kopf wippten unzählige geflochtene Zöpfe. Sie war die Kleinste in der Gruppe, doch sie hatte dieses kräftige Lachen, das sich in alles mischte, was sie sagte und anfasste.

Sie griff mit ihren dunklen Patschehänden in die Kiste und begann, ein Förmchen nach dem anderen herauszuholen. Rote Ovale. Blaue Sechsecke. Grüne Kreise.

»Hier ist Käse«, sagte sie und streckte mir ein himmelblaues Quadrat entgegen, das wir zu einer Scheiblette erklärten. Es folgte gelber, dreieckiger Schinken und rechteckiges, grasgrünes Hühnchen.

»Danke!«, rief ich bei jeder neuen Schicht, die sie auf mein Sandwich legte. Auf meinen Handflächen türmte sich ein riesiges, farben- und formenfrohes Sandwich. Sie kicherte jedes Mal ganz aufgeregt, wenn ich Danke sagte und so tat, als würde ich das gesamte Ding mit einem Happs verschlingen. »Danke! Danke! Danke!« Sie platzte regelrecht vor Lachen, und ich spürte, wie sich ihr Lachen irgendwo in mir festsetzte.

Es waren einfache Momente wie dieser, Momente, die nicht um Aufmerksamkeit buhlten oder sich protzig in Szene setzten, in denen ich aufrichtig hätte sagen können: *Danke. Danke. Danke.* Ich wollte es glauben. Ich wollte dankbar sein. Ich wollte mir in Erinnerung rufen, dass ich mit Dingen gesegnet war, für die ich viel dankbarer sein sollte.

Also war ich dankbar. Und immer wenn ich dankbar war, musste ich an Celia und die Listen denken, die wir uns im College hin- und hergereicht hatten. Wir nannten sie »die dreißig Gründe«, und es war unser Ritual.

Sobald eine von uns herumjammerte oder einen schlechten Tag hatte, sagte die andere: »Mach eine Liste … schnapp dir einen Zettel und schreib dreißig Gründe auf, dankbar zu sein. Und hör bloß nicht auf, wenn dir noch mehr einfallen.« Spätestens bei Punkt fünf war die Dankbarkeit zurück. Wir schrieben eine Liste nach der anderen, um sämtlichen Gefühlen entgegenzuwirken, die uns glauben machen wollten, nicht genug gesegnet zu sein. Denn das waren wir. Und eine einfache Liste konnte uns das vor Augen führen.

Am Abend nach der Arbeit setzte ich mich auf die Treppe, versuchte, mich auf die guten Dinge um mich herum zu konzentrieren, und schrieb eine Liste in das rote Tagebuch, das ich dann Celia schicken würde.

1. Ich lebe und bin gesund
2. Moty's Kaffee für 60 Cent
3. Meine Vordertreppe
4. Gelbe Schleifen (gerade ist ein Mädchen mit so einer im Haar vorbeigelaufen)
5. Süße Friseure

Ich schrieb diese Liste, um mich von meinem Kummer zu befreien. Ich schrieb sie, um mich davon zu überzeugen, dass die Einsamkeit nicht real war, dass ich nicht isoliert war und dass es okay war, kleine Hände zu haben und nicht zu wissen, was ich damit anfangen sollte.

Umkleidekabinen

Mitte September traf ich mich mit Jessica, einer Freundin aus dem College. Wir hatten im gleichen Jahr unseren Abschluss gemacht. Sie lebte inzwischen in Brooklyn und arbeitete für ein Theater. Sie schlug vor, zu einem Footballspiel an der Fordham University zu gehen, die keine zwei Kilometer von meinem Apartment entfernt lag. Unsere Alma Mater spielte an diesem Wochenende gegen die Rams, das Team der Fordham Uni, und es würden mit Sicherheit einige Freunde aus dem College da sein.

»Findest du es verrückt, dass ich es vermisse?«, fragt ich sie.

»Was? Das College?«

»Ja, ich habe irgendwie ständig das Gefühl, dass wir dorthin zurückgehen werden«, sagte ich.

Wir sahen uns mäßig interessiert die erste Halbzeit an und beschlossen dann, den Rest des Spiels sausen zu lassen und stattdessen einen Spaziergang über den Campus zu machen. Die Luft roch frisch an diesem Tag. Ich mochte den Geruch von Neustart, der wie jedes Jahr im September in der Luft lag und mir das Gefühl gab, als stünde auch mir etwas Neues bevor.

Ich fragte mich, ob es ihr genauso ging wie mir. Ich fühlte mich, als hätte das College mit mir Schluss gemacht. Als wäre ich nur noch ein halber Mensch. Und wie bei jeder anderen Trennung auch hatte ich nun die Wahl, in einer Vergangenheit voller alter Pullover und Fragen weiterzuleben, auf die ich sowieso keine Antwort bekommen würde, oder mich zu weigern, mich von etwas bestimmen zu lassen, aus dem ich herausgewachsen war.

Wir schlenderten in Richtung Unibibliothek, gingen in den ersten Stock hinauf und liefen auf das große Panoramafenster mit Blick auf den Campus zu.

»Ist es so, wie du es dir vorgestellt hast?«, fragte sie mich, als wir uns vor dem Fenster in zwei Sessel fallen ließen. Ich schwang meine Beine über die Armlehne.

Ich wusste die Antwort sofort: Nein. Manchmal hatte ich das Gefühl, auf der Stelle zu treten. Während meine Freunde ihr erstes richtiges Gehalt verdienten und anfingen, ihre Studienkredite abzuzahlen, kam ich mir vor, als würde ich mir in der Bronx etwas vormachen.

»Ja und nein«, antwortete ich. »Ich meine, es ist nicht so, dass ich mir vorgestellt hatte, ich würde nach New York ziehen und alles würde perfekt werden – ich würde hierherkommen, in den erstbesten Coffeeshop gehen und mich verlieben oder so was.«

»Ich habe deinen Blog gelesen«, sagte sie.

»Meinen Blog?«

»Den darüber, wie du dich in einem Coffeeshop verliebst.«

Ich hatte fast vergessen, dass mir schon seit einer ganzen Weile Menschen am Bildschirm folgten.

Ich hatte mit dem Bloggen vor neun Monaten begonnen, in meinem letzten Jahr am College. Ich hielt mich damals für besonders clever, einen Blog ins Leben zu rufen, den ich *Alles Ganz Einfach* nannte. *Alles Ganz Einfach* war das Produkt meines zwanzigjährigen Ichs, das dachte, alles im Leben zu einer großen weißen Schleife zusammenbinden zu können. Das hat mich immer am meisten an dem Mädchen von damals gestört, und nur allzu gern hätte ich mir diese jüngere Ausgabe von mir vorgeknöpft und sie gefragt: »Was ist nur los mir dir, Mädchen? Warum so glücklich? Warum muss alles immer so romantisch enden?«

Wahrscheinlich hätte sie nur mit den Schultern gezuckt und mir geantwortet: »Weil du mich nicht tiefer dringen lässt. Du lässt mich nichts anderes schreiben als nette Geschichten, die den Leuten das Gefühl geben, mit Körben voller Cupcakes im Arm durch Rosenfelder zu tänzeln.«

Und sie hätte recht. Ich war es gewohnt, Texte zu bearbeiten. Ich konnte Informationen gut filtern. Erst als ich etwas über die Beziehung zu meinem Vater postete, dämmerte mir die Wahrheit: Das Leben ist alles andere als einfach.

Ich schrieb darüber, wie ich mich als Kind jahrelang dafür geschämt hatte, dass mein Vater von Beruf Müllmann war. Wie ich ihn aus meinem Leben ausgeschlossen und mir gewünscht hatte, er würde einer sauberen Arbeit nachgehen. Meine Hände zitterten, als ich über DAS Erkennungsmerkmal meines Vaters schrieb: seine schwieligen Hände. Als Kind waren es einfach nur schmutzige Hände für mich gewesen, doch heute weiß ich, dass sie ein Symbol für all die Opfer waren, die er brachte. Der Blogeintrag war mein Versuch, mich mit dem Tag auszusöhnen, an dem meine Mutter zu mir in die Küche kam, wo ich gerade die Geschirrspülmaschine ausräumte, und zu mir sagte: »Du brichst ihm das Herz. Du brichst dem besten Menschen, dem du je begegnen wirst, das Herz.« Es war ein Versöhnungsangebot. Ein Versuch, etwas wiedergutzumachen, wovon er gar nicht wusste, dass ich es all die Jahre verbrochen hatte, als ich ihn und seinen Beruf verleugnete.

Ich postete den Eintrag. Und erhielt eine E-Mail vom Dekan meiner Uni, in der er mir anvertraute, dass er nach dem Lesen weinend am Küchentisch gesessen und zum ersten Mal offen mit seiner Frau über seinen eigenen Vater, einen Fabrikarbeiter, gesprochen hatte. Und mein eigener Vater? Der war noch nie so stolz auf etwas gewesen wie auf diese Zeilen. Er druckte sie sogar aus und zeigte sie jedem, den er traf. Er und ich, wir bemühen uns seither mehr.

Ich änderte kurz darauf den Namen des Blogs. Und ich hörte auf, mich hinter schönen Worten zu verstecken. Ich erkannte, dass Verwundbarkeit ein bisschen so ist wie diese russischen Matroschka-Puppen, in deren Inneren eine immer kleinere Version der gleichen Figur steckt. Puppe für Puppe dreht man den Deckel ab, bis man schließlich auf die letzte und kleinste stößt und mit ihr auf ein Geheimnis. Das Geheimnis, dass die kleinste Puppe die Stabilste von allen ist. Sie versteckt sich nicht in sich selbst.

Ich gestand mir also meine Verwundbarkeit ein, und von da an begann ich, eine Gemeinschaft mit den Lesern meines Blogs zu bilden. Es war, als würden wir alle zusammen auf dem Oregon Trail reisen, nur mit dem Unterschied, dass keiner von ihnen je an Durchfall starb. Und ich stellte fest, dass das Internet manchmal wirklich nur wie ein dünner Schleier zwischen uns Menschen ist. Manchmal sind wir nur einen Blogeintrag davon entfernt, einen besten Freund zu finden oder uns zu verlieben.

Zurück zu Jessica und dem Verlieben in einem Coffeeshop.

»Weißt du«, sagte sie leise. »Ich glaube wirklich, dass du dich in diesem Coffeeshop verlieben wirst.« Sie zögerte. »Aber nicht so, wie du es erwarten würdest. Ich glaube, dass es da eine Idee geben wird. Du wirst eine Idee haben, und du wirst dich in sie verlieben. In diesem Coffeeshop. Und dein Leben wird sich schlagartig verändern.«

Ich hatte mir immer vorgestellt, das Mädchen mit der roten Mütze zu sein, das abseits der anderen auf den Zug wartete. Das ohne erkennbaren Grund lächelte und das alle ringsum für geheimnisvoll hielten. Eine Art Delilah: das Mädchen in New York City mit dem Freund, der Gitarre spielte und Zeilen schrieb wie: »Times Square can't shine as bright as you.« Ich dachte immer, New York City wäre romantisch, wie ein Freund, der mir die Hand küsst oder nachts Steinchen gegen mein Fenster wirft, damit ich ihm öffne.

Tatsächlich gab es sogar eine Situation, die entfernt an Steinchenwürfe gegen mein Fenster erinnerte, und zwar als Juan, der Friseur, drei Stockwerke unter mir mit verschränkten Armen vor meiner Haustür stand. Es war zehn Uhr abends. Wir hatten uns wochenlang Blicke über die Straße hinweg zugeworfen, bis er eines Tages zu mir rübergekommen war, sich vorgestellt und mir seine Visitenkarte gegeben hatte. Ich rief die Nummer auf der Karte nie an. Ich versteckte sie einfach unter meiner Matratze, wo sie immer noch lag, als er besagten Abend vor meiner Tür auftauchte. Meine Mitbewohnerinnen überredeten mich, zu ihm runterzugehen.

»Warum hast du nicht angerufen?«, fragte er mich, als ich vor ihm auf der Treppe stand.

»Es ist kompliziert«, sagte ich.

»Mit mir?«

Mir fiel auf die Schnelle keine bessere Antwort ein, also platzte ich heraus: »Ich habe einen Freund. Und es ist kompliziert.«

Ich belog Juan. Log ihm mitten in sein schönes, bärtiges Gesicht. Tischte ihm eine Lüge über einen Freund in New Haven auf, den es nicht gab.

»Was ist denn kompliziert?«, fragte er. »Weiß er nicht, was er an dir hat?«

Seine Antwort war wie ein Schlag ins Gesicht. Ich war ein schlechter Mensch. Es war einer dieser Momente, in denen man sich von Gott eine Ohrfeige dafür einfängt, dass man andere Menschen zum Dank für ihre Liebenswürdigkeit belügt.

»Fernbeziehungen sind nicht einfach«, sagte ich. Wenigstens das war nicht gelogen. Er fragte nicht, was mir fehlte oder ob er irgendetwas tun könnte, damit es mir besser ging. Er wechselte einfach das Thema.

»Was hast du vor, wenn das hier vorbei ist?«, fragte er. Er hatte über die Jahre bestimmt zahllose Freiwillige in das Apartment ein- und wieder ausziehen sehen.

Ich zögerte. Ich hätte ihm gern gesagt, dass ich Schriftstellerin werden wollte, doch mir war klar, wie weltfremd das klingen musste. Es klang geradezu wie eine Aufforderung, mich mit gequältem Blick anzusehen und zu antworten: »Oh, du willst bei deinen Eltern im Keller hausen und dich von Nudeln ernähren, bis du den nächsten Harry Potter hervorzauberst. Klingt wirklich erwachsen.«

Ich verdankte den Wunsch zu schreiben meiner Großmutter, die mir jahrelang gut zugeredet hatte, mein Name gehöre auf Buchrücken. Ich wollte Schriftstellerin werden, weil ein Mensch, den ich liebte, mir gesagt hatte, dass ich es schaffen könnte. Und ich würde alles dafür geben, diesem Menschen sagen zu können, dass es richtig war, an mich zu glauben.

»Ich will Schriftstellerin werden«, antwortete ich. Ich wartete darauf, dass er zusammenzuckte. Ich hätte wissen müssen, dass er das nicht tun würde. Stattdessen lächelte er und sagte, dass ihm das gefiel.

»Und du? War das schon immer dein Traum? Du bist ziemlich gut in dem, was du machst.« Jeder sprach über ihn und seinen Laden.

»Ich verdiene mein Geld damit«, erwiderte er. »Aber eigentlich wollte ich immer Polizist werden. Das wäre verdammt cool.«

»Dann werde Polizist!« Meine Stimme überschlug sich fast vor Aufregung. »Geh raus und werde Polizist!«

»Äh, mal sehen.« Er zuckte mit den Schultern. Und dann lächelte er.

»Du bist zu dünn«, sagte er nach ein paar Sekunden. »Du musst mehr Hühnchen essen.« Damit war der Moment, in dem wir zusammen auf der Treppe unseren Träumen nachjagten, vorbei.

Wir redeten noch kurz weiter. Er bedauerte noch einmal, dass mein Freund (der, den ich erfunden hatte) so eine Flasche war. Dann ging ich zurück ins Haus und verschloss die Tür hinter mir. Ich lehnte mich mit dem Rücken gegen das Holz und ließ mich langsam auf den Boden hinunterrutschen, wo ich ein paar Minuten im Dunkeln sitzen blieb, bevor ich zurück nach oben zu meinen Mitbewohnerinnen ging.

Ich fragte mich, warum ich so verbissen war. Juan konnte tagein, tagaus Haare schneiden, und sein Traum, Polizist zu werden, würde womöglich für immer ein Traum bleiben. Und ich? Mein Traum war in Erfüllung gegangen: Ich lebte in New York City. Und trotzdem war ich unglücklich. Und undankbar obendrein. Und ich war permanent auf der Suche nach Fluchtwegen. Nach Wegen, um gar nicht richtig hier zu sein. Nach Wegen, um mich mit dem Leben anderer Menschen abzulenken, Menschen, die ich aus der Highschool oder vom College kannte und deren Leben in anderen Städten oder Staaten stattfand. Ich vergeudete Stunden damit, mein Leben mit ihrem zu vergleichen, sie einander gegenüberzustellen und die Dinge einzukringeln, die in meinem Leben fehl am Platz zu sein schienen, wie in den »Finde die Fehler«-Suchbildern hinten in Fernsehzeitschriften.

Ich weiß nicht mehr genau, was passierte, als ich an diesem Abend wieder oben in meinem Zimmer war. Was ich machte oder was ich sagte. Vermutlich das, was ich jeden Abend machte. Es war wie ein innerer Zwang: Ich legte mich mit meinem Handy in der Hand ins Bett, doch statt zu schlafen, scrollte und scrollte und scrollte ich mich durch die Gedanken und Bilder, die andere Menschen im Internet posteten, und saugte die flüchtigen Einblicke in mich auf, die sie mir in ihren Alltag gewährten.

Und wenn ich am nächsten Morgen aufwachte, schob ich noch nicht mal die weiße Steppdecke zurück, schon war ich wieder eingeloggt, um zu schauen, wo ich in der Nacht zuvor vermisst oder erwähnt worden war. Zu sehen, dass jemand um zwei Uhr morgens an mich gedacht hatte, indem er auf »Gefällt mir« geklickt oder eine meiner Twitter-Nachrichten geteilt hatte, war nicht wirklich erfüllend. Es war in etwa so erfüllend wie diese gigantischen Muffins, die man an Tankstellen kaufen kann. Man sieht eines dieser Höllendinger, aus denen die Blaubeeren nur so herausquellen, und schwört, dass es einen für mindestens drei Stunden satt machen wird. Doch leider, leider halten der Zucker und die ganzen unverdaulichen Zutaten gerade einmal fünf Minuten ihr Versprechen, und schon knurrt einem wieder der Magen. Diesmal noch lauter.

Ich fühlte mich innerlich leer. Also suchte ich nach Dingen, mit denen ich diese Leere füllen konnte, und fand die sozialen Medien. Ich kroch abends ins Bett, kuschelte mich an sie und versuchte, mit ihrer Hilfe die Stimmen zu besänftigen, die in mir flüsterten: *Ich will, dass man mich wahrnimmt. Ich will, dass man mich kennt. Ich will mehr sein als nur ein Gesicht in der Menge.* Doch die tiefe, schmerzende Einsamkeit pochte nur umso stärker, sobald das Display aufleuchtete. Das Gefühl, vom Rest der Welt abgetrennt zu sein, wuchs ins Unermessliche.

In einem meiner Soziologie-Seminare am College hatte ich ein Buch gelesen, in dem Amerika als eine überdiagnostizierte Gesellschaft beschrieben wurde. Wir waren depressiv. Wir waren voller Ängste. Wir waren paranoid. Und schwups eilte eine Armada von Pharmaunternehmen herbei, um uns medikamentös zu behandeln und damit Milliarden zu verdienen. In dem Buch wurden Antidepressiva nicht verteufelt, doch es war erschreckend, einen Bericht nach dem anderen zu lesen, in denen Menschen beschrieben, wie sie nach nur zwanzigminütigen Therapeutensitzungen die Praxis mit einem Rezept für Stimmungsaufheller verließen. Das Buch machte mir Angst, und ich schwor mir, mich niemals in eine solche Praxis zu setzen, nervös die Beine übereinanderzuschlagen und darauf zu warten, dass mir ein Therapeut die Diagnose Depression um die Ohren schlug.

Als dieser Tag kam, stellte ich fest, dass ich mich in solchen Situationen vollkommen reglos verhalte. Es war mein erster Besuch bei einem Therapeuten, und ich saß kerzengerade, mit beiden Füßen fest am Boden verankert auf meinem Platz und veränderte meine stocksteife Haltung auch nicht, als der Therapeut mir sagte, dass ich mich entspannen dürfe. Dafür seien die Kissen da.

Er war weniger ein Therapeut als vielmehr eine Art Engel, den ich im Internet gefunden hatte. Es musste Schicksal oder Vorsehung oder so etwas gewesen sein, dass ich mich ausgerechnet für ihn entschieden hatte, als die Suchmaschine Hunderte von Therapeuten ausspuckte, die in den Hochhäusern rund um mein Büro in Manhattan auf Kundschaft warteten. Es kostete mich einige Überwindung, den Termin für einen Donnerstag um 13 Uhr auszumachen. Und es kostete mich noch mehr Überwindung, auch wirklich hinzugehen und ihm nicht quer über seinen Teppich zu kotzen.

Wir werden eine Beziehung zueinander aufbauen, sagte ich mir, als ich seine Praxis zum ersten Mal betrat. Darum würde es hier gehen. Um mich und um ihn. Wir würden ein «Wir« bilden. Ich verspürte dieses überwältigende Bedürfnis, ihn dazuzubringen, mich zu mögen und mich für vollkommen normal zu halten. Was eine ziemlich bescheuerte Idee ist: meine wirklichen Gefühle zu verbergen, damit mich ein Mensch für gefestigt hält, dessen Beruf es ist, lockere Teile wieder festzuzurren. Ich wollte auf gar keinen Fall verkorkst wirken. Ich wollte, dass er in sich hineinlachte und zu mir sagte: »Liebes, du brauchst keine Therapie.«

Ich war extrem reserviert. Er sagte mir, dass er angefangen habe, meinen Blog zu lesen, nachdem er meine E-Mail bekommen hatte. Als er auf einen Eintrag zu sprechen kam, den ich vor Kurzem gepostet hatte, wollte ich sagen: »Hey, Mann, aus mir bekommst du nichts heraus. Nichts von dem, was du in diesem Blog liest, wird dir auch nur ansatzweise Aufschluss darüber geben, wie es mir gerade geht. Diese Tränen in meinen Augen sind das einzig Echte, was du von mir kriegen wirst.«

Doch nach nur zwei Sitzungen »Wir« eröffnete er mir mit seiner zuckersüßen, geradezu engelsgleichen Stimme, dass ich nicht die richtige Versicherung hatte. Er hatte den Papierkram etwas schleifen lassen, und wie sich jetzt herausstellte, übernahm meine Versicherung die Kosten für eine Therapie nicht. Eine einzelne Sitzung würde so viel kosten, wie ich in fünf Wochen verdiente. Ich saß auf seiner Couch, ein Dekokissen fest umklammernd, und wusste, dass ich gehen musste. Wir waren am Ende. Ich konnte nicht über 100 Dollar dafür bezahlen, eine Stunde lang zu heulen, wenn ich das problemlos tagtäglich allein hinbekam. Dafür konnte ich mir einen richtigen Freund suchen.

»Sie tun Gutes in der Welt«, sagte er mit seinem Notizblock in den Händen. »Früher habe ich das auch, und das fehlt mir. Deshalb will ich Ihnen helfen. Ich werde Sie kostenlos behandeln.«

Und so trafen wir unsere stillschweigende Übereinkunft, dass er zuhörte und dass ich weinte und dass wir uns in Schweigen hüllten, sobald es um die Bezahlung ging. Ich mochte es, dass sich der Ausdruck auf seinem Gesicht nie veränderte und dass er sich nie von mir aus der Ruhe bringen ließ, während ich zur durchgeknallten Heulboje mutierte, die ständig das Gefühl hatte, ihr würde der Himmel auf den Kopf fallen. Ich ließ die Therapie laufen, wie sie laufen sollte. Und nach kurzer Zeit hätte sie umbenannt werden können in »Weine in Dekokissen. Dann reiß dich zusammen. Atme tief durch die Nase. Und konzentriere dich auf das, was unter der Oberfläche wirklich passiert.« Denn genau das war es, was wir jeden Donnerstag eine Stunde lang machten. Ich blieb. Ich kämpfte mich durch das Chaos. Selbst, als er es sagte.

»Sie haben eine Depression«, sagte er zu mir. »Sie scheint situationsbedingt zu sein, aber ich denke, es ist eine Depression.«

Ich sah ihn verständnislos an. Ich wollte ihm sagen, dass er sich irrte. »Mein Leben ist schön. Mein Leben ist erfüllt. Ich habe Eltern, die sich lieben. Sie zeigen sich das durch kleine Gesten. Es gibt kein zerschlagenes Porzellan. Ich war auf dem College. Ich hab tolle Freunde. Das bisschen Liebeskummer, das ich bisher im Leben hatte, ist kaum der Rede wert. Ich bin gerade mal zweiundzwanzig. Es gibt überhaupt keinen Grund für mich, depressiv zu sein.« Doch ich kam gar nicht dazu, ihm das zu sagen.

»Ich will nicht, dass Sie es für völlig normal halten, jeden Nachmittag um zwei Uhr zu weinen. Und ich will auch nicht, dass Sie glauben, dass es für immer so weitergehen muss.« Er machte eine Pause. »Aber vor allem will ich nicht, dass Sie denken, das alles sei nur eine Frage von mehr Stärke.«

Ich ging an diesem Abend mit einem Zettel nach Hause, auf dem in kritzeliger Handschrift *Depression* stand. Ich setzte mich in meinem Zimmer an den Schreibtisch und starrte das Stück Papier an. Doch zu meiner Überraschung veränderte das Wort rein gar nichts. Weder das *D* noch das *P* oder das *S* sprangen mich an und schüchterten mich ein. Die Diagnose veränderte nichts in mir. Ich dachte mir einfach nur: *Ich schätze, es passt. Es ist wie in einer Umkleidekabine, ich schätze, es passt für den Moment.*

»Mach weiter, du schaffst das«, flüsterte ich dem Stretchstoff des Kleides zu, als ich es mir über Po und Beine zog und mich vor dem Spiegel ins Profil drehte. Ich sagte diesen Satz immer wieder: »Du schaffst das. Du schaffst das.«

Wie sich herausstellen sollte, war dies die erste von mehreren Dutzend Umkleidekabinen für mich und das Mädchen im Spiegel. Ich brauchte ein Kleid. Ich war von einem Freund, den ich im zweiten Studienjahr kennengelernt hatte, zu einer Gala im Time Warner Center eingeladen. Eine Woche, nachdem wir uns kennengelernt hatten, rief er mich am Valentinstag an und sagte, der Wachdienst am Eingang zu meinem Campus habe ihm fünf Minuten gegeben, um mich zu sehen. Wir trafen uns auf dem Parkplatz vor einem der Studentenwohnheime. Er überreichte mir eine gelbe Rose. Gelb ist die Farbe der Freundschaft. Ich weiß nicht, ob je mehr aus uns hätte werden können. Er machte zwei Jahre vor mir seinen Abschluss und nahm einen Job an der Wall Street an. Und jetzt waren wir hier – in derselben Stadt.

Nach einem Vormittag im Guggenheim Museum begossen wir unser Wiedersehen bei Sarabeth's und gaben uns New York Citys größter Versuchung an einem Samstagmittag hin: Brunch. Sirup tröpfelnden, Ziegenkäse schmierenden, Vollkorn-Pancake mampfenden Brunch. Eine Kirche für sich in der ohnehin angebeteten Stadt. Bei den gigantischsten Kürbiswaffeln, die Manhattan zu bieten hatte, mit Honig und saurer Sahne (ein ungleiches Paar, das ich beim ersten Bissen zu Ballkönigin und Ballkönig krönte), fragte er mich, ob ich nicht Lust hätte, ihn zu der Wohltätigkeitsveranstaltung zu begleiten.

Ich würde ein Kleid brauchen. Und noch bevor ich es je anprobiert hatte, würden ich und besagtes Kleid einen Ehevertrag schließen. Wir würden eine einzige Nacht miteinander verbringen. Nicht mehr. Und nicht weniger. Und am Ende des Abends, wenn ich sicher zurück in der Bronx war, würde ich es abstreifen und um meine Knöchel fallen lassen, bis es schließlich Zeit wäre, es wieder in die schwarze Einkaufstasche zu packen und mitsamt aller Etiketten zurück in den Laden zu bringen.

Nur damit ihr mich richtig versteht: Ich wollte das Kleid. Und ich hätte mich gern anständiger verhalten. Und ich habe größten Respekt vor Verkäufern. Aber mit 25 Dollar im Monat kann man sich einfach kaum etwas leisten, und das schlechte Gewissen plagte mich, wann immer ich meine Kreditkarte zückte.

Und da waren wir nun. Sie und ich. Ich und das Mädchen, das meine Klamotten trug. Das mit der wilden Frisur. Mit Augen, die hübscher waren, wenn es weinte. Das Grün saugte das Braun und Gelb dann auf wie ein Schwamm, und es sah aus, als würden elektrische Blitze um die Pupillen herum zucken. Und dieses Mädchen wollte jemand anderes sein.

Ich weiß nicht, ob ihr dieses Gefühl kennt. Wenn nicht, ist es völlig okay für mich, die einzige Person in der Geschichte der Menschheit zu sein, die sich wünschte, ihr Leben mit jemand anderem tauschen zu können. Mit jemandem, die nicht pausenlos grübelte oder sich Sorgen machte oder sich benahm, als wäre ihr ganzes Leben eine Doppel-CD voller Entschuldigungssongs in Endlosschleife. Mit jemandem, die oft im Regen geküsst wurde und die vor lauter Verrücktheiten im Kopf vergaß, Lebensmittel einzukaufen, stattdessen aber Blumen mit nach Hause brachte, einfach nur, weil sie schön waren und gut in die goldene Vase passten.

Überraschenderweise gestaltet sich diese Tauschaktion nicht mehr ganz so einfach wie damals mit fünf, als meine beste Freundin und ich immer so taten, als würden wir

Frisuren tauschen. Sie gab mir einfach ihre schlampig geflochtenen Zöpfe und nahm dafür meinen Wuschelkopf, als wären es Helme, die wir da auf den Köpfen trugen. Es gab für uns nichts Herrlicheres, als für eine halbe Stunde zu jemand anderem zu werden. Wie sich herausstellte, erreicht diese Form der Flexibilität und Vorstellungskraft mit etwa dreizehn Jahren ihren Höhepunkt und nimmt dann rapide ab.

Trotzdem wünschte ich mir in dieser Umkleidekabine, jemand anderes zu sein. Jemand aus den Kabinen um mich herum.

»Warum bin ich hier?« Ich hauchte die Frage fast lautlos, und sie wirbelte und schnellte um mich herum. Und ich hoffte inständigst, dass ich in dieser Umkleidekabine zu hören war.

»Tu was mit mir«, flüsterte ich. »Bitte, tu was mit mir.«

Diese vier Worte schienen damals schier endlos in meinem Innern zu summen. An manchen Tagen waren sie wie ein Lied. An anderen Tagen wie eine Hymne. An diesem Tag – eingepfercht in eine Umkleidekabine irgendwo in Manhattan – waren sie wie ein Gebet.

»Tu was mit mir. Bitte, tu was mit mir.«

Wenn es dich wirklich gibt, egal ob gut oder böse, interessiert oder gleichgültig, dann tu etwas mit mir. Tu einfach irgendwas mit mir. Gib mir irgendeine Aufgabe in dieser Welt.

»Tu was mit mir. Tu was mit mir.«

Du musst mich nicht lieben, du musst mich noch nicht einmal ansehen, aber wenn du etwas für mich hast, dann bitte zeig es mir. Wenn du mich erschaffen hast – wenn du mich wirklich erschaffen hast –, dann weißt du, wie sehr sich mein gebrochenes Herz danach sehnt, etwas zu tun, das wirklich von Bedeutung ist.

»Tu was mit mir. Tu was mit mir.« Die Bitte breitete sich aus wie ein chinesischer Fächer.

Tu was mit mir. Such nach mir. Begegne mir. Nur bitte, vergiss mich nicht.

Teil 2

Vom Suchen und Finden

Hallo du

»Expresszug der Linie 4 Richtung Bronx«, sagte die Frau aus dem Lautsprecher, als ich mich auf einen freien Platz setzte und meine Tasche auf den Schoß nahm. »Nächster Halt: Grand Central. 42. Straße.«

»Zurückbleiben, bitte«, sagte der Mann.

Die beiden Tonbandstimmen, die sämtliche Stationen auf der Strecke ansagten, waren mir in den vergangenen zwei Monaten zu treuen Reisebegleitern geworden. Wenn schon sonst niemand in der U-Bahn den Mund aufmachte, so war wenigstens auf diese beiden automatischen Stimmen Verlass.

Ich dachte mir Geschichten über sie aus. Ich stellte mir vor, sie wären echte Menschen, die sich bei einem Vorsprechen für die New Yorker Verkehrsgesellschaft kennengelernt und die Jobs als U-Bahn-Stimme Nr. 1 und U-Bahn-Stimme Nr. 2 ergattert hatten. Seitdem waren sie praktisch unzertrennlich. In Gedanken verfasste ich ihre Ehegelübde füreinander: wie die Frau dem Mann versprach, ihn immer wissen zu lassen, wohin sie unterwegs waren, und wie er ihr versprach, sie stets vor den schließenden Türen zu warnen. Zusammen führten sie ein langes, glückliches Leben, wälzten sich in ihrem Apartment mit Blick auf den Hudson River in weißen Laken, und gründeten – natürlich – eine Familie. Und sie brachten ihren Kindern bei, mit kräftiger Stimme und in gebieterischem Ton zu sprechen, damit sie eines Tages das Familienunternehmen als U-Bahn-Sprecher weiterführen konnten.

Es war Anfang Oktober. Der Oktober ist von Natur aus ein Monat, an den man sich gut erinnert, denn der Oktober ist gebieterisch. Er nimmt den Nordosten gefangen wie ein Diktator und fesselt die Menschen mit seiner frischen, kühlen Luft und der Art, wie er etwas wahrhaft Schönes aus dem ausklingenden Sommer macht. Ich war auf dem Weg von der Arbeit nach Hause. Als der Zug in die Grand Central Station einfuhr, machte ich mich innerlich bereit für den Ansturm der Pendler, die jenseits der Scheibe darauf warteten, den Wagen zu stürmen und jeden freien Zentimeter Platz einzunehmen. Es war diese eine Stunde am Nachmittag, in der jeder einfach nur weg will von seinem Tag und so schnell wie möglich hin zu einem gedeckten Tisch, zu einem Liebhaber, Hund oder Barkeeper. Das Ende des Arbeitstages fühlt sich in New York City so greifbar an, als könnte man sich daran hängen wie an die Sprossen einer Leiter.

Ich schaute auf meine Schuhe hinunter, als die Menschen in den Zug drängten, und da sah ich sie. Ich sah ihre Schuhe. Sie trug ausgetretene Bauarbeiterstiefel ohne Schnürsenkel. Mein Blick wanderte von den Schuhen hinauf zum Gesicht einer alten Frau. Sie war winzig. Sie hatte einen leichten Buckel. Sie trug eine leuchtend rote Mütze, unter der graue Haarsträhnen hervorlugten. Sie kam auf mich zu, und ich könnte schwören, dass sie mir in diesem Moment in die Augen sah. Es war nur der Bruchteil einer Sekunde, aber ich bin mir sicher, dass es so war. Ich sah ihre Augen – ein schlammiges Braun – und speicherte sie und ihre Augenfarbe in meinem Kopf als Einheit ab. *Braun, braun, braun.*

Sie erinnerte mich an eine Begegnung, die ich mit einer Freundin meiner Mutter gehabt hatte. Ich hatte sie mehrere Jahre nicht gesehen, und als meine Mutter sie eines Morgens in die Kirche mitbrachte, erkannte ich sie kaum wieder. Ihre Augen lagen tief in den Höhlen, an ihren Lidern waren noch Reste des Eyeliners von vergangener Nacht. Meine Mutter blinzelte mir im Vorraum zweimal zu, und als ihre Freundin wegging, um Kaffee zu holen, sagte sie zu mir: »Normalerweise sieht sie nicht so aus. Sie hat heute Nacht kaum geschlafen, denke ich. Ich weiß auch nicht, was los ist.« Alles, was ich allerdings sehen konnte, war Leere.

Die Frau mit der roten Mütze kam näher. Ihre gesamte Haltung drückte Erschöpfung aus. Sie zwängte sich auf einen engen Platz an der Wand mir gegenüber. Ihr Blick huschte unruhig durch den Zug. Ihre Mütze deckte einen Großteil ihres Gesichts ab, doch ich konnte die Furchen sehen, die sich tief in ihre Haut eingruben. Sie faltete die Hände im Schoß wie zum Gebet und lehnte den Kopf gegen die Wand. Dann schloss sie die Augen und blieb regungslos sitzen. Nicht einmal ihre Augenlider zuckten mehr. Ihre Füße wirkten wie am Boden festgewachsen. Mein Blick fiel wieder auf ihre schnürsenkellosen Bauarbeiterstiefel. Keine Chance, aus langen Lederbändern Schleifen zu binden oder Hasenohren zu machen.

Ich kann es nicht erklären. Ich wünschte, ich könnte es. Doch ich habe keinerlei Erklärung dafür, warum von allen Menschen, die sich an der Grand Central Station in diesen Zug drängten, ausgerechnet sie meine Aufmerksamkeit erregte. Sie ließ mich einfach nicht mehr los.

Ich bin verrückt, dachte ich. *Jetzt ist es soweit. Ich werde wahnsinnig. Bald kommen die Männer mit den weißen Jacken, die man auf dem Rücken zusammenbindet, und holen mich ab.* Es war verrückt, sie so anzustarren. Nicht mehr wegschauen zu können. Unbedingt etwas sagen zu wollen, um dieses ewige Schweigen im Zug endlich zu durchbrechen. Im Stillen betete ich, sie würde die Augen aufschlagen, mich direkt ansehen und so etwas sagen wie: »Ach ja, Mädchen, ich bin auch einsam. Sieh dich nur um, wir alle sind es.«

Ich könnte mich in meiner schwarzen Strumpfhose auf die Knie werfen und über den dreckigen U-Bahn-Boden zu ihr rüberrutschen, um ihre gefalteten Hände zu nehmen und sie zu fragen, wie ihr Tag gewesen war. Meine Mutter hätte das getan. Meine Mutter hat diese Gabe, die sich nur schwer in Worte fassen lässt, weil sie immer zuerst an alle anderen denkt. Sie will einfach jedem um sich herum das Gefühl geben, von Bedeutung zu sein.

Ich dachte an meine Mutter, während ich die Frau beobachtete, die noch immer mit dem Kopf an der Wand lehnte. Ihre gefalteten Hände lagen wie zu einer großen Faust geballt in ihrem Schoß. Ich dachte darüber nach, wie viel Kraft und Energie meine Mutter aus sich selbst heraus mobilisierte, um aus mir einen starken Menschen zu machen. Wie sie mich, wenn mir körperlich die Puste ausging oder sich meine Seele auf einen Abgrund zubewegte, immer wieder zurück in die Spur brachte. Wie dank ihr, während meiner Zeit am College, die Abstecher in die Poststelle das Schönste am Tag wurden, weil dort Briefe mit ihrer kritzeligen Handschrift auf dem Umschlag auf mich warteten.

Ich betrachtete die alte Frau, spielte an meinen Locken herum und dachte über die Liebesbriefe nach, die meine Mutter ständig schrieb, und darüber, wie bewusst ihr sein musste, dass aus einem gewöhnlichen Stück Papier ein Liebesbrief wird, wenn ein Mensch seine Seele hineinlegt. Plötzlich werden die Worte lebendig. Plötzlich spürt man Verständnis, Mitgefühl und Güte eines anderen Menschen unter seinen Fingern.

Worte, dachte ich, und mir fiel das Notizbuch ein, das ich dabeihatte. Ich könnte der Frau eine Nachricht schreiben und sie ihr geben, wenn ich aus dem Zug stieg. Ich könnte sie vor ihren Füßen auf den Boden fallen lassen.

Ich kramte das Notizbuch aus meiner Tasche hervor. Es war mein Lieblingsnotizbuch, auf dem Einband leuchtete eine blau-grüne Pfauenfeder mit goldenen Sprenkeln. Ich schlug eine leere Seite auf und begann zu schreiben. Die Worte kamen wie von selbst. Da war kein Zögern oder die Frage, was ich schreiben sollte. Die Silben sprudelten wie Wasser aus einer Quelle. Es waren Worte, die einen beim späteren Lesen überraschen, weil einem gar nicht bewusst war, dass man sich die ganze Zeit so gefühlt hat.

Hallo du,

du und ich, wir kennen uns nicht, deshalb fange ich am besten einfach hier an. Bevor ich irgendetwas anderes schreibe, sollst du wissen, dass unsere gemeinsame Zeit begrenzt ist. Wir werden uns vermutlich nur dieses eine Mal begegnen. Du wirst nicht mehr von mir kennenlernen als die Eselsohren in diesem Blatt Papier und meine kringelige Handschrift. Wir werden nie zusammen Kaffee trinken oder miteinander lachen, als würden wir uns uralte Witze erzählen. Wir werden all das nie haben, und ich will versuchen, damit klarzukommen …
Ich quäle mich. Und ich weiß nicht, wie ich es den Menschen um mich herum sagen soll. Ich bin

vor zwei Monaten nach New York City gezogen und habe es bis heute nicht geschafft, mich in dem ganzen Lärm hier zu Hause zu fühlen. Vielleicht hätte ich mich einfach mehr auf meine Rolle als New Yorkerin einlassen sollen, auf meine Rolle als irgendein Jemand, die nicht spricht und nicht lächelt und die allein in Coffeeshops sitzt und kein Problem mit dem Alleinsein hat. Aber das kann ich nicht. Das Alleinsein macht mich verrückt. Ich zerbreche daran. Ich sehe einen Mann und eine Frau in der Grand Central Station, die sich am Ende eines langen Arbeitstages wiedersehen, und ich spüre diesen Schmerz in mir. Denn ich will auch dieses vertraute Gesicht haben. Ich will jemanden, irgendjemanden, der mir sagt, dass ich in dem Ganzen hier nicht allein bin.

Ich weiß nichts über dich, aber ich schätze, das ist ganz egal, denn immerhin hindert es mich nicht daran, das Beste für dich zu wollen. Du hast es verdient, weißt du das nicht?

Es ist schon komisch. Wir sagen das einander nie: dass wir es alle verdienen, glücklich zu sein.

Dass wir die besten Geschichten verdienen. Dass unser Leben etwas ist, wovor wir Ehrfurcht haben sollten, und dass wir echtes Glück haben, hier und heute am Leben zu sein und zu atmen. Es ist das Erste, was ich vergesse. Es wird vermutlich die erste Wahrheit sein, die ich verwerfe, wenn ich

diesen Liebesbrief zusammenfalte und weggehe. Ich werde weiter wie eine Irre herumlaufen und hoffen, eine andere Gelegenheit zu bekommen, jemandem zu sagen, wie wichtig er oder sie mir ist. Und dann werde ich vergessen aufzublicken. Und plötzlich ist der Tag vorbei.
Ich will nicht, dass du mir einfach so entwischst, darum tu mir den Gefallen und vergiss eins nicht: Du bist es wert. Du bist es absolut, unglaublich wert, und du bist dazu bestimmt, große Dinge zu tun. Darum mach weiter. Bleib am Ball. Erlaube niemandem in dieser großen weiten Welt, dein inneres Leuchten zum Erlöschen zu bringen. Mach dir bewusst, wie wichtig du bist. Die Welt wird versuchen, dich vom Gegenteil zu überzeugen, aber hör nicht hin. Bitte. Hör. Nicht. Hin. Du bist ein Wunder. Es ist wichtig, dass es dich gibt. Solltest du je anfangen, das zu vergessen, dann komm zu mir.

Ich sah auf, ohne den Brief zu unterschreiben. Ich hatte noch nicht einmal mitbekommen, wie meine beiden automatischen Freunde sämtliche Stationen bis zur 161. Straße/Yankee Stadium angesagt hatten. Um mich herum hatte sich einiges verändert. Menschen, die vorhin noch standen, saßen jetzt, und wir näherten uns bereits der Station, an der ich aussteigen und die paar hundert Meter vorbei an Klamottenläden und Fastfood-Restaurants nach Hause laufen würde.

Die Schuhe. Die Stiefel ohne Schnürsenkel. Ich sah mich nach ihnen um, doch sie waren weg. Die Frau war weg. Es war, als wäre sie nie dagewesen. Wie konnte ich nur so ins Briefeschreiben versunken gewesen sein, dass ich nicht einmal bemerkt hatte, wie sie aufgestanden und weggegangen war? Ein Typ mit einem Irokesenschnitt saß jetzt auf ihrem Platz. Er hatte die Augen geschlossen. Er hatte mehr Luft zum Atmen, seit der Zug leerer war. Er hatte die Beine vor sich ausgestreckt und eins über das andere geschlagen. Ich sah seine Schnürsenkel, sie waren unversehrt.

Ich sah auf den Brief hinunter und wusste nicht, was ich damit machen sollte. Er war fertig, aber sie war weg, und sie würde nie erfahren, dass er für sie war. Ich starrte den nicht unterschriebenen Brief an und fragte mich, ob ich meinen Namen daruntersetzen sollte oder nicht. Ich wusste es nicht.

Die Frau ging mir nicht aus dem Kopf. Trotz aller Versuche, sie zu vergessen, verfolgte mich ihr Bild an diesem Abend bis nach Hause. Und am nächsten Morgen war sie immer noch da. Und auf dem Weg zur Arbeit schaute ich mich im Gedränge der U-Bahn nach ihr um. Ich sah sie nie wieder. Bis heute drehe ich mich nach Frauen mit roten Mützen um und schaue ihnen in die Augen, um zu sehen, ob sie die gleiche schlammig braune Farbe haben wie die Augen der Frau aus dem Zug.

Der Brief steckte weiter in meinem Notizbuch, während ich hin und her überlegte, wie ich ihn unterschreiben sollte, damit es ehrlich und aufrichtig klang. Schließlich fielen mir die richtigen Worte ein:

Mit Licht und Liebe,
ein Mädchen, das versucht, seinen Weg zu finden.

Ein Mädchen, das versucht, seinen Weg zu finden. Ich spürte beim Schreiben, wie die Formulierung passte. Sie fühlte sich an wie ein neues Paar Schuhe, in das man hineinschlüpft und aufgeregt feststellt, dass man keine Blasen an den Fersen bekommen wird, wenn man längere Zeit darin herumläuft. Ich hatte zu lange dem Gerücht Gehör geschenkt – und es irgendwann geglaubt –, dass ich alles begriffen haben musste, dass ich immer genau wissen musste, wohin die Reise ging. Den nächsten Schritt. Den Fünf-Jahres-Plan. Das große »Wie geht's weiter?« Ich saß in der U-Bahn mit einer nagelneuen Unterschrift vor mir. Ich hatte praktisch zu keinem Zeitpunkt einen Schimmer, was als Nächstes passieren würde, aber überraschenderweise war das okay.

Ich fühlte mich auf eine Art verloren, die mich zu mir selbst sagen ließ: »Okay … Ich weiß nicht wirklich, wohin ich unterwegs bin oder wohin ich geführt werde, aber ich werde einfach weiter Briefe schreiben und hoffen. Einfach weiter Briefe schreiben und hoffen.«

Hoffnung kann eine große Kraft entwickeln, wenn man beschließt, sie mit auf die Reise zu nehmen. Hoffnung kann vieles verändern, und sie kann sehr überzeugend sein. Selbst wenn wir nicht wissen, in welche Richtung wir unterwegs sind, so sagt sie uns doch, dass am Ende des Weges etwas auf uns wartet.

In mir erstarb etwas, als ich diesen ersten Brief schrieb. Vielleicht war es das Schweigen oder vielleicht das Bedürfnis, alles von außen immer perfekt erscheinen zu lassen, so oder so, die Wahrheit starrte mich von der Seite an. Ich hätte an diesem Tag am liebsten überall dick *Ehrlichkeit* draufgeschrieben, um mich daran zu erinnern, wie gut es sich anfühlte, einmal Dampf abzulassen, statt die Dinge so lange in mich hineinzufressen, bis etwas explodierte.

Ein ehrlicher Brief nach dem anderen sprudelte aus mir heraus, und schon bald war das Notizbuch voll. Ich konnte nicht mehr damit aufhören. Längst wählte nicht mehr ich die Worte, sondern die Worte wählten mich. Sie weckten mich um zwei Uhr morgens und bettelten förmlich darum, zu Papier gebracht zu werden. Sie prügelten sich wie wild darum, aus mir heraus zu können und ein ruhiges Plätzchen auf der Seite zu finden. Als wäre ein Schalter in mir umgelegt worden, hieß es jetzt nicht mehr »Ich schreibe jemandem einen Brief«, sondern »Entweder diese Worte kommen jetzt aus mir heraus oder sie quälen mich so lange, bis ich sie freilasse.«

Ich fing an, wahllos Menschen auf der Straße auszuwählen. Kleine Menschen. Große Menschen. Menschen, die offenkundig Touristen waren. Und ganz ohne ihr Wissen machte ich sie für die Dauer eines Nachmittags zu meinen Brieffreunden. Ich nahm sie mit durch mein Leben, und gemeinsam schlugen wir uns in kleinen Coffeeshops und auf Bänken im Central Park mit all den Dingen herum, die wir nicht verstanden. Ich redete mit ihnen über das Leben und die Liebe und über die Dinge, die ich schon immer wollte, und über die Dinge, die ich wollte, mich aber nicht traute, sie laut auszusprechen, weil sie dann so real wirkten.

Ich schrieb so offen und ehrlich, wie ich es nie zuvor getan hatte, nicht einmal, wenn ich mich abends hinsetzte und Tagebuch schrieb. Diese Briefe waren anders. Sie waren große, plärrende Brocken meines Herzens, und trotzdem waren es Geschichten. Jede einzelne von ihnen machte mir bewusst, wie viel um mich herum passierte, auch wenn ich das alles immer unter Normalität verbuchen wollte. Oder es mir nicht aufregend genug erschien, um es dem Tag auszureißen und gegen das Licht zu halten. Ich hörte auf, mich so allein zu fühlen in einer Stadt, die für manche Leute mehr lärmte, als dass sie sang.

Ich schrieb ein ganzes Notizbuch voll. Und es war wieder in der U-Bahn, nur ein paar Tage später, als ich beschloss, alle Briefe noch einmal durchzulesen. Ich hatte Dutzende in so kurzer Zeit geschrieben, doch nicht ein Einziger fühlte sich an, als wäre er für mich. Sie alle fühlten sich an, als wären sie für andere Menschen bestimmt.

Ich weiß nicht mehr, wie ich auf die Idee kam. Ich wünschte, ich könnte noch sagen, an welcher Textstelle ich begriff, dass diese Worte ihren Zweck für mich erfüllt hatten. Ich brauchte sie nicht mehr. Also blätterte ich zurück zum ersten Brief und riss ihn aus dem Notizbuch mit der Pfauenfeder heraus. Ich schaute mich nach allen Seiten um, um sicherzugehen, dass niemand mitbekam, was ich machte. Niemand sah von seinem Kindle oder iPhone auf.

Der Plan war klar. Klarer als alles, was ich seit langer Zeit in meinem Innern gespürt hatte. Ich würde diese Liebesbriefe über ganz New York City verteilen. Und sobald ich alle verteilt hatte, würde ich noch mehr schreiben. Und wollt ihr wissen warum? Weil ich endlich wieder etwas spürte. Ich verstand es selbst nicht, aber ich glaubte, mich in diese Sache verlieben zu können. Und es fühlte sich an, als sollte ich etwas folgen, das ich lieben könnte. Ausnahmsweise wollte ich noch nicht einmal wissen, warum und wieso etwas so war, wie es war. Ich wollte einfach nur sehen, wohin es mich führte, wenn ich der Sache folgte.

Abgesehen davon war das Notizbuch voll. Welche andere Möglichkeit gab es also, als die Briefe herauszutrennen und sie dann dort zu platzieren, wo andere Leute sie finden würden?

Ich überlegte, was mich dazu veranlassen würde, einen Brief aufzuheben, den ich zufällig in der U-Bahn oder in einem Coffeeshop fand. Ich ging verschiedene Versionen im Kopf durch: *Öffne mich. Nimm mich in die Hand. Nimm mich mit.*

Ich entschied mich für etwas Einfaches: *Wenn du diesen Brief findest … dann ist er für dich.* Wenn ich diese Worte auf einem Zettel lesen würde, würde ich nach ihm greifen. Ich würde wissen wollen, was drinsteht. Und ich wusste offen gesagt nicht, was ich davon halten würde, wenn ich einen Liebesbrief auf dem zerknitterten Blatt Papier vorfinden würde – einen Liebesbrief an mich.

Ich schrieb die Worte auf den ersten Brief.

Ich faltete ihn zusammen, steckte ihn hinter mich und hielt ihn mit dem Rücken fest, bis ich aufstehen und ihn auf dem Sitz hinunterrutschen lassen würde. Ich sah mich noch ein paar Mal in dem Wagen um, um wirklich sicherzugehen, dass niemand den Zettel hinter meinem Rücken bemerkt hatte. Ich versuchte, unauffällig zu wirken. Ich erinnerte mich daran, dass ich keine Kriminelle war und nichts Verbotenes tat.

An der Grand Central Station wartete ich, bis die Türen sich öffneten, dann sprang ich von meinem Sitz auf und schoss zur Tür. Ich trat auf den Bahnsteig und begann zu laufen. Schneller und schneller. Weg von dem Brief. Mein Herz raste. Das Adrenalin schoss durch meine Adern, während ich mich weiter und weiter von dem Zug entfernte und schließlich in der Menge verschwand.

Weg, weg, weg.

Vor einiger Zeit gab es diesen Liebesbrief, der sich wie ein Lauffeuer im Internet verbreitete. Ein Mann beschrieb darin, wie seiner Frau alles im Leben nur noch Sorgen bereitete, die Arbeit, Misserfolge, Probleme mit den Kindern. Sie wurde immer dünner, die Ringe unter ihren Augen wurden immer dunkler, und der Mann wusste sich einfach nicht mehr zu helfen, machte sich schon auf die Scheidung gefasst, denn, ganz ehrlich, was konnte er noch tun, wenn seine Frau sich jeden Tag ein Stück mehr von sich selbst entfernte? Da griff er zu einer Maßnahme, die in unserer heutigen Welt vielleicht etwas radikal erscheint: Er fing an, sich mehr um sie zu kümmern denn je. Er überschüttete sie und ihren ausgemergelten Körper mit Liebe, mit Komplimenten, mit Zärtlichkeit. Und die Frau begann, sich besser zu fühlen.

Der Brief endete mit einem Satz, der mir jedes Mal im Hals stecken blieb, wenn ich versuchte, ihn laut zu lesen: *Wenn du sie wie wahnsinnig liebst, kommt diese Liebe zurück.*

Der Brief kursierte zunächst anonym im Netz, bis er irgendwann Brad Pitt zugeschrieben wurde. Eine ganze Weile dachte alle Welt, Brad hätte den Brief über Angelina geschrieben. Der Mythos war kaum totzukriegen – wer den Brief wirklich geschrieben hat, weiß bis heute allerdings niemand. Als ich jedoch diesen letzten Satz las: *Wenn du sie wie wahnsinnig liebst, kommt diese Liebe zurück*, begriff ich, dass ich gar nicht wissen musste, wer der Verfasser war. Es war nicht wichtig. Egal, wer die Worte geschrieben hatte, es war ihnen gelungen, mich an einen anderen Ort zu tragen. Und vielleicht war das der eigentliche Sinn und Zweck des Briefes: nicht, den Verfasser zu kennen, sondern die Menschen für eine Weile fortzutragen.

Ich begriff, dass ich meine Briefe nicht unterschreiben musste. Ich musste keine E-Mail-Adresse oder Telefonnummer hinterlassen. Es ging nicht darum, dass man mich kannte. Es ging nicht darum, dass man mich ausfindig machen konnte. Ich war einfach so vernarrt in den Gedanken, von Dingen fortgetragen, ja mitgerissen zu werden, dass ich dachte, wenn ich ein paar dieser Dinge da draußen in der Welt platzieren könnte, dann wäre das ein Anfang.

Wenn du diesen Brief findest

Ich weiß nicht, ob ihr schon mal davon gehört habt, aber es gibt im Online-Anzeigenportal Craigslist eine Rubrik, die ich gern den »Geheimen Garten von Craigslist« nenne. Sie heißt »Verpasste Gelegenheiten« – wobei man sie wirklich umtaufen sollte in »Wenn ihr hier draufklickt, werdet ihr eingesaugt und für die nächsten Stunden nicht mehr ausgespuckt.« »Verpasste Gelegenheiten« ist ein virtuelles Schwarzes Brett für alle, die jemanden in einem Coffeeshop, in einer Kneipe, im Supermarkt oder sonst irgendwo gesehen haben und die sich wünschen, sie hätten den Mut gehabt, Hallo zu sagen.

Es ist ein Tummelplatz für all jene, die ihre erste Chance verpasst haben und die nun auf eine zweite hoffen. Da war zum Beispiel die »Verpasste Gelegenheit« eines Jungen, der ein Bild von einer Nachricht postete, die er vor fast zwei Jahren in seinem Schoß vorgefunden hatte, nachdem er in einer der Bibliotheken der New York University eingeschlafen war. Die Nachricht lautete sinngemäß: *Hey Schlafmütze, ich frage mich, was du wohl gerade träumst. Das Mädchen, das dir gegenüber auf der Couch saß.* Ganze zwei Jahre spukte ihm die Unbekannte, die ihm eine Nachricht hinterlassen hatte, während er auf einem Stapel Bücher schlummerte, im Kopf herum. Ich schätze, dieser Junge ist nur einer von unendlich vielen, die einen Menschen, den sie nie kennengelernt oder mit dem sie nur ein einziges Mal Kaffee getrunken haben, einfach nicht mehr aus dem Kopf bekommen.

Eine Rubrik wie »Verpasste Gelegenheiten« funktioniert, weil wir a) Menschen sind, uns b) nach Nähe sehnen und c) den Gedanken, was hätte sein können, gleichermaßen quälend wie schön finden. Das Was-wäre-wenn. Das Möglicherweise. Das Vielleicht-eines-Tages.

Ich las die »Verpassten Gelegenheiten« in diesem Jahr öfter, als ich zugeben mag. Oft scrollte ich gleich mehrmals in der Woche durch die hoffnungsschwangeren Nachrichten. Eines Tages saß mir in der U-Bahn auf dem Weg zurück in die Bronx ein Typ gegenüber. Er hatte stechend blaue Augen, die ich bis heute nicht vergessen habe. Alle meine Dates hatten bisher blaue Augen. Und er trug Stiefel, total dreckige Arbeitsstiefel, die mich an meinen Vater erinnerten. Einen Moment lang dachte ich, dass wir uns praktisch ineinander verlieben *mussten*, weil es doch immer heißt, dass man sich früher oder später in jemanden verliebt, der so ist wie der eigene Vater oder wie die eigene Mutter. Er schaute ein paar Mal zu mir rüber. Ich schaute ein paar Mal zu ihm rüber. Doch in der 125. Straße stand er plötzlich auf und stieg aus, ohne sich noch einmal umzudrehen. Es war nicht wie in diesen Handywerbespots, in denen das Mädchen ihre Telefonnummer gegen die Zugscheibe presst und Sekunden später fliegt man mit den beiden durch die flimmernden Szenen ihrer Und-wenn-sie-nicht-gestorben-sind-Liebe. Nichts dergleichen geschah.

Noch am gleichen Abend suchte ich die »Verpassten Gelegenheiten« nach den blauen Augen ab. Ich überlegte, ob ich selbst eine Nachricht posten sollte: *Ich hab dich in der U-Bahn gesehen. Wir hatten nur zehn Minuten zusammen. Neben uns dudelte eine Mariachi-Band. Der Zug war gestopft voll. Danke, dass du mir das Gefühl gegeben hast, die Einzige dort zu sein.*

Ich postete die Nachricht nicht. Vielleicht tue ich es irgendwann einmal. Vorerst aber reicht es mir zu wissen, dass ein Schwarzes Brett existiert, an dem die gesamte Hoffnung hängt – ob falsche Hoffnung oder nicht –, und dass die Plätze, auf denen wir stehen, und die Menschen, mit denen wir Blickkontakt aufnehmen, und die Briefe, die wir heimlich für andere hinterlassen, nicht vergebens sind.

Ich versteckte weiter Briefe und verschwand, versteckte und verschwand. Verstecken und verschwinden wurde zu einem festen Bestandteil meines Lebens. Es war praktisch meine Religion in diesem Oktober. Ich hinterließ Briefe, wo immer es ging. Ich lehnte sie in öffentlichen Toiletten gegen Spiegel. Ich versteckte sie in Kaufhäusern in Jackentaschen. Ich ließ sie in Umkleidekabinen zurück. Ich steckte sie in der UNO zwischen die Polster, wenn ich an Sitzungen teilnahm. Ich spielte Julia für die Stadt.

Ich schrieb Geschichten. Und wenn mir eine Geschichte besonders gut gefiel, erzählte ich sie immer und immer wieder.

In einige Briefe schrieb ich *PS3563.08749*, eine Abfolge von Buchstaben und Zahlen, die ich auswendig wusste und deren Bedeutung nur ich allein kannte. Es gab in der Bibliothek meines College in der zweiten Etage ein Buch, genau an der Stelle, wo *PS* auf *PR* traf.

Das Buch war Teil eines Rituals, das ich mir für die Tage am College ausgedacht hatte, an denen einfach nichts klappen wollte. Wenn ich also mal wieder im Chaos versank, schlug ich meine Bücher zu, schaltete das Handy aus und machte mich auf den Weg in die Bibliothek, um Toni Morrisons *Menschenkind* aus dem Regal zu ziehen. Die Sprache in diesem Buch ist umwerfend schön.

Wir hatten das Buch in einem Seminar über afroamerikanische Literatur durchgenommen. Die Professorin unterrichtete in der Überzeugung, dass Bücher uns Menschen verändern. Sie wühlen unser Innerstes auf. Sie verdrehen uns den Kopf mit der Aussicht, bessere Menschen, bessere Liebhaber oder bessere Freunde zu werden. Sie zerreißen uns innerlich und lassen uns schutzlos, wund und nackt zurück. Bücher können uns geradewegs zerfleischen, und manchmal ist es ratsam, sie einfach ihre Arbeit tun zu lassen.

Sie empfahl uns, das Buch bei Kerzenschein zu lesen, damit wir gezwungen wären, die Augen zusammenzukneifen und uns ganz auf die Worte zu konzentrieren. Es ist ein wirklich mächtiges Buch, weniger was die Seitenzahl betrifft, als vielmehr was die Sprache angeht, die schwer ist wie Blei und den Leser dazu ermahnt, langsam zu lesen, s-e-h-r langsam, wenn man etwas verstehen will.

Ich saß also eingepfercht zwischen Gummistiefeln und Regenmänteln im Garderobenschrank meines Apartments und las das Buch. Die Sprache, die Handlung, die Charakterschwächen – das alles nahm mich viel mehr gefangen, wenn das Telefon ausgeschaltet war und die Augen von nichts als Kerzenschein über die Seiten geführt wurden. Die Worte begegneten mir ganz langsam. Ich lernte, sie viel mehr zu schätzen.

Ich weiß, es klingt pathetisch, aber ich konnte nie länger als eine Viertelstunde in dem Buch lesen, dann musste ich erst einmal ein Stück spazierengehen oder eine Runde mit dem Auto drehen. Irgendetwas passierte in mir, sobald ich das Buch zur Hand nahm und mich im Schneidersitz in den Schrank setzte. Binnen Minuten wurde ein weinendes Häufchen Elend aus mir.

»Abscheu«, sagte meine Professorin eines Nachmittags nach dem Unterricht zu mir. »Sie fühlen Abscheu und Wut. Darüber, wie die Menschen gelernt haben, einander zu hassen.« Die anderen Studenten hatten längst ihre Sachen gepackt und waren gegangen. Ich war einfach sitzengeblieben, Tränen rannen mir übers Gesicht.

»Lesen Sie weiter«, sagte sie zu mir. »Irgendwo muss es Liebe geben.« Und so begann ich, nach Liebe in den Dingen zu suchen. Unter Bergen von Angst und Hass, Kummer und Gier versuchte ich nach Kräften, Liebe zu finden.

Unmittelbar nach dieser Stunde fing ich an, in die Bibliothek zu gehen, um in dem Buch zu lesen. Ich nahm es aus dem Regal, streifte durch die Reihen, suchte mir einen Hocker und setzte mich. Dann schlug ich das Buch auf und blätterte bis zur letzten Seite vor:

Er möchte seine Geschichte mit ihrer verbinden.
»Sethe«, sagte er, »du und ich, wir beide haben mehr
Gestern als sonst jemand. Wir brauchen irgendein
Morgen.« Er beugt sich hinüber und nimmt ihre Hand.
Mit der anderen berührt er ihr Gesicht. »Du bist
das Beste, was du hast, Sethe. Du selbst bist es.«
Der Griff seiner Finger gibt den ihren Halt.
»Ich? Ich?«

Diese letzte Seite veränderte sich nie. Sie verließ mich nie. Sie lief nie fort. Sie war immer da, egal, wie oft ich mich auf den Weg zu dem Regal machte. *Du bist das Beste, was du hast.* Es war eine Ermahnung. Eine Bekräftigung. Etwas, das ich ganz leicht mal einen Tag oder eine ganze Woche lang vergessen konnte: Sei das Beste, was du hast.

Doch es waren nicht nur die Worte. Es war das gesamte Ritual. Der geheime Ort in der Bibliothek, den außer mir niemand kannte. Das Abschalten, wenn mir alles rund herum zu viel wurde. Das Pausemachen. Spazierengehen. Durchatmen, tief ein, tief aus. Ankommen. Etwas in der Hand halten. Die Worte lesen. Das Buch zuklappen. Weggehen. Das alles wurde zu etwas, worauf ich mich verlassen konnte, wann immer die Welt mich wieder einmal aus dem Gleichgewicht brachte.

Ich sehe die Professorin, die mit diesem Buch ein Loch in mein Leben riss, bis heute vor mir, wie sie ihr abgegriffenes Exemplar in die Luft hält, als wolle sie den Seiten einen flüchtigen Blick in den Himmel gewähren. Dann drückte sie es sich an die Brust und ging um ihr Pult herum, setzte sich auf die Tischplatte, rutschte ein Stück zurück und ließ die Beine baumeln, während sie weitersprach.

»Ich habe die ersten beiden Jahre am College damit verbracht, so zu werden, wie jemand anderes mich haben wollte«, sagte sie zu uns, als würden wir seit Jahren ungezwungene Gespräche wie dieses miteinander führen.

Sie investierte viel Zeit und Kraft, um sich zu verändern, sich zu verbiegen, um jemand zu werden, der sie gar nicht war. Doch alles, wozu es führte, waren eine Trennung und schließlich ein Entschluss: Nie wieder würde sie sich für jemanden ändern, sich für jemanden klein machen, sich wegen jemandem bemitleiden. Sie nahm es sich selbst derart übel, dass sie zugelassen hatte, sich von einem anderen Menschen in eine Form pressen zu lassen, dass sie beschloss, nie wieder eine Beziehung einzugehen und niemals zu heiraten. Als ihr zu Beginn der Sommerferien ein Freund aus dem College sagte, dass er ihr schreiben würde, tat sie seine Worte mit einem Schulterzucken ab. Sie nahm ihn nicht ernst. Er würde sowieso nicht schreiben.

Ich stützte mich mit den Händen auf dem Tisch ab und hörte wie gebannt zu. Bis heute lässt mich ihre Liebesgeschichte nicht los. Es war das Jahr 1971. Sie konnten sich keine SMS schreiben. Keine E-Mails schicken. Es gab keine sozialen Netzwerke, in denen sie sich über den anderen schlau machen konnten. Keine Smileys, in die sie ihre Gefühle verpacken konnten. Sie konnten nicht wissen, dass der andere gern Countrymusic hörte, Marathon lief oder *Der Fänger im Roggen* mochte, noch bevor sie überhaupt darüber gesprochen hatten.

Drei Tage nach Ferienbeginn – so lange, wie die Post von Oklahoma nach Pennsylvania brauchte – kam der erste Brief bei ihr an. Dann der zweite. Und der dritte. Er schrieb ihr an jedem einzelnen Tag in diesen Sommerferien einen Brief. Und wenn einmal am Mittwoch keine Post kam, dann lagen am Donnerstag zwei Umschläge in ihrem Briefkasten. Und irgendwann veränderte sich etwas in ihr.

Während manche Menschen die Entfernung als Ausrede benutzt hätten, wurde Entfernung ihre Lösung. Sie trotzten den Tageszeiten und den Zeitzonen und bewiesen, dass Entfernung manchmal nichts anderes ist als Angst, die in einem schlecht gemachten Gespensterkostüm steckt, wenn man sie als Ausrede dafür benutzt, nicht mit jemandem zusammen zu sein. Sie vertrauten ihre Liebe dem United States Postal Service an, den zuverlässigen Männern und Frauen in Blau, die pflichtbewusst Antworten und Schmerzen, Lieder und Ausgangspunkte in die Briefkästen entlang der Straßen steckten. Und vielleicht waren sich diese Postboten der Tragweite ihres Berufes bewusst, vielleicht auch nicht, wenn sie Umschläge zu verliebten Menschen brachten, deren Herzen von Amors Pfeil getroffen worden waren.

»Wir konnten die ganze Zeit nichts anderes tun, als zu reden«, erzählte sie uns. »Wir konnten uns nicht treffen, also blieb uns nur das Reden. Den ganzen Tag über schrieb ich ihm Briefe im Kopf, und abends setzte ich mich dann an meine Schreibmaschine und redete mit ihm.« Ich stellte mir vor, wie sie alles in diese Briefe hineinlegte, ohne irgendeine Hoffnung, es je zurückzubekommen – die Eigenheiten, die Macken, die alten Kindergeschichten –, und wie sie das alles durch Farbbänder, Briefmarken und Schreibpapier schleuste, denen der Duft von Zuhause und Neuanfängen anhaftete. Sie erzählte ihm alles. Klebte den Brief zu. Warf ihn ein. Und dann wartete sie. Nicht weil Geduld eine Tugend war, sondern weil Warten das Einzige war, was sie tun konnten. Warten war alles, was sie hatten.

»Wir wussten nie, was der andere denken, sagen oder tun würde«, sagte sie. »Uns blieb nichts anderes übrig, als alles aufzuschreiben und dann zu warten. Wir wussten nicht, wann der andere den Brief bekommen oder wie er reagieren würde. Wir wussten nie, ob wir einen Brief zurückbekommen werden.«

Und in dieser Zeit des Wartens passierte es schließlich: Die beiden verliebten sich ineinander. Eines Tages spürte sie einfach tief in sich drin, dass er es war.

»Ihre Generation wird so etwas nie erleben«, sagte die Professorin und sah uns lange an. Von allem, was sie zu uns sagte, ist mir dieser Satz am besten in Erinnerung geblieben.

Ihre Worte verpufften in einem Raum voller Anfang Zwanzigjähriger, die unter den Bänken Nachrichten an ihre Freunde schrieben. Es war keine Annahme. Es war eine Feststellung. Und sie hatte recht. Allein der Gedanke, sich hinzusetzen und jemandem einen Brief zu schreiben, war praktisch unvorstellbar; die Vorstellung, ohne ein Limit von 160 Zeichen zu kommunizieren, geradezu bedrohlich. Aber nie hätte ich gedacht, dass es bedeutete, tatsächlich etwas zu verpassen.

Es musste etwas Besonderes sein, in krakeliger Handschrift die Worte *Ich liebe dich* zu lesen. Es war eine ganz besondere Vorstellung, wie jemand ein Blatt Papier aus der Schublade nahm und vom ersten bis zum letzten Wort so intensiv an einen dachte, wie es gar nicht vorstellbar schien, wenn nebenbei das Internet ratterte, das iPhone klingelte und sechs Chats gleichzeitig aufblinkten. Ich wünschte mir diese Nähe so sehr. Ich wünschte mir, ich könnte für irgendwen irgendwo auf der Welt der Mittelpunkt seines Universums sein, und sei es nur für fünf Minuten.

Ich beschloss, in meinem Blog über die Liebesbriefe zu schreiben, die ich inzwischen über ganz New York City verteilte, und als ich die leere weiße Seite vor mir hatte, sprudelte die Geschichte über meine Professorin und ihre Briefe wie von selbst aus mir heraus. Und mit ihr kam die Wahrheit ans Licht. Zum wahrscheinlich ersten Mal, seit ich in NYC lebte, war ich in meinem Blog wirklich ehrlich: Ich schrieb, dass mir etwas fehlte. Mir fehlten Gespräche. Mir fehlten Beziehungen.

Mir fehlten die Nächte, die ich für selbstverständlich gehalten hatte, in denen es nur mich und mein Gegenüber gab, in denen kein Telefon klingelte und keine Nachrichten aufblinkten. Mir fehlte die Gewissheit, dass es viel mehr brauchte als einen Status oder einen Retweet, damit jemand seinen Blick von mir abwandte. Mir fehlte das Leben, wie es früher war, als es nur mich und den oder die anderen gegeben hatte – und die Fülle von Dingen, die sich vor uns auftat, wenn wir uns von den Bildschirmen und Displays losrissen.

Es war dumm von mir zu glauben, dass alles immer so bleiben würde, wie es im College gewesen war, als wir ständig alle umeinander herumschwirrten. Es war naiv zu glauben, dass uns Falten und Dehnungsstreifen niemals zu Leibe rücken könnten. Wir taten einfach so, als wären die Jahre Anfang zwanzig ein Mysterium, schlürften heiße Schokolade, ohne uns um die Kalorien zu kümmern, und machten nachts um zwei Ausflüge zur Imbissbude, in dem Bewusstsein, dass es vielleicht nie wieder so sein würde. Und es gibt nichts, was wir dagegen tun können. Wir können Momente nicht in Kartons sperren. Wir können Menschen nicht für immer festhalten. Momente geschehen und verschwinden dann.

Ich denke, das war es, was mich so sehr an der Idee faszinierte, Briefe zu schreiben und zu hinterlassen. Ich denke, im Grunde dreht sich alles um Nähe. Um dieses wundervolle Gefühl zu wissen, dass irgendwo gerade irgendjemand an einen denkt. Und sei es nur in Form eines Stück Papiers, das zwischen zwei U-Bahn-Sitzen steckt und darauf wartet, von einem Fremden gefunden zu werden. In einer Welt, in der wir ständig in tausend Richtungen gleichzeitig schauen müssen, ist es schön zu wissen, dass da draußen jemand ist, der sagt: »Hey, ich sehe dich.«

Ich werde euch einen Liebesbrief schreiben.

Mit diesen Worten beendete ich meinen Blogeintrag. *Wenn ihr einen Brief braucht, wenn ihr einen Grund braucht, um an euren Briefkasten zu gehen, dann werde ich dort auf euch warten.* Ich würde meine Anonymität aufgeben, mit der ich Briefe in ganz New York City verteilte. Ich würde mich endlich zu erkennen geben und mit meinem echten Namen unterschreiben. Ich war bereit zurückzuschreiben.

Ich hinterließ meine E-Mail-Adresse und versprach, jedem einen Liebesbrief zu schreiben, der mir eine Mail mit seiner Postadresse schickte.

Ich nannte es einen Liebesbrief, doch ich meinte es nie im schnulzig-schwärmerischen Sinne. Wenn ich *Liebesbrief* schrieb, dann meinte ich damit die Art von Nachricht, die mit jedem einzelnen handgeschriebenen Buchstaben ausdrücken will: »Hey du, danke. Danke, dass du heute Morgen aufgestanden bist. Danke, dass du dich auf die Seite gerollt hast, die Beine über die Bettkante geschwungen hast und rausgegangen bist, um dich der Welt zu stellen. Ich weiß, wie schwer das sein kann. Deshalb danke.«

Ich klickte auf »Senden«, stand vom Schreibtisch auf und ging weg, um auf andere Gedanken zu kommen.

Innerhalb weniger Stunden veränderte sich alles. Ich hatte erwartet, dass ein paar meiner Freunde und vielleicht ein, zwei Fremde meinen Eintrag lesen und mich um einen Liebesbrief bitten würden. Daher traute ich meinen Augen nicht, als ich das nächste Mal meinen Posteingang aktualisierte und sah, wie viele Menschen mein Versprechen gelesen hatten.

»Es kommen immer mehr Mails«, sagte ich zu meiner Mutter am Telefon. Sie war die Erste, die ich anrief, als ich wieder am Computer saß und Dutzende ungelesener E-Mails von Leuten entdeckte, die meinen Blog gelesen hatten. Ich versuchte, ihr so gut es ging zu erklären, was passiert war. »Ich habe etwas in meinem Blog veröffentlicht … und jetzt sind da diese ganzen Leute, die wollen, dass ich ihnen schreibe … ich kenne sie nicht … es werden immer mehr.« Ich klickte ein weiteres Mal auf »Aktualisieren« und sah zu, wie die Liste neuer E-Mails immer länger wurde. Ich überflog die Betreffzeilen:

Liebesbriefe
Hilfe
Bin einsam und brauche Liebesbriefe

Ich versuchte weiter, meiner Mutter begreiflich zu machen, was genau passiert war, doch sie unterbrach mich ständig, konnte nicht verstehen, wie mich Menschen, die mich gar nicht kannten, im Internet ausfindig machen konnten. Falls es noch nicht ganz klar ist: Meine Mutter hat es nicht so mit den sozialen Medien. Sie wusste damals nicht, dass jeder Inhalte lesen und teilen konnte und wie schnell sich Dinge im Internet verbreiten konnten. Sie dachte, mein Blog wäre etwas zwischen ihr und meinen Tanten.

»Und was hast du jetzt vor?«, fragte sie mich.

»Ich … ich weiß nicht genau.«

»Du könntest einen Brief schreiben und ihn fotokopieren«, schlug sie vor. »Und dann könntest du jedem eine Fotokopie schicken. Das wäre erheblich einfacher.«

Ich überlegte, was ich in einem Standardbrief schreiben könnte, welche Worte ich Menschen schicken könnte, die ich gar nicht kannte:

Hallo du,

es tut mir leid. Ich bin eine Enttäuschung für dich.
Ja, das bin ich.
Jeder Versuch, diese Seite mit Liebe zu füllen, wird einfach nur unglaubwürdig und mühselig sein und keinen Bestand haben. Es tut mir leid, aber es

wird keinen Bestand haben. Du musst wissen, dass ich nur ein Mädchen bin. Mit zittrigen Knien. Und lockigen Haaren. Bis heute zucke ich zusammen, wenn jemand auf Wiedersehen sagt, und weiß, dass es ernst gemeint ist. Ich bin eine unverbesserliche Romantikerin, aber immerhin bin ich inzwischen so weit, dass ich mich nicht mehr ständig dafür entschuldige. Stattdessen entschuldige ich mich für so gut wie alles andere. Dafür, dass ich mich für Dinge anstelle, die mir zustehen. Dafür, dass ich Dinge will, die ich besser nicht haben sollte.
Ich entschuldige mich mindestens fünfzehn Mal am Tag, und ich wünschte, ich wüsste, warum ich das tue. Ich wünschte, ich wüsste, an welchem Rad ich in mir drehen muss, um mich endlich, endlich, nicht mehr andauernd zu entschuldigen.
Bis es so weit ist, sollst du wissen, dass ich schon vor dem Frühstück den Mut verliere.
Und ich verliere Socken. Viele Socken. Alle weg. Simsalabim. Darum denk bitte nicht, dass ich dir irgendetwas geben könnte, was du dir nicht längst selbst geben kannst. Ich für meinen Teil habe noch so gut wie nichts kapiert. Darum ab mit dir und leb dein Leben. Ich bleibe so lange hier und feuere dich aus dem Hintergrund an.

Mit Liebe,
Ich

Ich hatte den Eintrag kaum gepostet, da wollte ich nichts mehr, als ihn wieder zurückholen. Erst als alle Welt ihn lesen konnte, merkte ich, dass ich eigentlich etwas ganz anderes hätte schreiben wollen. Vielleicht hätte ich die Menschen warnen sollen, dass ich kein Profi war. Ich hatte überhaupt keinen Grund, ihnen einen Liebesbrief zu schreiben, außer, dass wir vermutlich beide den Geruch von Asche kannten und wussten, dass aufgeschürfte Knie bluteten. Darüber hinaus qualifizierte mich im Grunde nichts für den Job.

Mir fiel eine Geschichte ein, die mir eine Freundin einmal über die Beerdigung ihrer Großmutter erzählt hatte. Meine Freundin war damals zwanzig Jahre alt gewesen. Single. Schwanger. Allein. Sie saß in der riesigen katholischen Kirche neben ihrem Großvater. Um sie herum wiederholten alle unentwegt Bibelverse, doch sie selbst brachte kein Wort heraus, so sehr schämte sie sich dafür, unverheiratet und schwanger in dieser Kirche zu sitzen. Wortlos saß sie neben ihrem stoischen Großvater, der gerade die Liebe seines Lebens verloren hatte.

»Es gab nichts, was ich in diesem Moment tun konnte, also nahm ich einfach seine Hand«, sagte sie zu mir. »Ich hielt einfach seine Hand. Das war alles, was ich tun konnte.«

Das ist es, dachte ich. Na klar. Diese Menschen in meinem Posteingang waren nicht auf der Suche nach einem Guru. Sie erwarteten nicht, dass ich eine Therapeutin war. Sie wollten keine Anleitungen von mir, wie sie nach Schema A, B oder C glücklich werden konnten. Sie waren einfach nur auf der Suche nach einer Hand zum Festhalten. Sie steckten in irgendeiner Not, aus der sie sich nicht zu befreien wussten, und wünschten sich vermutlich nur jemanden, der sie davon abhielt, sich für immer in ihr Schneckenhaus zurückzuziehen. Jemand, der zu ihnen sagte: »Warte, in uns allen steckt etwas Besonderes. Ich sehe das oft selbst nicht, aber vielleicht können wir zusammen versuchen, es zu akzeptieren, und schauen, wo es uns hinführt.«

Es gab nicht viel, was ich sicher wusste, während ich vor meinem Computer saß und mit meiner Mutter telefonierte. Ich wusste nur, dass ich jemand sein wollte, der seine Versprechen hielt. So viel war sicher. Wenn ich also das Angebot machte, jedem zu schreiben, der einen Liebesbrief brauchte, dann würde ich nicht einfach einen Standardbrief kopieren und damit die Briefkästen Hunderter Fremder fluten. Ich würde es durchziehen müssen. Und es musste gut sein. Gut, ehrlich und echt. Brief für Brief. Zeile für Zeile. Bis mir die Finger wehtaten. Bis mir das Herz wehtat.

»Ich denke, ich werde ihnen schreiben«, sagte ich zu meiner Mutter. »Nein … doch«, sagte ich wieder. »Ich werde ihnen schreiben.«

Ich würde ihnen schreiben. Ich hatte es satt, das Mädchen zu sein, das nie spontan war, weil sie sich selbst so leidtat. Es war armselig, und ich konnte unmöglich für den Rest meines Lebens so weitermachen, es sei denn, ich wollte allein und einsam sterben. Inmitten unzähliger Katzen. Und mit einer Schwäche für John Stamos. Vor mir lag ein langes Leben voller Katzenklos und endloser Nachmittage mit John, wenn ich nicht endlich lernte, nicht mehr in Selbstmitleid zu baden und für eine Zeitlang eine andere zu sein.

Ich weiß noch, wie ich dachte: *Wie schwer kann das wohl sein?*

Ich schätze, ich hatte mir den Moment, der mich eines Tages definieren würde, immer spektakulär vorgestellt. Monumental. Ein Feuerwerk der Gefühle. Ein Moment, den ich unter hundert anderen erkennen würde, wenn man sie in einer Reihe nebeneinander aufstellte. Ich würde auf der anderen Seite der Scheibe stehen und sagen: »Der da. Der da war groß und laut, und ich wusste sofort, dass er mein Leben verändern würde.«

Doch während mein Posteingang immer voller und voller wurde, blieb das erhebende Gefühl aus. Ich schwebte nicht einen halben Meter über dem Boden oder hatte das Gefühl, in einen wahren Glückstaumel zu geraten. Ich spürte kein Feuerwerk. Genau genommen fühlte ich genau das Gegenteil.

Ich hatte das Gefühl, nach unten gezogen zu werden. Und als ich mit den Knien auf dem Fliesenboden aufschlug, standen dort Eimer und Lappen bereit. Und irgendetwas in mir drängte mich dazu, den Lappen zu nehmen und die Fliesen der Vergangenheit zu schrubben und dabei zu sagen: »Das warst mal du. Das warst du früher.«

Und während ich die Vergangenheit wegschrubbte, reifte in mir ein Gedanke heran: Irgendwo wartete irgendjemand auf mich. In Schnörkel und Schreibschrift gehüllt, mit Unterschrift und Siegel, wartete irgendwo irgendjemand auf mich.

Bitte schreib zurück

Du bist nicht mehr allein. Das war die erste Erkenntnis, die ich hatte, nachdem ich der ganzen Welt versprochen hatte, ihr Liebesbriefe zu schreiben. Du bist nie allein gewesen. Die ganze Zeit über hatten da andere am Wegesrand gekauert, die genauso einsam waren. Es war, als trüge einfach jeder Geschichten über Einsamkeit in sich. Es waren so viele. Wir könnten ganze Städte aus Geschichten über Einsamkeit bauen, mit Brücken und Brunnen, Bibliotheken und Bistros – alles erbaut aus zentnerschwerer Einsamkeit.

Der Tag, an dem die ersten Briefwünsche eintrafen, stellte einen Wendepunkt dar. Ich würde nie wieder behaupten können, nichts von den Menschen oder ihren Kämpfen mitzubekommen. Sie waren da, standen direkt vor mir mit Pappschildern in den Händen, auf denen in dicken Buchstaben von Einsamkeit, Trennung, Kummer oder Angst zu lesen war.

Ich wurde in das Leben von Menschen hineinkatapultiert, die ich aller Wahrscheinlichkeit nach nie kennenlernen würde, und doch fühlte es sich an, als würden wir bei einer Tasse Tee zusammensitzen, während sie mir tiefe Einblicke in ihr Leben gewährten.

Mir fällt keine andere Beschreibung für all die Briefwünsche ein. Es war, als würde ich zu fremden Leuten nach Hause eingeladen werden. Als stünden all diese Häuser in der gleichen Straße. In manchen brannte Licht. Bei manchen flackerten Kerzen im Fenster. Andere wirkten dunkel und düster von außen und ließen völlig offen, was sich hinter der Haustür verbergen mochte. Manche Bewohner verbrachten ihr ganzes Leben in ihrem Haus, ohne jemals nach draußen zu gehen und zu schauen, was die Welt ihnen zu bieten hatte.

Jede E-Mail war eine neue Einladung, mich im Herzen eines Menschen umzusehen, als wäre es eine Wohnung. Zimmer für Zimmer zeigten mir manche alles. »Das ist der Raum, in dem ich meine ganzen geplatzten Träume aufbewahre. Das ist der Raum, in dem alle Zurückweisungen lagern.«

Die Menschen baten mich zu sich herein. Schritt für Schritt wanderte ich durch halb gelebte Leben, die einen neuen Anstrich an den Wänden herbeisehnten.

Ich begann, an jedem einzelnen Tag in der Woche Briefe zu schreiben. Morgens stand ich extra früher auf, um sie anzufangen, abends blieb ich länger wach, um sie fertigzustellen. Ich weiß nicht, ob es gute Liebesbriefe waren. Ich könnte noch nicht einmal sagen, was einen guten Liebesbrief ausmacht. Ich weiß nur, dass ich mir bei jeder Bitte, die ich in meinem Posteingang fand, die allergrößte Mühe gab. Ich gab mein Bestes, ganz da zu sein und vor den Details, die mir anvertraut wurden, nicht zurückzuschrecken oder die Augen zu verschließen. Ich weiß nicht, ob es die besten Liebesbriefe waren, die ich da schrieb, aber ich widmete mich der Sache auf eine Art, die mich lebendig werden ließ.

Manche Leute fassten sich kurz und hinterließen ganz allgemeine Nachrichten wie »Depression«, »Einsamkeit« oder »Heimweh.« Andere setzten alles daran, mir das Herz zu brechen, und ich weiß das deshalb so genau, weil manche es mir ganz offen sagten. Ich bekam eine E-Mail von einem Mädchen, das schrieb, sie hoffe, mein Herz würde beim Lesen ihrer Mail in Stücke brechen. Sie legte es ganz offen darauf an, denn sie wollte mit ihrem Schmerz nicht allein sein. Sie wollte nicht die Einzige mit einem gebrochenen Herzen sein. Sie hatte ihren Glauben an Gott verloren und der Kirche den Rücken gekehrt. Sie war so verzweifelt, dass ich nicht wusste, was ich ihr schreiben sollte.

Die Menschen schrieben mir von ihren Plänen durchzuhalten. Von ihren Plänen loszulassen. Ich wünschte, ein Mädchen namens Laney wäre die Einzige in meinem Posteingang gewesen, die mir schrieb, dass sie sich hasste. Die sich ritzte, weil sie sich hasste. Die sich übergab, weil sie sich hasste. Die sich selbst die Schuld an den Misshandlungen gab, die ihr zugefügt wurden, weil sie sich hasste. Ich wünschte, Laney wäre die Einzige gewesen, doch so war es nicht. Es warteten Dutzende Laneys in meinem Posteingang.

Und bei jeder neuen Laney, die sich mir anvertraute – ob Junge oder Mädchen, jung oder alt –, musste ich an ein Zitat aus Stephen Chboskys *Das ist also mein Leben* denken: »Wir akzeptieren die Liebe, die wir glauben zu verdienen.«

Das Zitat half mir, Erklärungen für all die kaputten Beziehungen zu finden, von denen ich las. Es half mir, die Gründe nachzuvollziehen, warum Menschen nicht loslassen konnten. Warum sie sich mit wenig zufriedengaben und für dieses Bisschen auch noch dankbar waren. Warum sie sich krampfhaft an andere Menschen mit all deren Fehler klammerten, als bestünde tatsächlich die Chance, sie ändern zu können. Das Zitat musste die Erklärung dafür sein, warum so viele Menschen zeitlebens dachten, dass sie es nicht besser verdienten. Warum sie nicht damit umgehen konnten, wenn sie jemand in einem Atemzug hübsch, außergewöhnlich und einfühlsam nannte.

Ich wollte an eine größere Liebe glauben, an eine Liebe, die so viel größer war, als wir es ihr je gestatteten. Die geradewegs auf uns zukam und sagte: »Weißt du was? Hör auf, dich ständig so zu beschränken. Ich bin größer als du. Ich bin stärker als du. Und ich kannte dich schon und wusste, was du verdienst, lange bevor du angefangen hast, dein Herz an jeden zu verschenken, der dir Beachtung schenkt – egal, ob er es dir anschließend bricht. Du bist so viel mehr wert, als du denkst.«

Ich konnte noch so viele Witze darüber machen, dass ich fremden Menschen Liebesbriefe schrieb, und andere Leute konnten noch so sehr ihre Gesichter verziehen, nichts hielt mich davon ab, nach Hause zu gehen und mich vor dem zu fürchten, was in meinem Posteingang auf mich wartete. Ich fürchtete mich, weil ich das Gefühl hatte, ein Geheimnis zu hüten, über das wir nie sprachen und das wir uns nie eingestanden, wenn wir wortlos aneinander vorbeigingen: »Wir sind einsam.« So viele von uns. Wir sind einsam, und wir sehnen uns nach dem gegenteiligen Gefühl, wie auch immer das aussehen mag. Wir sind einsam. Manchmal unendlich einsam. Und trotzdem kann das Leben von Zeit zu Zeit wie ein Wunder sein.

Wie ein Wunder. Bei diesen Worten muss ich an einen der ersten von etwa hundert Briefen denken, die ich im Laufe des Oktobers verschickte. Es war eine Bitte von einem Mädchen aus Toledo. Sie ging aufs College und machte sich große Sorgen um ihren besten Freund, der schwer suizidgefährdet war. Er hatte bereits mehrere Selbstmordversuche unternommen, die die beiden im Würgegriff zwischen zwei Welten hielten: Bleibst du hier oder verlässt du mich? Es war unvorstellbar, was die Situation den beiden abverlangen musste. Leben. Sterben. Leben. Sterben.

Sie schrieb, dass er ihre Handschrift erkennen würde, wenn sie ihm selbst einen Liebesbrief schrieb. Vermutlich würde er schrecklich mit den Augen rollen. Er war, trotz allem, ein Junge von zwanzig Jahren. Wenn ihm aber jemand anderes einen Brief schreiben würde – eine Fremde zum Beispiel –, fände er das vielleicht cool. Vielleicht fände er es sogar so gut, dass er den Brief auf seinem Schreibtisch, in seinem Geldbeutel oder sonst irgendwo aufbewahren würde.

Als ich seinen Namen in Großbuchstaben auf das Briefpapier schrieb, wusste ich sofort, dass es einer meiner Lieblingsbriefe werden würde. Ich würde ihn niemals vergessen. Bitte versteht mich nicht falsch, ich finde es unendlich mutig, einen fremden Menschen um einen Liebesbrief für sich selbst zu bitten, aber noch beeindruckender finde ich es, wenn Menschen ihre Komfortzone verlassen und sich die Frage stellen: »Wer in meinem Leben braucht heute einen Liebesbrief? Wer in meinem Leben braucht mich?«

Die Bitte von dem Mädchen aus Toledo schien mir vom Bildschirm aus zuzuflüstern: »Sei für ihn da. Bitte, sei für ihn da, denn ich liebe ihn. Und er muss bei mir bleiben. Er muss hier bei mir bleiben.«

Inmitten des rätselhaften Eigenlebens, das die Briefe zu entwickeln begannen, gab es Libby. Libby war die beste Freundin einer meiner Mitbewohnerinnen. Ich lernte sie gleich in meiner ersten Woche in New York im Central Park kennen, und obwohl sie erst ein paar Monate vor uns in die Stadt gezogen war, gab es praktisch nichts, was Libby noch nicht über New York wusste. Sie trug eine knallgelbe Sonnenbrille und hatte die Gabe, in null Komma nichts mit wildfremden Leuten befreundet, seelenverwandt oder gar auf dem besten Weg in den Urlaub mit ihnen zu sein. Sie ist der einzige Mensch, den ich je kennengelernt habe, für den Online-Dating das pure Abenteuer ist. Während ich vermutlich mit Schnappatmung auf der Toilette irgendeines mexikanischen Restaurants kauern würde, kann Libby nichts schrecken, denn sie versteht jede Begegnung als das, was sie im Grunde ist: Eine Gelegenheit dazuzulernen. Eine Gelegenheit, das Leben von einem anderen Platz im Theater aus zu sehen. Für Libby ist alles ein Geschenk. Alles ist wertvoll, und alles ist zeitlich begrenzt.

In meinen ersten Wochen in New York City pilgerte ich mit Libby von einem Coffeeshop Manhattans zum nächsten. Sie kannte wirklich jeden noch so kleinen Laden, nach dem man süchtig wurde, noch bevor man den ersten Kaffeebecher ausgeschlürft hatte. Und in einem dieser Coffeeshops erzählte sie mir, dass sie New York verlassen würde. Sie hatte schon ein Flugticket. Drei Tage nach Halloween würde sie nach Italien gehen. Sie hatte im College schon einmal ein Auslandssemester in dem stiefelförmigen Land gemacht und war völlig verändert zurückgekehrt. Während sie mir von dieser Reise erzählte, gelangte ich zu der Überzeugung, dass es tatsächlich möglich ist, sein Herz in Flughäfen, auf altem italienischem Kopfsteinpflaster oder in Cafés zu verlieren. Dass es nur zu einem geringen Teil in unserer Hand liegt, wo unsere Herzen Wurzeln schlagen. Manchmal kleben sich Orte einfach an uns fest, und egal, wie sehr wir daran zerren und reißen, wir bekommen sie einfach nicht mehr von uns los. Scheinbar harmlose Punkte auf bunten Landkarten stellen etwas mit uns an. Sie krempeln uns um.

Sie schaffen es, dass wir alles infrage stellen. Geographie wird in diesem Zusammenhang völlig unterschätzt. Als ich sie fragte, warum sie gerade jetzt nach Italien zurückwolle, nannte sie als Grund das Leben, die Liebe oder einfach Flucht. Vielleicht von allem etwas.

Während sie weitererzählte und mir echten italienischen Cappuccino schmackhaft machte, fragte ich mich, warum ich so ein Händchen dafür hatte, Menschen immer genau dann kennenzulernen, wenn sie im Begriff waren wegzugehen. Es schien fast wie ein Fluch zu sein. Heute stelle ich mir diese Frage ehrlich gesagt nicht mehr. Warum das Timing nicht stimmt. Warum mir Menschen, kurz bevor wir vor so etwas Verrücktem stehen, wie eins miteinander zu werden, offenbaren, dass sie ein Flugticket in der Tasche haben. Dass sie fortgehen werden. Denn dank Libby wurde mir klar, dass wir selbst dann das Risiko eingehen sollten, andere Menschen kennenzulernen, wenn wir wissen, dass sie in vierundzwanzig Stunden in ein Flugzeug oder in einen Zug steigen und sich für immer aus unserem Leben verabschieden werden. Es gibt so vieles, was wir voneinander lernen können. Und wenn die Zeit gekommen ist und ihre innere Stimme zu rufen beginnt *Geh, geh, geh,* dann haben wir keine andere Wahl, als sie los- und gehenzulassen. Bis heute habe ich niemanden in die Welt hinausziehen sehen, der nicht gereifter wieder zurückkam, als er es selbst für möglich gehalten hatte. Das ist es, was ich über Menschen in unserem Leben mit Flugtickets denke: Wir müssen sie gehen lassen, damit sie herausfinden können, was dort draußen auf sie wartet.

Ein paar Tage, nachdem ich die Lawine mit den Liebesbriefen losgetreten hatte, trafen Libby und ich uns in Neil's

Coffee Shop, einem gemütlichen Laden an der Ecke 70. Straße/Lexington Avenue. Das Vintage-Neonschild über dem Eingang des Backsteingebäudes ist der beste Beweis dafür, dass sich dort seit einem halben Jahrhundert kaum etwas verändert hat. Hierher kommt, wer Filterkaffee, Toast und Speck will.

Wir saßen auf Barhockern, ich aß Eier, sie trank Kaffee, und sie fragte mich über die Briefe aus. Sie wollte wissen, aus welchem Impuls heraus ich angefangen hatte, sie in der Stadt zu verteilen, und was mich antrieb, Menschen zu schreiben, die ich wahrscheinlich nie kennenlernen würde. So seltsam es klingen mag, aber dieses Detail hat mich nie gestört. Mir ging es nicht darum, die Menschen jenseits der Briefe kennenlernen zu wollen. Alles, was ich wollte, war, anderen Menschen etwas zu bedeuten, ganz gleich ob viel oder wenig.

»Was glaubst du, was es ist?«, fragte sie mich. »Was glaubst du, wird es werden?« Das war Libby. Immer das große Ganze im Blick. Immer das gesamte Bild vor Augen. In all seinen leuchtenden Farben. Für Libby gab es nicht einfach nur Blau, Grau oder Braun.

Ich schob mein Rührei auf dem Teller hin und her, sah sie an und sagte ihr die Wahrheit: »Es ist mir ein Rätsel. Ehrlich. Ich meine, ich liebe es, diese Briefe zu schreiben, aber jedes Mal, wenn ich einen neuen Brief anfange, halte ich inne und frage mich *Was stimmt nicht mit dieser Welt?* Libby, diese Bitten sind das Traurigste, was ich je gelesen habe, und ich habe keine Ahnung, warum sie ausgerechnet in meinem Posteingang liegen.«

Und das war erst der Anfang. In den nächsten Jahren würden herzzerreißende Bitten meinen Posteingang geradezu fluten. Aus Gründen, die ich vermutlich nie verstehen werde, wurde mein Posteingang zu einem Hafen für gebrochene Herzen, zu einem Auffangbecken für schwarze Tage. Manche E-Mails waren so traurig, dass ich beim Lesen auf die Tastatur hinunterschauen musste, um mich zu vergewissern, dass die Löschtaste noch da war. Es gab sie noch. Sie hätte die Worte löschen können, wenn sie gewollt hätte.

Ich schätze, ich hatte erwartet, dass die Menschen die Aussicht auf einen Liebesbrief in ihrem Briefkasten einfach nur cool finden würden. Ich hatte nicht erwartet, etwas so Starkes damit in ihnen auszulösen, dass sie mir plötzlich ihre gesamte Lebensgeschichte offenbarten. Die meisten E-Mails endeten in etwa gleich: *Ich hatte nie vor, so viel zu schreiben. Ich weiß überhaupt nicht, wo das alles herkommt.* Und trotzdem ließen sie jedes Wort stehen.

Ich finde es beeindruckend, wie manche Menschen es schaffen, die Dinge so zu nehmen, wie sie sind, statt an allem herumzudoktern, was sich nicht genau so entwickelt wie geplant. Es ist bemerkenswert, wie es Menschen gelingt, einfach das Hier und Jetzt zu akzeptieren.

Ich selbst gehörte nicht zu diesen Menschen. Ich schaffte es ja noch nicht mal, mich meiner eigenen Traurigkeit zu stellen, und hier stürzten von allen Seiten Leute auf mich ein, die praktisch sagten: »Vielleicht läuft es für mich gerade nicht ganz so gut, und vielleicht werde ich mich heute Abend in den Schlaf weinen, aber vielleicht mache ich ja gerade einen großen Schritt nach vorn, indem ich dir das alles erzähle. Vielleicht muss meine Welt bis heute Abend nicht in bester Ordnung sein. Vielleicht will ich einfach nur nicht allein sein und lasse das endlich jemanden wissen.«

Wenn ich ehrlich bin, wollte ich das auch.

»Ich meine«, fuhr ich in Neil's Coffee Shop fort, »würdest du auf die Idee kommen, ein zweiundzwanzig Jahre altes Mädchen, das kaum in der Lage ist, sich für eine Kaffeesorte zu entscheiden, fragen, ob sie dir schreibt?«

»Ich glaube, an der Sache ist sehr viel mehr dran.« Libby lächelte und nippte an ihrem Kaffee. »Ich glaube, du hast da etwas losgetreten, das viel größer ist, als du ahnst.«

Trotz Libbys Schubs in die richtige Coffeeshop-Richtung übertraf nichts die Vertrautheit, die ein Kaffeebecher von Starbucks in meinen Händen auslöste. Ich schäme mich nicht zuzugeben, dass ich mich damit wie eine von den Olsen-Zwillingen fühlte. Und in einem der Starbucks in der Nähe meines Büros in Manhattan bekam ich zufällig ein Telefongespräch mit, das ein Mädchens neben mir führte. Unsere Tische standen praktisch übereinander. Vor mir lag mein Notizbuch.

»Ach ja«, sagte sie in ihr Handy, »es geht schon.«

Sie schwieg, während jemand mit ihr sprach.

»Das ist nur nicht so einfach. Ich muss mich beweisen. Ich muss irgendwie zeigen, dass ich jemand bin. So wie in L.A.« Sie schwieg wieder. »Es ist schwer, am Ende des Tages ein Niemand zu sein.«

Ihre Worte bestürzten mich, doch ich ließ mir nichts anmerken. In meiner Tasche lag ein ganzer Stapel E-Mails, hauptsächlich von jungen Leuten, die sich mit ähnlichen Worten beschreiben würden. Ich schätze, das war es, was mich an den Liebesbriefen am meisten überraschte: Sie kamen fast alle aus einer ganz anderen Richtung als erwartet. Ich hatte gedacht, ich würde Menschen schreiben, die die gute alte Briefpost vermissten, einer Generation, die sich einst Briefe hin- und herschickte, weil das eben die gängige Form der Kommunikation war. Doch wie sich herausstellte, waren es in erster Linie Leute meines Alters, die in meinem

Posteingang auf mich warteten. Leute, die in einer Welt aufwuchsen, in der sich die schönsten Erinnerungen auf einem Bildschirm abspielten. Eine Generation – meine Generation –, die von Liebe nie durch ein Blatt Papier erfahren hatte. Wir waren die Generation Y.

Ich finde, dass unsere Generation ganz schön Prügel einstecken musste, besonders im Jahr 2010, aber sagt's nicht weiter. Wahrscheinlich stellen wir uns intuitiv einfach alle die Frage, ob die Medien mit jeder Generation, die gerade erwachsen wird, dermaßen hart ins Gericht gehen. Wir galten als anspruchsvoll. Egozentrisch. Ungeduldig. Kapriziös. Doch wenn ich einen Blick in meinen Posteingang warf, der mit E-Mails verstopft war, deren Absender von Eliteunis stammten, kam ich zum dem Schluss, dass wir so übel nicht sein konnten. Dem Inhalt der Geschichten nach bemühten wir uns. Wir waren jung und machten das Beste aus dem, was uns zur Verfügung gestellt wurde. Man hatte uns gesagt, dass wir eine Ausbildung machen sollten. Man hatte uns gesagt, dass wir Studiendarlehen aufnehmen sollten. Wir hatten unseren Uni-Abschluss zu einem Zeitpunkt gemacht, als die Wirtschaft gerade dabei war zusammenzubrechen. Wir wuchsen mit den schönen Worten auf, dass wir in die Welt hinausziehen und alles erreichen könnten, was wir wollten. Nur dass viele von uns überhaupt nicht wussten, was sie wollten. Ich stand inmitten eines Berges aus Geschichten, die mir Jungs und Mädchen meines Alters schrieben, und schämte mich nicht dafür, der Generation Y anzugehören. Im Gegenteil, ich war stolz darauf.

Während ich dem Mädchen am Nachbartisch weiter beim Telefonieren zuhörte, schlug ich eine leere Seite in meinem Notizbuch auf und begann, ihr einen Brief zu schreiben. Ich schrieb, dass ich mir wünschte, sie würde sich nicht so klein machen. Meine Mutter sagte immer: sei klein oder sei schön. Schönheit, das sind laute Schritte und das Wissen, dass diese Schritte Gewicht haben. Und auch wenn ich dem Mädchen nicht all das sagen konnte, was auch auf mich selbst zutraf, so wünschte ich mir doch, dass sie nicht mit dem Gefühl durchs Leben gehen würde, sich auf Schritt und Tritt für alles und jeden entschuldigen zu müssen.

Das Mädchen stand von ihrem Platz auf, das Telefon immer noch am Ohr, und verschwand im hinteren Teil des Coffeeshops. Ich musste mich beeilen. Ich riss das Blatt aus meinem Notizbuch heraus, faltete es zusammen und kritzelte die Worte *Für dich* darauf. Dann raffte ich meine Sachen zusammen – meine Tasche, mein iPhone, mein abgegriffenes Exemplar von *Menschenkind*, mein Notizbuch – und hastete zur Tür.

Ich war ungefähr einen halben Block die Straße hinuntergejoggt, da schossen mir plötzlich Jessicas Worte aus der Fordham-Bibliothek durch den Kopf. Es war der Tag gewesen, an dem sie mir gesagt hatte, dass ich mich eines Tages in einem Coffeeshop verlieben würde.

»Ich glaube, dass es da eine Idee geben wird«, waren ihre genauen Worte gewesen. »Du wirst eine Idee haben, und du wirst dich in sie verlieben. In diesem Coffeeshop. Und dein Leben wird sich schlagartig verändern.«

Sie hatte recht gehabt. Mein Leben hatte sich verändert.

Jeder

Eines Nachmittags erhielt ich einen Anruf von einer meiner Mitbewohnerinnen, die mir sagte, dass im Einwanderungszentrum ein Paket für mich abgegeben worden war. Es war so schwer, dass sie jemanden organisieren mussten, der es die Treppen zu uns hinauftrug. Cheryl und ich waren gerade auf einem Spielplatz und passten auf die Kinder auf, als der Anruf kam. Wir hatten zusammen die örtliche Feuerwehr besucht und auf dem Rückweg beschlossen, einen Zwischenstopp auf dem Spielplatz zu machen, damit sich die Kinder noch etwas austoben konnten. Es war Oktober, die Bäume hatten schon fast alle Blätter verloren, und Cheryl und ich standen knöcheltief in feuchtem, knallgelbem und leuchtend rotem Laub. Die Hände tief in die Taschen vergraben erzählte ich ihr alles von den Briefen. Irgendetwas sagte mir, dass das Paket etwas damit zu tun hatte. Sie konnte es nicht glauben. Die Vorstellung von all den Bitten, die sich in meinem Posteingang türmten, machte sie sprachlos. »So etwas tut heute eigentlich niemand mehr«, sagte sie zu mir. »Alles dreht sich nur noch hier drum.« Sie zog ihr Blackberry aus der Jackentasche und streckte es mir entgegen. »Alles dreht sich nur noch um dieses Ding, etwas anderem schenken wir kaum mehr Beachtung.«

Auf dem Heimweg ein paar Stunden später rief ich Libby an und telefonierte so lange mit ihr, bis ich oben in meinem Apartment angekommen war und vor dem Paket stand.

»Oh mein Gott«, sagte ich.

»Was ist los?«, fragte sie. »Weißt du schon, was es ist?«

»Es ist riesig«, sagte ich, während ich das Paket anstarrte, das ich selbst nie nach oben hätte tragen können.

Ich kniete mich vor den Karton, schnitt mit meinem Hausschlüssel das Paketband durch und klappte die dicken Pappdeckel zurück. Spielzeug. Nagelneues Spielzeug. Originalverpackt, makellos und darum bettelnd, von Kinderhänden gehalten, gewiegt, getragen und geliebt zu werden. Babypuppen mit dicken Backen. Bausteine. Autos. Zeitlose Springteufel.

»Es ist … Spielzeug«, sagte ich zu Libby am Telefon.

»Spielzeug?«

»Nagelneues Spielzeug. Alles originalverpackt.« Ich suchte das Paket nach einer Nachricht ab, fand aber keine. *Es muss für die Kinder sein*, dachte ich. Ich hatte in meinem Blog über meine Erlebnisse in der Vorschule geschrieben, und es war der einzige Grund, der mir einfiel, warum ein Paket mit Spielsachen an meiner Haustür abgegeben werden sollte. Nie zuvor war mir ein solcher Akt der Großzügigkeit begegnet.

»Was glaubst du, von wem es sein könnte, Libby? Die Sachen sind bestimmt mehrere hundert Dollar wert.« Ich nahm eine Puppe mit hellblonden Locken aus dem Karton, und sie schlug die Augen auf, lange Wimpern berührten ihre Lider. Ich legte sie in den Karton zurück, und die Augen verschwanden wieder in ihrem Kopf.

Schweigen am anderen Ende der Leitung.

»Libby?« Ich wartete darauf, dass sie etwas sagte.

»Hannah«, sagte sie schließlich. »Ich muss weinen. Ich kann nicht anders.«

Einen Moment lang sagten wir beide nichts, verharrten nachdenklich in Schweigen. Ich vor den Spielsachen kniend. Sie irgendwo in der Bronx unterwegs. »Es gibt so gute Menschen auf der Welt«, flüsterte sie.

»Ja.« Ich wiederholte ihre Worte. »So gute Menschen.« Es gab nichts, was ich dem hinzuzufügen hatte.

Das Geheimnis um das Paket mit den Spielsachen wurde noch am gleichen Abend gelüftet, als ich eine Nachricht auf Facebook erhielt. Sie war von einem Jungen, den ich vom College kannte. Er hatte ein Jahr vor mir seinen Abschluss gemacht. Wir hatten eigentlich kaum etwas miteinander zu tun gehabt, aber ich erkannte ihn sofort, als ich sein Profil-Bild sah. Er schrieb, dass er ein Paket losgeschickt hatte, das jeden Tag bei mir ankommen müsste. Er war kein großer Liebesbriefschreiber, deshalb hoffte er, dass das Paket als solcher durchging.

Ich musste lachen, als ich seine Nachricht las, denn obwohl er weder zu Stift noch zu Papier gegriffen hatte, hatte er mir sehr wohl einen Liebesbrief geschrieben. Dieser Karton, randvoll mit neuen, leuchtenden Spielsachen für die kleinsten der Kleinen, die er leider nie kennenlernen würde, war absolut und definitiv ein Liebesbrief.

Am nächsten Tag ging ich zu Schwester Margaret, um ihr von dem Karton mit den Spielsachen zu erzählen, der für die Kinder bestimmt war. Sie schmiedete sofort Pläne, alles beizeiten einzupacken, um es an Weihnachten den Kindern zu schenken, die keine Geschenke bekommen würden. Sie schickte zwei Männer aus dem Gemeindezentrum los, um das Paket abzuholen.

Als ich Schwester Margaret wenig später dabei zusah, wie sie die Spielsachen durchsah, wie sie jedes einzelne Geschenk berührte und wie ihr dabei bewusst wurde, was wirklich alles in dem Karton steckte, spürte ich Gott. Es war, als würde er überall auf dem Moment seine hauchzarten Fingerabdrücke hinterlassen. Ich spürte ihn, als würde er zu mir sagen: »Mädchen, ich werde deine Vorstellungen von dem, was ein Brief ist, war und sein könnte, vollkommen aus den Angeln heben. Wenn du nur ein bisschen lockerer lassen würdest, könnte ich dein ganzes Leben in einen Liebesbrief verwandeln.«

Ein paar Tage später erhielt ich ein weiteres Päckchen. Diesmal von einem Mädchen namens Kaleigh. Sie hatte in ihrem Studentenwohnheim in Virginia meinen Blog über die Liebesbriefe gelesen, die ich überall in der Stadt hinterließ, und ich glaube, sie träumte davon, ebenfalls Liebesbriefe in New York City zu verteilen. Sie war ein paar Jahre jünger als ich, und ich musste nicht zwischen den Zeilen ihres Briefes lesen, um zu erkennen, dass auch sie unentwegt Liebeslieder im Ohr hatte und dass auch sie nicht anders konnte, als anderen Menschen dabei zu helfen, ihren Platz in der Welt zu finden. Sie hatte ein Bündel Liebesbriefe mitgeschickt, auf dem eine kurze Nachricht stand: *Ich habe gelesen, dass du Liebesbriefe hinterlässt. Würdest du das mit meinen auch machen?*

Ich wusste nicht mehr über sie, als dass ihr Herz wahrscheinlich genauso schnell dahinjagte wie meins, trotzdem schaute ich mir die Stadt mit Kaleighs Augen an. Ich wählte Buchläden aus, von denen ich glaubte, dass sie ihr gefallen würden, und hinterließ ihre Nachrichten dort. Ich entdeckte Coffeeshops, auf deren Angebotstafeln Kreationen standen, die sie mögen könnte. Ich stieß in Bibliotheken auf Bücher – Bücher voller Poesie, die so schön war, dass man kaum glauben konnte, dass sie von Menschenhand geschrieben war – und steckte ihre Briefe dort hinein. Ich hinterließ in der ganzen Stadt Briefe für sie, und ich war dankbar, das für sie tun zu können. Es war einer dieser unwirklichen Momente, in denen ich mich lebendig fühlte, so als würde ich wirklich in der Stadt meiner Träume leben, die Stadt, die ich einst in jedes meiner Kindergebete eingeschlossen hatte. Das Leben hier fühlte sich nicht immer an, als wäre ein Traum in Erfüllung gegangen, aber es war Grund genug, für alles dankbar zu sein, was ich in diesem Jahr hatte erfahren dürfen.

Schwarzer Nagellack blitzte mir von meinen Zehen entgegen, als ich in der U-Bahn auf dem Weg zu der Gala im Time Warner Center saß – jene Gala, für die ich ein schwarzes Kleid gebraucht hatte, was wiederum die Sache mit den Umkleidekabinen in Gang gesetzt hatte.

Dave und ich waren um halb neun an der Rolltreppe vor dem Bebe-Laden verabredet. Während ich auf ihn wartete, lief ich unruhig vor dem Geschäft auf und ab, überprüfte x-mal mein Spiegelbild und hoffte insgeheim, dass er mich versetzen würde. Ich starrte auf mein Telefon und betete, dass es aufleuchten und eine Nachricht erscheinen möge, in der so etwas stand wie: »Sorry. Muss länger arbeiten. Schaff's nicht mehr.«

Ich hatte nicht damit gerechnet, mich derart unwohl zu fühlen. Und das Unbehagen, das sich immer fester um meine Fesseln wand, hatte nichts mit Dave zu tun.

Also log ich auf der Gala – wenn ich überhaupt etwas sagte –, zwängte ein paar Shrimps hinunter und schaute die meiste Zeit zu Boden. Vermutlich suchte ich da unten nach dem Mut, der mir fehlte, um Dave zu sagen, wie ich mich auf diesem Event fühlte: wie billiges Flanell in einem Schrank voller Seide. Wie minderwertige Ware zwischen lauter Luxusartikeln.

Ich hielt mich so gut es ging abseits, in einer Ecke des Raumes, bewahrte Haltung neben einer Diashow, die flackernde Schwarz-Weiß-Bilder von Frauen an die Wand warf, denen am Ende des Abends der Erlös der stillen Auktion zugutekommen würde. Ihre Haut war ledrig, ihr Gesichtsausdruck gequält. Die Kinder in ihren erschöpften Armen hatten verweinte Augen, die Tränen auf ihren Wangen wirkten, als würden sie niemals trocknen. Ich wollte nicht, dass die Leute mich genauer ansahen. Ich hatte Angst, wenn sie es täten, würden sie merken, dass ich nicht hierher gehörte.

Irgendwann zog ich mich ganz von der Menge zurück und ging zu einem riesigen Panoramafenster, das einen Blick auf Manhattan freigab, der an diesem Abend jedes Postkartenmotiv in den Schatten gestellt hätte. Dave folgte mir ein paar Minuten später und setzte sich zu mir ans Fenster. Ich war aus meinen High Heels geschlüpft, meine Fersen verhöhnten mich schon jetzt wegen der Blasen, die ich auf dem Heimweg bekommen würde. Wir sagten beide nichts, starrten einfach nur in die Nacht hinaus und auf eine Stadt, die von den Sirenen und Autohupen jenseits der Scheibe völlig ungerührt blieb.

»So«, sagte er schließlich. »Ich hab gehört, du schreibst fremden Leuten Liebesbriefe … Na ja, ich hab's weniger gehört … vielmehr gelesen.«

Er schaute weiterhin aus dem Fenster. Ich konnte spüren, wie ich rot wurde, innerlich wie äußerlich. Ganz egal, wie oft ich die Leute so etwas sagen hörte wie *Ich habe gelesen, dass du …*, ich fühlte mich jedes Mal entblößt. Nackt. Verwundbar.

»Ja, es kommen ganz schön viele Bitten. Mein Posteingang ist randvoll. Damit hätte ich nie gerechnet.«

Er stand auf, griff in seine hintere Hosentasche, holte etwas aus seinem Geldbeutel und setzte sich wieder. In seiner Hand hielt er einen zusammengefalteten Streifen Briefmarken. Freiheitsglocken zierten die Vorderseite. Die Marken sahen aus, als hätten sie eine kleine Ewigkeit in seinem Geldbeutel zugebracht – darum bettelnd, endlich auf einen Umschlag geklebt zu werden, der sie in unbekannte Staaten trug.

»Ich trage diese Dinger seit einer Ewigkeit mit mir herum«, sagte er. »Ich dachte immer, irgendwann würden sie schon zum Einsatz kommen. Als hätte ich auf die perfekte Gelegenheit gewartet.« Er drehte die abgegriffenen Briefmarken in seinen Händen hin und her. »Ich denke, jetzt ist sie gekommen.«

Er ließ die Briefmarken in meinen Schoß fallen. Eine ganze Weile saßen wir einfach nur da, bevor ich sie schließlich berührte. Ich fragte mich, ob hier der Schlüssel zu etwas ganz Besonderem in meinem Schoß lag: Kleine Dinge wie diese hier bewegen Menschen dazu weiterzumachen. Kleine Dinge, wie sein Glaube an mich, würden mich dazu bewegen weiterzumachen. Kleine Dinge lassen Hoffnungsfunken sprühen und leuchten uns den Weg, wenn wir glauben, in Dunkelheit zu versinken.

Zu Beginn des Abends hatte ich darüber nachgedacht, ihn zu versetzen. Ich hätte Kopfschmerzen vortäuschen können, mit denen ich unmöglich hätte ausgehen können. Mir wollte einfach kein Grund einfallen, warum ausgerechnet ich zu dieser Gala gehen sollte. Doch als ich am Ende des Abends nach Hause schlenderte, mit Blasen an den Fersen und dem Preisschild innen an einem Kleid, das ich am nächsten Morgen zurückgeben würde, hatte ich das Gefühl, eine ganz neue Erkenntnis gewonnen zu haben:

Was einen Menschen wirklich beflügelt, das sind andere Menschen, die an ihn glauben. Ich hätte tausend Briefumschläge angeleckt, nur damit er einen Streifen Briefmarken in meinen Schoß fallen lässt und zu mir sagt: »Ich glaube an dich. Mach weiter, du verrücktes Huhn. Ich glaube an das, was du da tust. Jetzt hör bloß nicht auf damit.«

Ich saß eingepfercht zwischen einem teufelsartigen Etwas und einem Skelett mit Converse-Schuhen, als die Nachricht auf meinem Display aufleuchtete. Es war High Noon an Halloween. Die U-Bahn quoll über von verkleideten Menschen. Eine kleine Hexe hüpfte unermüdlich im Kreis herum und wurde ebenso unermüdlich von ihrer Mutter zurückgezerrt. Die grüne Farbe in ihrem Gesicht war kaum noch zu erkennen.

»Hey Fremde!«

Es war Nate. Seinen Namen auf meinem Display zu lesen sorgte für ein wohliges Gefühl. Ein kleines Stückchen Heimat. Es war seltsam, wie weit ich mich in der kurzen Zeit von meinen Freunden zu Hause entfernt hatte. Als lägen Welten zwischen uns, dabei waren wir gerade einmal einen Anruf oder eine Nachricht voneinander entfernt. Es war eine Tatsache, vor der mich zu Beginn des freiwilligen Jahres niemand gewarnt hatte: Du bist immer noch du, aber du veränderst dich. Und du willst alles um dich herum verstehen. Und für Außenstehende ist es vollkommen unverständlich, warum du freiwillig ein ganzes Jahr deines Lebens darauf verzichtest, Geld zu verdienen, und aus purem Spaß an der Freude über ein Einwanderungszentrum ziehst.

Es gab bereits jetzt Dinge, die ich meinen Freunden zu Hause nie erzählen würde. Nicht weil es sie nicht interessieren würde, sondern weil sie es einfach nicht so verstehen würden, wie ich es mir wünschte. Nate war da eine Ausnahme. Nate war immer eine Ausnahme, denn selbst wenn er etwas nicht verstand, versuchte er es zumindest. Geduldig nahm er auf jedem Stuhl Platz, den man ihm anbot, und dann hörte er einem stundenlang zu, wenn man das wollte. So war Nate. Obwohl er nicht hier bei mir im Zug war und ein Teufel auf dem Platz saß, auf dem er sitzen könnte, fühlte ich mich sicher und geborgen, einfach nur, weil ich seinen Namen auf meinem Display las.

Nate und ich waren zusammen aufgewachsen. Und wenn ich »aufgewachsen« sage, meine ich damit diese extrem schwierige, nahezu unüberwindbare Phase zwischen Kindsein und Kinderdinge tun wollen und Teenagersein und in diese Rolle passen wollen. Wir wurden Freunde, als wir Flausen im Kopf und erste Schmetterlinge im Bauch hatten, als unsere Münder voller Metall steckten und die meisten von uns ganze Sternbilder aus den Pickeln hätten zeichnen können, die uns auf Nase und Stirn wuchsen. Es war ein schwieriges Alter, aber es war auch das Alter, in dem wir anfingen, uns intuitiv die Klassenkameraden auszusuchen, aus denen später einmal gute Menschen werden würden.

Wie jedes Mädchen im Teenager-Alter fühlte ich mich unscheinbar und versuchte herauszufinden, was ich mit dem schlaksigen Körper anstellen sollte, den Gott mir geschenkt hatte. Für Nate jedoch war ich nicht unscheinbar. Er sah mich. Wählte mich aus einer Menge aus. Alberte mit mir herum. Hatte ein Auge auf mich. Und ich revanchierte mich auf meine ganz eigene Weise: mit Besessenheit. Denn ich war besessen von ihm. Und *besessen* ist noch untertrieben, wenn ihr miterlebt hättet, wie ich jedes Mal fast einen Herzinfarkt bekam, wenn ich aus meinen Computerlautsprechern eine Tür aufschwingen hörte und Nates Benutzernamen ganz oben in meiner Freundesliste auftauchen sah, in der ich alle Jungs versammelt hatte, in die ich heimlich verliebt war. Wie ich dann so fünf bis sieben Minuten wartete, bis ich mich halbwegs dazu in der Lage fühlte, ein lässiges »Hey« zu tippen und es mit wehenden Fahnen durch den Cyberspace zu ihm rüberzuschicken. Oder wie ich jeden einzelnen Chat von uns ausdruckte und in einer leuchtend gelben Mappe unter meinem Bett aufbewahrte. Ich würde sie für unsere Hochzeit brauchen; so dachte ich damals wenigstens.

Es würde mich nicht überraschen zu hören, dass es da draußen Hunderte solcher gelber Nate-Mappen gibt. Für ihn war niemand unscheinbar. Er sah jeden. Er redete mit jedem. Er ließ die Grenzen zwischen beliebt und unbeliebt einfach so verschwimmen. Während uns anderen diese Abgrenzung unglaublich wichtig zu sein schien, gab er einfach jedem das Gefühl, wichtig zu sein. Gebraucht zu werden. Erwünscht zu sein. Das ist eine ziemlich große Sache, wenn man vierzehn Jahre alt ist.

»HEY!!!«, schrieb ich ihm zurück. Der Zug hatte gerade die 161. Straße passiert und fuhr jetzt wieder überirdisch. Endlich wieder Kontakt zur Außenwelt – was für ein Moment. Sämtliche Nachrichten, die der Tunnel verschluckt hatte, kamen alle auf einmal an, sobald die Empfangsbalken rechts oben im Display erschienen.

Ich tippte »Wie geht's dir?«, überlegte aber sofort, es wieder zu löschen. Mein Daumen schwebte unschlüssig über der »Senden«-Taste. Ich hasste es, ihm diese Frage zu stellen. Es war die Frage, die ihm alle unsere Freunde ständig stellten. Mindestens genauso sehr hasste ich es übrigens, wenn sie mich fragten: *Wie geht es Nate?*

Vor etwa zwei Jahren hatte ein Telefonat jedes zukünftige »Wie geht's dir?« für alle Zeiten verändert. Es war eines dieser Gespräche, das einem noch ewig im Gedächtnis haften bleibt, wie ausgelaufene Tinte an den Fingerspitzen. Ich habe inzwischen gelernt, mich vor Gesprächen in Acht zu nehmen, an deren Einzelheiten man sich anschließend ein Leben lang erinnert: wo man stand, was man anhatte. Solche Gespräche werden zu einem Teil von uns. Wie eine zweite Haut.

Es war ein Telefonat mit Ronny, Nates bestem Freund. Ich stand gerade in der Waschküche meines Studentenwohnheims und legte T-Shirts zusammen. Ich erzählte Ronny, dass ich das Gerücht gehört hätte, Nate wäre krank. Ich bat Ronny, mir zu sagen, dass da nichts dran war. Er sollte mir sagen, dass es nicht stimmte. Doch das konnte er nicht. Nate war krank. Schwer krank. Es war kein Gerücht. Er hatte Krebs.

Wir sind doch unverwundbar, war mein erster Gedanke, nachdem wir aufgelegt hatten. Wir waren gerade mal einundzwanzig. Das hatte nichts zu bedeuten. Es war nur einer von vielen Stolpersteinen auf unserem Lebensweg, und in ein paar Jahren würden wir alle um einen Tisch herumsitzen und über die Dinge lachen, die hinter uns lagen. Wie Schlaghosen oder die Phase, in der wir es cool fanden, uns aufzustylen wie billige Flittchen. Krebs wäre einfach nur eins von diesen Dingen. Denn Krebs war nichts, was uns zu Leibe rücken konnte. Wir waren zu jung. Wir hatten zu viele Pläne. Krebs war etwas, das uns und unseren Liebsten nicht passieren konnte. Bis er es tat.

Ein paar Wochen später sah ich Nate zum ersten Mal wieder. Er machte einen Witz darüber, dass er nur noch sechzig Kilo wog. Es stand ihm ins Gesicht geschrieben.

Wir saßen im Diner bei uns im Ort. Ich kaute auf ein paar Hähnchenteilen herum. Er schlürfte Suppe. Ich weiß noch, wie ich mir wünschte, zu einem Moment vorspulen zu können, in dem wir uns als Rentner sehen könnten. Ich schätze, ich wollte einfach nur wissen, ob wir es unversehrt bis dorthin schaffen würden.

Wir saßen in einer alten, vertrauten Nische, und dort erzählte er mir alles. Wie gut sein Semester gelaufen war, besonders sein Hauptfach. Alles war wie immer gewesen. Doch dann bekam er plötzlich Schmerzen, fürchterliche Schmerzen in der Seite. Er war kaum mehr in der Lage, Essen bei sich zu behalten. Bekam hohes Fieber. Hustete so stark, dass er sich Rippen brach. Alles ging ganz schnell. An einem Montagmorgen gab ein Onkologe das Ergebnis sämtlicher Tests und Blutuntersuchungen bekannt: »Die Röntgenbilder sind eindeutig. Sie haben Dickdarmkrebs, der bereits Metastasen in der Leber gebildet hat.« Dickdarmkrebs. Stadium IV. Fortgeschritten.

Ich denke, das war der Grund, weshalb ich es hasste, die Frage »Wir geht's dir?« zu stellen. Ich wollte ihn das nicht fragen, jetzt, da er krank war. Vielleicht lag es an meiner eigenen Angst, vielleicht lag es daran, dass er nicht darüber nachdenken wollte, aber wir sprachen eigentlich nie über seine Krankheit. Wollte ich wissen, wie es ihm ging, las ich den Blog, den er schrieb, um seine Familie und Freunde über die Behandlung auf dem Laufenden zu halten.

Einen dieser Blogeinträge druckte ich sogar aus und trug ihn lange Zeit in meinem Geldbeutel mit mir herum. Nate schrieb darin über einen Tag, an dem er sich zufällig in einem Spiegel sah. Ein kurzer Blick genügte, um festzustellen, dass das Feuer in seinen Augen erloschen war. *Weg, weg, weg.* »Ich mochte diesen Kerl nicht, den ich da sah … ich hasste ihn regelrecht. Ich sah jemanden, der kurz davor war aufzugeben, und ich schämte mich für ihn. Was würde meine Familie, was würden meine Freunde sagen, wenn ich ihnen sagen würde, dass ich aufgeben will, dass ich es nicht schaffe.«

Und aus dieser Verzweiflung heraus begann er, Holz aufzuschichten und nach etwas zu suchen, womit er das Feuer wieder entfachen konnte. Er konzentrierte sich nicht auf seine Zweifel oder Ängste. Er wartete nicht darauf, dass andere seinen Glauben, seine Hoffnung und sein Vertrauen wieder aufbauten. Er fing einfach an, Holz aufzuschichten, und plötzlich war da dieses Wort: *unermüdlich*.

Es tauchte zunächst in Unterhaltungen auf. Dann in seinem Blog. Irgendwann war es überall dort, wo er war. *Unermüdlich*. Es wurde zu einer Philosophie. Schließlich machte Nate eine gemeinnützige Organisation daraus, Relentless against Cancer, die innerhalb kürzester Zeit so groß wurde, dass er sie nicht mehr allein stemmen konnte. Sie war das kleine Wunder unserer Stadt. Dank ihr fanden wir immer wieder zueinander. Das war das Beste an Nate. Er brachte uns für die gemeinsame Sache zusammen. Wir durften hinter ihm stehen und jede Menge Krach machen. Ja, wir alle liebten Nate und wollten ihn unterstützen. Aber noch mehr lieben wir Menschen es, uns für eine große Sache stark zu machen. Wir mögen es, Teil einer großen Geschichte zu sein.

Auf dem Display leuchtete eine weitere Nachricht von Nate auf.

»Mir geht's gut. Halte mich wacker. Und du? Wie behandelt dich die große Stadt?«

Es fühlte sich falsch an, ihm zu schreiben, dass es mir nicht gut ging, dass ich zu kämpfen hatte. Ich hatte das

Gefühl, nicht das Recht zu haben, Nate so etwas zu sagen. Ich schickte die Nachricht trotzdem ab. Seine Antwort kam prompt. »Also wir sind hier alle mächtig stolz auf dich. Du machst genau das, was du immer gesagt hast. Du weißt schon, *Größeres als das hier.*«

Ich biss mir heftig auf die Unterlippe und kämpfte gegen die aufsteigenden Tränen an. Die Erinnerung an den Abend, als er diese Worte zum ersten Mal zu mir gesagt hatte, war in diesem Moment zu viel für mich. Wir waren siebzehn. Das letzte Schuljahr war fast zu Ende. Es war einer dieser Sommerabende, an dem wir alle zusammen in irgendeiner Garage rumhingen, ein paar Kästen Bier leerten und O.A.R. aus den Boxen einer Anlage dröhnen ließen, an die ein iPod angeschlossen war.

»Ich werde von hier verschwinden«, sagte ich zu ihm. »Ich werde von hier verschwinden, und ich werde ganz bestimmt nicht zurückschauen.«

Wir saßen etwas abseits der Party auf Plastikgartenstühlen. Aus der Garage konnten wir die anderen lachen, Beer Pong spielen und »Treffer!« rufen hören.

»Ja«, sagte er und starrte auf seinen Becher hinunter. »Ich weiß auch nicht, ob ich jemals hierher zurückkommen werde. Wir zwei haben eine große Zukunft vor uns. Größeres als das hier.«

Wenn es jemanden gab, dem ich glaubte, wenn er zu mir sagte, dass er aus unserem Nest verschwinden würde, um schneller, höher und weiter zu kommen, dann war es Nate.

Ich spürte einen leichten Schauder, während wir so nebeneinander saßen, rote Solo Cups in den Händen hielten und unsere Schultern sich berührten. Stumm wiederholte ich seine Worte, um zu verhindern, dass ich sie bis zum Morgen wieder vergessen hatte. *Größeres als das hier, Grö-*

ßeres als das hier. Es war wie ein Versprechen, das wir einander gegeben hatten.

Manchmal brauchen wir das. Manchmal brauchen wir einen Menschen, der plötzlich wie aus dem Nichts auftaucht und uns bestärkt. Der uns sagt, dass wir nicht verrückt sind. Der manchmal einfach auch nur davonfliegen will. Andernfalls vergessen wir, dass die Schwerkraft etwas ist, wogegen wir ankämpfen sollen.

Libby tauchte in dieser Nacht in unserem Apartment auf, in einem Batman-Kostüm. Sie kam von einer Halloween-Party. Am nächsten Morgen würde sie nach Pennsylvania aufbrechen, dem Ort, der vor New York City ihr Zuhause gewesen war. Um fünf Uhr morgens wäre sie weg. Die Stadt würde den Verlust einer weiteren Träumerin zu beklagen haben.

»Da sind um die fünfzehn Schlösser an unserer Haustür. Ich werde mir einen Wecker stellen und dich rauslassen«, sagte ich zu ihr. »Es sei denn, du willst warten, bis die ersten Englischschüler auftauchen.«

Ich konnte nicht schlafen in dieser Nacht. Unruhig setzte ich mich in meinem Bett auf, nahm den Laptop vom Sessel, der neben dem Bett stand, und klappte ihn auf. Dann steckte ich meine Weihnachtslichterkette in die Steckdose, um Licht in das Dunkel des Zimmers mit den roten Vorhängen zu bringen. Es war eigentlich zwei Monate zu früh für Weihnachtsbeleuchtung, aber bei mir hingen das ganze Jahr über weiße Lämpchen an den Wänden. Das WLAN in meinem Zimmer war unterirdisch langsam, wie immer, aber ich schaffte es, mich einzuloggen und die Adresse von Nates Blog einzugeben. Sein letzter Eintrag war gerade einmal ein paar Stunden alt. Früher hätte ich es für einen seltsamen Zufall gehalten, dass er diesen Eintrag nur wenige Stunden nach unserem Gespräch gepostet hatte, doch ich glaube seither nicht mehr an Zufälle. Der Eintrag handelte von Engeln.

Nate schrieb, dass er sich nie sicher gewesen war, ob es Engel tatsächlich gab, aber dass er an Zeichen von Gott glauben wollte – oder was immer da draußen war. Er wollte die Dinge, die geschehen, nicht als merkwürdige Zufälle abtun. Er schrieb von dem Tag, an dem er zu seiner ersten Behandlung ins Krankenhaus ging und von den Menschen, die dort auf ihn zukamen. Sie waren zweifellos Engel. Sie sprachen mit seiner Familie. Sie erzählten ihm ihre eigenen Geschichten, als wollten sie sagen: »Hier, hier hast du ein Seil … halt dich gut daran fest und lass dich davon auf die andere Seite ziehen.« Er wusste absolut nicht, was er in diesen ersten Tagen in der Klinik ohne diese Engel gemacht hätte, als er so krank war und solche Angst vor dem hatte, was vor ihm lag. Er schrieb, dass er hoffe, eines Tages vielleicht selbst ein solcher Engel für jemanden sein zu können.

»Du bist längst einer«, flüsterte ich ihm über den Bildschirm zu. Ich presste die Hände gegen den Computer und schloss die Augen, als würde ich beten. »Für mich warst du immer ein Engel.«

Er war ein Engel. Und nicht die Art Engel, wie man sie aus Kindergottesdiensten oder Krippenspielen kennt, mit Pappflügeln, weißem Wallekleid und Glitter im Haar. Ich meine Engel, wie ein Mensch, der genau dann auftaucht, wenn man glaubt, der Boden würde einem gleich unter den Füßen weggerissen werden.

Libby trug immer noch den Batman-Umhang und dazu passende Boxershorts, als ich sie am nächsten Morgen auf dem Flur traf. Es war fünf Uhr morgens, draußen war es noch dunkel. Wir redeten nicht viel, als wir die drei Stockwerke zur Haustür hinunterliefen. Ich umarmte sie zum Abschied. Ich sagte ihr, dass sie auf sich aufpassen und nach ihrem Herzen Ausschau halten sollte, oder wonach auch immer sie Ausschau halten wollte, wenn sie in Italien angekommen war.

»Hier«, sagte sie und reichte mir einen langen, dünnen Briefumschlag. »Der ist für dich. Lies ihn, wenn ich weg bin. Ich weiß, wie wichtig dir deine Briefe sind.«

Wir umarmten uns noch einmal. Während ich die Tür aufschloss, spähte ich zum Fenster hinaus, um zu schauen, ob sich jemand auf der Straße herumtrieb. Eine dicke Frostschicht lag wie ein Mantel über dem schlafenden Viertel.

»Nein«, sagte Libby und drängte sich an mir vorbei, noch bevor ich die Tür ganz geöffnet hatte. Sie trat auf die Treppe hinaus. »Nein.«

Um ihren Kofferraum und die Tür zum Rücksitz herum lagen überall Sachen. Jemand war in ihr Auto eingebrochen, hatte alles durchwühlt und Teile von Libbys Leben über dem Gehweg verstreut. Glasbröckchen häuften sich unter der eingeschlagenen Heckscheibe.

»Nein.« Sie rannte die Stufen hinunter. »Bitte nicht.«

Es gibt nicht viel, was man in solchen Momenten tun kann. Man bewahrt Ruhe, denkt darüber nach, was man hätte anders machen sollen. Es war dumm von uns, das vollgepackte Auto vor der Tür abzustellen. Wir hätten es hinter dem Tor parken sollen. Sie hätte daran denken müssen, ihre Wertsachen mit reinzunehmen. Wir hatten zu viel Vertrauen in die Nachbarschaft gehabt. Es hatte so kommen müssen. Ich stand da und versuchte, in Gedanken einen Ort aufzusuchen, an dem ich für alles dankbar sein konnte, was ich hatte. Es funktionierte nicht. Die ganze Erfahrung war zu schmerzhaft. Ich fühlte mich klein und hilflos.

Zurück im Zentrum durchwühlte Libby ihre Habseligkeiten, die sie nur wenige Minuten zuvor auf der Straße zusammengesammelt hatte.

»Ich brauche einen Zettel«, sagte sie, dann begann sie zu schreiben. Ich setzte mich hinter den Tresen, der in nur wenigen Stunden besetzt sein würde, und rang die Hände im Schoß.

»Da ist das … und das … und das …« Sie machte eine Bestandsaufnahme. »Okay«, sagte sie. »Es sind nur Dinge. Einfach nur Dinge. Das kann man alles ersetzen.«

Sie war ruhig und gefasst. Ich weiß, es klingt unglaublich, aber sie wirkte fast erleichtert, obwohl ihr gerade Dinge im Wert von fast tausend Dollar gestohlen worden waren. Ich würde wahrscheinlich wie eine Furie mit Sachen um mich werfen und zu den Pfandhäusern um die Ecke rasen, um davor auf den Dieb zu warten. Libby hingegen blieb ganz ruhig. Für sie waren es nur Dinge. Einfach nur Dinge. Und die Dinge, die ihr wirklich etwas bedeuteten, all die Dinge, die sie wirklich wollte, konnte ihr niemand nehmen. Es waren Anblicke, Klänge, vertraute Stimmen, und es waren all die Dinge, die sie in Italien zu finden hoffte. Für Libby drehte es sich nie um Materielles.

Sie ging schließlich los, um Anzeige bei der Polizei zu erstatten. Ich blieb allein in der leeren Eingangshalle des Einwanderungszentrums zurück. Ich setzte mich auf den Boden und öffnete vorsichtig den Brief. Er war mehrere Seiten lang, Vorder- und Rückseite beschrieben. Ich las ihn laut, und die Worte schienen wie ein Echo von den Wänden widerzuhallen.

Ich weiß, es war in letzter Zeit alles andere als leicht für dich, und es gibt kaum etwas, das ich sagen kann, um es besser zu machen, aber du darfst nie vergessen, dass es eigentlich nur eine Sache gibt, in der wir nach Perfektion streben sollten, und das ist zu erkennen, welches Potenzial in uns steckt, um wirklich etwas zu bewegen. Wir streben immer nach Perfektion, aber wir sollten eigentlich nach Potenzial streben, Schritt für Schritt.
Du wirst dein Glück finden, das weiß ich.
Versuch einfach, alle Sorgen, Ängste und Zweifel in den Schrank zu dem ganzen anderen Mist zu sperren, den du schon aussortiert hast.
Auch wenn du noch mal zurück in die Umkleidekabinen musst, um dort so lange zu sitzen und nachzudenken und zu heulen, bis es dir klar wird: Du hast einen Platz in dieser Welt, und du passt perfekt in sie hinein.
Werde glücklich und mach weiter so. Alles, was du tust, ist von Bedeutung, vergiss das nicht.

Ich folge dir von der anderen Seite des Atlantiks aus,
Libby

Aus dem Brief fiel ein leuchtend blauer Scheck heraus. Libby hatte mit Tinte einen Betrag von hundert Dollar eingetragen. Eine Investition, wie sie es nannte, in das, was die Liebesbriefe ihrer Überzeugung nach eines Tages werden würden. Vielleicht hatte sie die ganze Zeit über schon an das »Größere« geglaubt.

Ich blieb noch einen Moment lang sitzen und nahm die Ruhe des Zentrums in mich auf, bevor es gleich öffnen würde. Den leuchtend blauen Scheck in der Hand dachte ich an Nate und an die Engel, über die er geschrieben hatte. Er hatte so recht, wenn er schrieb, dass sie überall waren, um uns festzuhalten, wenn wir drohten umzufallen. Und Libby war ganz sicher einer von ihnen.

Die Geschichte vom gelben Handtuch

Es gibt in Verona, Italien – der Heimat von Shakespeares Romeo und Julia – einen Club, der Club di Giulietta, an den jedes Jahr Tausende von Briefen geschickt werden, allesamt adressiert an Julia, ein Mädchen, das sich mit Liebeskummer auszukennen scheint.

Es heißt, dass alles damit begann, dass die Menschen Nachrichten für Julia in dem Gewölbe hinterließen, in dem sie den Tod gefunden haben soll. Irgendwann erhielt die Stadt so viele Briefe aus aller Welt, dass sie deren Beantwortung in die Hände des Club di Giulietta legte. Dort sind ganze fünfzehn Signoras, die alle eine ganz wunderschöne Handschrift haben müssen, mit der Aufgabe betraut, diese Briefe zu beantworten. Sie alle tun das ehrenamtlich. Die Stadt Verona kommt lediglich für das Porto auf. Und ja, jeder einzelne der sechstausend Briefe, die jedes Jahr im Club di Giulietta ankommen, wird beantwortet.

Während ich mich in der Bronx verkroch, regelmäßig meinen Briefkasten leerte und darin Briefmarken von Fremden vorfand, die mir Mut machten, war das, was ich in jener Zeit wirklich gebraucht hätte, eine Reise zu meinen »Kolleginnen« nach Italien gewesen. Ich brauchte jemanden, der mit einem Flugticket vor meiner Tür stand und zu mir sagte: »Hier, flieg da hin. Häng ein bisschen mit den Frauen vom Club di Giulietta rum und schau dir an, wie sie arbeiten. Hör dir ihre Geschichten an. Finde raus, wie du bessere Briefe schreiben kannst.«

Ich stellte mir gern vor, ein Mitglied ihres Clubs zu sein oder zumindest eine tausende Kilometer entfernt lebende Schwester. Und hätte ich die Möglichkeit gehabt, eine der Frauen zu treffen, hätte ich ihr alle Fragen gestellt, die mir damals pausenlos durch den Kopf gingen: Wie macht ihr das? Wie schafft ihr es, euch immer wieder zu motivieren? Wollt ihr nicht manchmal einfach nur alles hinschmeißen?

Das war mein Status quo Mitte November. Die ersten hundert Briefe waren gut gewesen. Das Ganze war neu für mich. Als ich mich jedoch dem zweihundertsten Brief näherte, ging mir allmählich die Puste aus. Ich klang einfallslos. Ich fragte mich, wie andere mit so einer Situation umgehen würden. Jeder Schmerz, der seinen Weg in meinen Posteingang fand, war echt, doch ich tat mich schwer, den wahren Wert der Briefe zu schätzen und sie ebenso echt zu beantworten. Die Menschen hatten es verdient, dass ich mein Bestes gab, doch nicht immer fühlte ich mich dazu in der Lage.

Rückblickend hätte mir nichts Besseres passieren können. Ohne den Wunsch, einfach aufgeben und davonlaufen zu wollen, hätte ich nie verstanden, was der Begriff Hingabe wirklich bedeutet. Ich schätze, ich fange heute erst an zu verstehen, warum dieses Wort – *Hingabe* – in der heutigen Zeit irgendwie hochtrabend und ausgedient klingt. Weil wirkliche Hingabe – bei der wir alles geben, ohne jede Hoffnung, etwas zurückzubekommen –, oft etwas ganz anderes ist, als wir denken. Oft sind es Tränen. Oft sind es eindringliche Worte an uns selbst, die uns dazu bewegen sollen, weiterzumachen. Es ist das Eingeständnis, nicht der Mittelpunkt des Universums zu sein. Vor allem aber ist es die Erkenntnis, dass Aufgeben niemals eine Option sein sollte.

Also machte ich weiter. Und ich schrieb weiter. Und ich betrachtete jeden Brief als eine Chance, noch ehrlicher zu sein, als ich es im Brief davor gewesen war.

Apropos Ehrlichkeit, dazu möchte ich Folgendes sagen: Es wäre ein Missverständnis zu glauben, dass ich anfing, Liebesbriefe zu schreiben, und schwups, die Depression von mir abließ und sich ein neues Opfer suchte. So war es nicht. Ich bin keine Expertin für Depressionen. Ich weiß nur, dass es kein Patentrezept dafür gibt. Und ich sage das nur, weil ich dieses Biest, das sich Depression nennt und das so vielen Menschen zu Leibe rückt, auf gar keinen Fall verharmlosen will.

Wenn ich könnte, würde ich eine Landkarte von der Depression zeichnen – mit all ihren Höhen und Tiefen, Tälern und Wüsten. Aber seht ihr, da ist der Haken. Karten werden gezeichnet, um uns irgendwohin zu führen. Karten werden gezeichnet, um uns mit Hilfe eines X aufzuzeigen: »Hier wirst du ankommen.«

Und genau da wird es kompliziert. Depressionen lassen nicht einfach so Karten von sich zeichnen. Sie verraten uns nicht, wo wir hinsteuern. Wo bei dem einen Bäume stehen, können beim anderen Sümpfe sein. Das Wichtigste ist, dass wir immer weitergehen. Ohne Karte. Und ohne Kompass. Und manchmal sogar ohne eine Wahrheit, die uns leitet. Wir müssen einfach weitergehen. Und entlang des Weges treffen wir auf Dinge, an denen wir uns festhalten können. Auf Hoffnung. Auf gute Gespräche. Auf Menschen, die bis zum nächsten Morgen bei uns bleiben. Wir treffen auf Dinge, an die wir uns klammern können. In meinem Fall war es ein gelbes Handtuch von meiner Mutter.

Es fiel mir am Abend vor Thanksgiving in den Schoß. Wir hatten uns zu Beginn des freiwilligen Jahres bereiterklären müssen, zu Thanksgiving nicht nach Hause zu fahren. Der Feiertag sollte im Kreise der Gemeinschaft verbracht werden, um das Zusammengehörigkeitsgefühl zu stärken und aus Rücksicht auf die, die zu weit weg wohnten, um nach Hause zu fahren. Es war Tradition, dass die Gruppe aus der Bronx zusammen mit der Gruppe aus Lawrence, Massachusetts, feierte. Und so standen am Abend vor Thanksgiving vier Freiwillige aus Massachusetts vor unserer Tür.

Nachmittags war es an der Vorschule noch drunter und drüber gegangen. Unser Klassenzimmer platzte aus allen Nähten, als immer mehr Platten mit Brathähnchen, Kochbananen und Maisbrot hereingetragen wurden. Hätte ich die Geschichte vom Erntedankfest nicht gekannt, ich hätte angenommen, die Pilgerväter hätten mit den Indianern Arroz con Pollo und Capri-Sonne geteilt, während sie Songs von Justin Bieber sangen. Alle sechsundzwanzig Kinder saßen um die Tische herum, die wir in der Mitte des Raumes zusammengerückt hatten, hatten die Hüte auf dem Kopf, die Cheryl und ich die gesamte Woche über aus Pappkarton gebastelt hatten, und hielten sich an den Händen. Ich sah, wie eine winzige Pilgerin ihre Hand unter den Tisch gleiten ließ, um die Hand einer kleinen Indianerin zu fassen, deren Kopfschmuck von Haarspangen mit Plastikblumen festgehalten wurde.

Wir gingen im Kreis herum und sagten einander laut, wofür wir am dankbarsten waren. Eine Salve von *Mamas* und *Papas* brach über uns herein, wobei jedes Kind dem anderen aufmerksam zuhörte. Kein Einziges zierte oder weigerte sich. Dankbarkeit ist eine wirklich rätselhafte Sache: Sie schafft es, selbst einen Kreis sechsundzwanzig

Vierjähriger zur Ruhe zu bringen. Als ich an der Reihe war und Josue meine Hand drückte, um mir das Zeichen zu geben, dass ich anfangen solle, sagte ich, dass ich dankbar sei, ein Zuhause zu haben. Wie auch immer das aussah. Was auch immer das war.

Im Anschluss an die Feier in der Vorschule ging ich direkt zum nächsten Thanksgiving-Essen ins Einwanderungszentrum, wo wir zusammen mit ein paar Schülern aus den Englischkursen feierten. Als ich später oben in meinem Zimmer saß, kam eine meiner Mitbewohnerinnen aus ihrem Klassenzimmer zu mir hoch, um mir ein Päckchen zu bringen. Ein kurzer Blick auf die mir vertraute Schrift genügte, um zu wissen, dass es von meiner Mutter war.

Ich riss es auf und fand darin alles vor, was in ein echtes »Ich-wünschte-du-wärst-am-Feiertag-hier«-Paket gehörte. Was nicht ganz dazupasste, waren ein kleiner Anhänger aus Kupfer und ein leuchtend gelbes Handtuch. Ich drehte den Anhänger in meinen Händen hin und her. Auf der Vorderseite war ein Indianer eingraviert. Wie so oft, wenn meine Mutter mir etwas schickte, wusste ich nicht wirklich, was sie mir damit sagen wollte. Sie liebte diese Spielchen. Das Einzige, was mir zu dem Anhänger einfiel, waren meine Großmutter und der uralte Witz in unserer Familie, dass sie zeitlebens der Überzeugung gewesen war, indianischer Abstammung zu sein. Unermüdlich quasselte sie von ihren Stämmen und ihrem Erbe und dekorierte ihr Apartment im indianischen Stil, ohne je wirklich einen Nachweis dafür erbringen zu können – was angesichts ihres irischen Einschlags auch praktisch unmöglich war. Trotzdem spielten wir das Spiel mit. Eine Zeitlang erzählte ich in der Mittelschule sogar selbst, ich wäre Indianerin. Ich dachte, die Jungs fänden das exotisch und würden sich mit mir verabreden wollen. Meine blasse Haut und die Sommersprossen waren zwar alles andere als hilfreich, trotzdem versuchte ich unbeirrt, eine Art irische Tiger Lily zu sein und Jungs um den Finger zu wickeln. Irgendwann ließ ich das Theater allerdings, als sich einfach kein Nachweis über meine Herkunft finden ließ. Es gibt keine Stipendien fürs College, wenn man nicht nachweisen kann, von welchem Stamm man abstammt.

Ich nahm das leuchtend gelbe Handtuch aus dem Päckchen und drückte es mir an die Wange, während ich die Karte las, die sie dazugelegt hatte:

Als ich das erste Mal weit weg von zu Hause war, in New Mexico, schickte mir meine Mutter ein Päckchen mit einem wunderschönen gelben Handtuch. Diese Tradition will ich heute fortsetzen.

Ich drückte mir das Handtuch gegen die Brust. Es war erstaunlich, wie ein relativ unbedeutender Gegenstand – ein Gegenstand, der normalerweise an einem Haken hängt und das von unseren Körpern tropfende Wasser aufsaugt – so schnell und so plötzlich zum Wichtigsten werden konnte, was ich auf der Welt besaß.

Meine Mutter musste gar nicht mehr schreiben. Ich war ihr für jedes der wenigen Worte dankbar. Sie nutzte den Moment nicht, um mich daran zu erinnern, wie schwer das Jahr gewesen war. Wenn ich so darüber nachdenke, hat sie das nie getan. Sie riet mir nie, stärker zu werden. Sie bat mich nie, stärker zu werden. Sie war selbst einmal jung gewesen. Sie war selbst einmal ein Mädchen gewesen, das versucht hat, seinen Weg zu finden. Jede Faser des Handtuchs in meinen Armen schien zu sagen: »Es ist ganz okay, dass du dein Zuhause vermisst. Das Leben ist nicht immer leicht. Ich verstehe das. Du hast nicht immer die Kontrolle über alles. Und auch das ist okay. Für mich warst du immer okay.«

Alles lief bestens, nachdem unsere Gäste angekommen waren. Zusammen überlegten wir, wo wir den Abend vor Thanksgiving und unser Wiedersehen feiern wollten, denn immerhin hatten wir uns seit August nicht mehr gesehen. Und irgendwie, in einem Anfall schierer Genialität, nahmen wir die Bodega schräg gegenüber in unsere Abendplanung mit auf und kauften dort ein paar Dosen Four Loko.

Ich will ganz ehrlich sein: Es zeugt nicht gerade von gutem Geschmack, Four Loko zu trinken. Ich bin alles andere als stolz auf diese Entscheidung. Es schmeckte wie eine Mischung aus Starkbier und Energy-Drink. Und anscheinend war die Kombination aus Koffein und anderen Aufputschmitteln so gefährlich, dass es später von der Behörde für Lebensmittel- und Arzneimittelsicherheit verboten wurde. Damals wusste ich allerdings nicht mehr über das Getränk, als dass es ständig in irgendwelchen Rap-Songs auftauchte, und das schien mir nicht der schlechteste Grund zu sein, den ersten Schluck aus der neongelben Dose zu nehmen.

Wir einigten uns schließlich darauf, nach Woodlawn zu fahren, ein irisch-amerikanisches Viertel ganz im Norden der Bronx. Mir war schlecht, noch bevor wir den Pub erreichten. Keine zehn Minuten später drehte sich die gesamte schwummerige Bar um mich herum, und ich krallte mich in der Hoffnung am Tisch fest, dass das, was unsere große Nacht hätte werden sollen, einfach nur schnell vorbeigehen möge. Kurz darauf brachte mich eine meiner Mitbewohnerinnen nach draußen an die frische Luft und winkte ein Gypsy Cab herbei, das mich nach Hause bringen sollte. Gypsy Cabs waren das Beste, was einem passieren konnte, wenn man innerhalb der Bronx irgendwohin musste, da sich Yellow Cabs nie in diesen Stadtteil verirrten. Der einzige Unterschied war, dass sie eigentlich illegal waren und dass man beten musste, auch wirklich in einem Gypsy Cab zu sitzen und nicht in irgendeinem seltsamen schwarzen Auto, das einen für immer aus dem Leben fuhr. Man schlug dem Fahrer einen Preis vor, den er entweder akzeptierte oder naserümpfend ablehnte und davonbrauste.

Ich ließ mich auf den Beifahrersitz fallen. Meine Eingeweide schlugen Purzelbäume. Der Taxifahrer legte sich scharf in die Kurven. Ich lehnte den Kopf gegen die leicht geöffnete Scheibe und flehte den Fahrer an, niemals Four Loko zu trinken. »Es geht einem damit einfach nur beschissssssen«, stöhnte ich.

Vor unserem Apartment angekommen, schaffte ich es gerade noch nach oben ins Bad, das neben meinem Schlafzimmer lag, bevor ich mich übergeben musste. Da war Erbrochenes. Jede Menge. Plus Tränen und Spucke. Wimperntusche lief mir über die Wangen. Meine Haare hingen mir aus einem sich auflösenden Dutt ins Gesicht. Mein Innerstes war wie ausgetrocknet. Das volle Programm.

Mein Telefon brummte. Ich schaute auf das Display. Es war Juan, der Friseur von gegenüber. Ich hatte ganz vergessen, dass ich ihm zu Beginn des Abends eine Nachricht geschickt und ihn gefragt hatte, ob er schon mal Four Loko probiert hatte. Er schrieb zurück, dass ich total bescheuert wäre, wenn ich auch nur darüber nachdenken würde, es zu probieren. Zu spät.

»Wo steckst du? Ich hol dich ab« schrieb er als Nächstes.

Das kann nicht wahr sein, dachte ich. *Das kann einfach alles nicht wahr sein*. Um mich herum drehte sich alles. Ich schaffte es kaum, die Worte zu tippen.

»Mit dem Kopf im Klo. Alles bestens«, schrieb ich zurück.

»OMG kann ich dir helfen?«

Ich stellte mir vor, wie die anderen nach Hause kommen und uns beide hier zusammen vorfinden würden: Juan, der meine Haare zu einem provisorischen Pferdeschwanz zusammenhielt, während ich würgend über der Toilette hing. Ich fragte mich, ob das der Moment wäre, den ich mir damals in der neunten Klasse ausgemalt hatte, als ich das Zitat *Ich will einen Typen, der mir die Haare zurückhält, wenn ich kotze* in leuchtend rosa Comic-Sans-Schrift quer über den Deckel meines Englischordners geklebt hatte. Vor allem aber stellte ich mir das Entsetzen auf Juans Gesicht vor, wenn er dieses jämmerliche Etwas im Party-Outfit und mit völlig verschmiertem Make-up hier vorfinden würde.

Sein entsetztes Gesicht vor Augen schrieb ich zurück: »Alles gut. Wirklich.«

Ich kotzte mir die Seele aus dem Leib. Immer und immer wieder. Bis zu dem Punkt, an dem ganz sicher nichts mehr in mir drin war und ich als Nächstes nur noch Teile meiner Organe hätte ausspucken können. Ich wagte nicht, mich auch nur einen halben Meter von der Toilette wegzubewegen, aus Angst, der heftige Brechreiz würde erneut einsetzen.

Du hast es nicht anders verdient, dachte ich. *Das ist die Strafe, weil du Four Loko für eine geniale Idee gehalten hast.* Der Vorwurf lief in Dauerschleife, in voller Lautstärke. Ob kopfüber in der Toilette steckend oder mal kurz nicht, in meinem Kopf tobte eine Schlacht innerer Stimmen, die sich wie die Kids aus den Distrikten in *Die Tribute von*

Panem durch die Arena schleuderten. *Du bist so blöd. Es ist hoffnungslos. Gut gemacht. Nein, sehr gut gemacht. Du bist allein. Du bist immer ganz allein.*

Irgendwann schlief ich neben der Toilette ein, mit dem Gesicht auf den Fliesen. Ich schreckte auf, als ich Schreie hörte.

»ICH BRING DICH UM. KOMM RAUS.«

Das Geschrei drang durch das geöffnete Badezimmerfenster zu mir herein und wurde immer lauter. Ich hörte Gepolter. Scheppern. Das Geräusch von berstendem Glas. Ich konnte mich nicht rühren. Ich lag einfach nur da und fragte mich, ob das das Ende war. Würde es so zu Ende gehen? Würde die Welt an diesem Vorabend von Thanksgiving des Jahres 2010 untergehen? Würde jemand in unser Haus eindringen und uns alle erschießen? Ich hatte keine Ahnung, wie spät es war. Das Geschrei ging weiter.

»JUAN, KOMM RAUS!!«

Der Mann schrie immer lauter. Er rief nach Juan.

Nein. Nein. Nein, dachte ich und versuchte, mich aufzustützen und hinzusetzen. Die weißen Wände tänzelten um mich herum. Auf allen vieren kroch ich aus dem Bad und in das Zimmer, das der Straße am nächsten lag, um besser sehen zu können, was da draußen vor sich ging. Der Mann stand unten auf der Straße und schrie zu dem Apartment hinauf, in dem Juan wohnte. Er riss die Tür neben dem Friseursalon auf, die Tür, die nach oben führte, und ging hinein, kam aber kurz darauf schon wieder raus. Er schrie wieder nach Juan. Er drohte, den Mann umzubringen, der mir gerade bewiesen hatte, dass es doch noch so etwas wie Ritterlichkeit gab, als er mir seine Hilfe angeboten hatte.

Nein. Nein. Nein. Das kann nicht wahr sein. Das muss ein Traum sein. Das muss ein Four-Loko-Traum sein. Ich kroch zurück ins Bad. Ich musste mich wieder übergeben. Draußen polterte es erneut. Ich kroch zurück ans Fenster. Der Mann hatte jemanden im Schwitzkasten. Er stieß den Mann gegen die Wand und schlug auf ihn ein. Es war nicht Juan. Er schrie noch mindestens eine Viertelstunde lang weiter. Ich kroch zurück ins Bad. Unablässig donnerten Flüche durch das Fenster zu mir herein.

Passiert das gerade wirklich? Vielleicht passiert es ja gar nicht wirklich. Vielleicht halluziniere ich nur. Doch ich fühlte mich wach. Ich wusste, dass ich wach war.

Das war's dann, dachte ich. *So wird es also enden. Morgen früh wird der Friseur tot sein. Ich werde wie durch ein Wunder überlebt haben. Es wird Thanksgiving sein. Wir werden am Tisch bei einem gigantischen Truthahn sitzen, und es wird an der Haustür klopfen. Es wird die Polizei sein. Mit Handschellen. Sie kommen, um mich ins Gefängnis zu bringen, da ich die Letzte war, die mit Juan Kontakt hatte, aber nie die Polizei rief. Das war's. Es ist vorbei. Ich hab so lange versucht, ein guter Mensch zu sein. Ich hätte nicht gedacht, dass es so endet.*

Und immer in Momenten wie diesen, wenn der süße Friseur von gegenüber ermordet wird und wenn unsere Eingeweide mit Guarana grundgereinigt werden, fangen wir an, Dinge in Richtung Decke zu murmeln, die sich in der Dunkelheit wie Gebete anhören.

Immer in Momenten wie diesen, nachdem wir Gott gemieden oder so getan hatten, als bräuchten wir ihn nicht, kommen wir zurückgekrochen und unternehmen armselige kleine Versuche, um seine Aufmerksamkeit zu gewinnen, denn plötzlich sind wir schwach und wollen uns vergewissern, dass wir nicht allein auf dem Badezimmerboden liegen.

Gott … Herr … Gott … Lieber Gott …

Es war still im Raum. Alles drehte sich. Das Licht war so hell, dass ich meine Augen mit der Hand abschirmte.

Vater … Daddy? Daddio? Gott … Einfach Gott … Bist du da oben? Ich hoffe, dass du da bist. Es heißt ja, du seiest immer da, aber ich kann dich nicht immer spüren … Und ich würde verstehen, wenn du mich ignorierst … Könntest du mir vielleicht, ähm, ein Zeichen schicken? Das Licht flackern lassen oder irgendwas Abgefahrenes machen, um mir zu zeigen, dass du da bist?

Nichts.

Okay … Sei's drum. Du bist also da. Plan B. Du und ich. Entschuldigen? Sollte ich mich entschuldigen? Ich will mich nicht dafür entschuldigen, dass es mir gerade so beschissen geht und mein gesamtes Innerstes in dieser Toilette schwimmt. Ich will mich entschuldigen, weil du dich bestimmt schämst. Weil ich dich bestimmt blamiert habe. Weil ich … dein Kind bin.

Ich habe viel darüber nachgedacht und ganz ehrlich, ich schäme mich für die Mutter, deren Kind in Gang neun bei den Dosensuppen einen Tobsuchtsanfall bekommt. Ich schäme mich für sie und im Namen von ihr. Und darum kann ich mir noch nicht mal ansatzweise vorstellen, was Gott angesichts seiner Milliarden und Abermilliarden von Kindern fühlen muss. Überall bauen sie Mist. Ich an seiner Stelle hätte diese ganze Schöpfungsgeschichte wahrscheinlich abgebrochen, hätte Eva an Ort und Stelle unfruchtbar gemacht und zu meinen dummen, kleinen, mit Blättern bekleideten Dschungelkindern gesagt: »Ihr schafft es noch nicht mal, eure Finger von den Früchten eines einzigen Baumes in Eden zu lassen? Ich will mir gar nicht vorstellen, was ein ganzes Volk von euch fleischgewordenen Nichtskönnern in Michigan, China und Kanada zusammen anstellen könnte.«

Mein Zwiegespräch mit Gott ging weiter.

Ich fühle mich wirklich, wirklich, wirklich beschissen. Und ich weiß jetzt, dass Four Loko die Limonade des Teufels ist. Ich hab's kapiert. Es war bescheuert. Aber bitte, lass mich überleben. Mach, dass ich mich nicht noch mal übergeben muss. Bitte. Ich werde dir ein Leben lang dafür dankbar sein. Es wird nie wieder passieren.

Ich überlegte, welchen Handel ich ihm anbieten könnte. Ich könnte eine Armenküche eröffnen. Ich könnte mir *Amazing Grace* auf die Stirn tätowieren lassen. Ich könnte alles verkaufen, was ich besaß ... Nein, Moment, ich könnte alles verschenken. Ich könnte ins Kloster gehen. Ich würde tun, was immer er von mir verlangte. Wenn es mir nur endlich besser ginge.

Ich rechnete irgendwie damit, dass ich am nächsten Morgen aufwachen, in mein Zimmer rübergehen und feststellen würde, dass mein Briefpapier verschwunden war. Ich würde in mein Postfach schauen, und alle Briefbitten wären gelöscht. Es wäre die Quittung dafür, dass ich eine Chance bekommen hatte, etwas wirklich richtig Gutes zu tun, und es vermasselt hatte. Ich hatte es verbockt. Die Leere, die ich in diesem Moment spürte, war Strafe genug. Ich fühlte mich für alles schuldig. Es war wie ein gefährliches Gebräu aus drei Zutaten: Gott missachtet zu haben, Gott enttäuscht zu haben und anzuzweifeln, dass es ihn überhaupt gab. Das Ganze schön schaumig geschlagen und mit reichlich bittersüßer Angst dekoriert: *Was, wenn du mich aufgibst, Gott? Was, wenn du mich genau jetzt ansiehst und sagst: »Glaubst du etwa, ich kann dich gebrauchen? Warum sollte ich so etwas wie dich lieben?«*

Das erste – und letzte – Mal, dass ich derart hilflos auf einem Boden gelegen hatte, war im ersten Semester am College gewesen. Ich hatte damals nicht nach Gott gesucht. Ich hatte vielmehr das ganze Jahr über versucht, selbst Gott zu spielen und eine Beziehung am Leben zu erhalten, die nach vier Jahren im Sterben lag. Mein Freund und ich hatten schließlich den Punkt erreicht, an dem wir ein für alle Mal *Lebwohl* sagen mussten. Plötzlich mussten wir unser ganzes Gewicht in dieses Wort legen, denn der Gedanke, wie wir weiterversuchten, die Einzelteile wieder zusammenzusetzen, brachte uns um. Und deshalb musste *Lebwohl* mehr bedeuten, als nur ein kurzes Winken und einen Kuss auf die Lippen, der bis zum nächsten Tag reichte. *Lebwohl* musste bedeuten, den Geschmack seines Labellos zu vergessen.

In der gleichen Woche trennte sich auch meine damalige beste Freundin von ihrem Freund. Plötzlich waren wir beide nur noch eine Person. Wir gaben niemandem mehr einen Gutenachtkuss. Wir warteten nicht mehr auf den Anruf am Abend, in dem wir von unserem Tag erzählten. Wir waren mit der Tatsache konfrontiert, dass im Bruchteil einer Sekunde aus zwei Menschen ein einzelner werden konnte.

Ich erinnere mich noch, wie ich an ihrer Seite war, kurz nachdem es passiert war. Wir trafen uns, um zu reden, und landeten schließlich im Tanzstudio bei ihr im Keller auf dem Fußboden. Wir redeten nicht viel. Wir lagen einfach nur da. Warme Tränen rollten uns über die Wangen. Ich hatte das Gefühl, als läge ein tonnenschweres Gewicht auf meiner Brust. Als gäbe es keinerlei Möglichkeit, den Schmerz fortzuspülen, den man empfand, wenn man einen geliebten Menschen vermisste. *Ich könnte etwas ändern oder ich könnte es besser machen*, dachte ich im Stillen. *Er würde mich zurücknehmen. Er würde mich zurücknehmen.*

»Was meinst du, wie lange wird es so wehtun?«, flüsterte sie in die Dunkelheit hinein.

»Ich weiß es nicht. Ich weiß es wirklich nicht.«

Wir wollten ein Ablaufdatum. Einen Tag, den wir im Kalender eintragen konnten, an dem alle Tränen getrocknet und wir wieder ganz hergestellt sein würden. Ich denke, uns wurde in diesem Moment klar, dass Liebe nichts war, das spurlos an uns vorbeiging. Wir begriffen zum ersten Mal, dass wir einem anderen Menschen zwar alles geben konnten, aber am Ende nicht wieder alles zurückbekamen.

»Meinst du, Gott sieht das alles?« Die Frage war mir unangenehm; sie und ich waren mit verschiedenen Arten von Gott aufgewachsen.

»Sieht was alles?«

»Ich weiß, es klingt verrückt. Aber ich frage mich immer, ob er da oben vielleicht mitweint?«

»Das weiß ich wirklich nicht«, sagte sie. Ich kam mir dumm vor, überhaupt davon angefangen zu haben.

Ich fragte mich, warum ich in diesem Moment überhaupt an Gott denken musste. Ich hatte ihm nicht die Tür zu unserer Selbstmitleidsorgie geöffnet. Ich hatte ihm noch nicht einmal eine Einladung geschrieben und in den Briefkasten geworfen. Und trotzdem hingen er und der Gedanke an ihn wie Laternen in der Luft und tauchten alles in gedämpftes Licht: die Stille, den Schmerz und die Angst, allein zu sein. Irgendetwas an diesem Moment mit meiner besten Freundin veranlasste mich dazu, später am Abend in mein Auto zu steigen und zu flüstern: »Ich hoffe, du bist da. Ich hoffe, du bist wirklich da.«

Ich verspürte das gleiche Gefühl von Hoffnung, als ich den Kopf von den Fliesen hob und aus dem Bad kroch. Ich schleppte mich zu dem Päckchen, das neben meinem Bett lag, und nahm das gelbe Handtuch von meiner Mutter heraus. Meine Zähne klapperten, als ich es mir um die Schultern legte und mich auf dem Boden zu einer Kugel zusammenrollte. Kurz darauf war ich eingeschlafen. Als ich ein paar Stunden später wieder aufwachte, war draußen alles ruhig. Ich schaute auf mein Handy. Keine Nachricht von Juan. Ich raffte mich vom Boden auf, legte mich ins Bett und wickelte mich in mehrere Decken ein, das gelbe Handtuch immer noch fest an mich gedrückt. Es würde ein Morgen kommen.

»Ich hoffe, du bist da«, flüsterte ich in die stille Nacht hinaus. »Ich hoffe, du bist wirklich da.«

207

Die Polizei tauchte nie auf. Und es kam tatsächlich ein Morgen. Ich allerdings verbrachte fast den ganzen Tag im Bett. Während meine Mitbewohnerinnen und unsere Gäste gegen vier Uhr nachmittags aufstanden und in die Stadt fuhren, um sich die traditionelle Thanksgiving-Parade des Kaufhauses Macy's anzuschauen, war ich auf Gedeih und Verderb einer Darmgrippe und 39 Grad Fieber ausgeliefert. Ich werde nie erfahren, ob ich es dem Four Loko zu verdanken hatte, dass mir so schlecht geworden war, oder ob ich sowieso krank geworden wäre. Ich stand an diesem Tag nur ein einziges Mal auf, um in die Bodega nach gegenüber zu gehen. Mit zugekniffenen Augen stand ich vor dem Kühlschrank und griff nach einem roten Gatorade, inständig betend, nicht von einer Dose Four Loko angegrinst zu werden.

Als ich mit der Flasche in der Hand vor der Tür stand, um ein wenig Luft zu schnappen, sah ich Juan. Er winkte und lächelte mir zu, als wäre in der Nacht zuvor nichts geschehen. Er war quicklebendig. Ich sah aus wie der Tod. Ein paar Tage später fragte ich ihn, was in der Nacht passiert sei. Er lachte und sagte, das sei nur sein »durchgeknallter« Freund gewesen. Da konnte ich ihm nur recht geben. Todesdrohungen um ein Uhr morgens sind durchgeknallt. Wir sprachen nie wieder über diese Nacht, und ich stelle mir gern vor, dass sie im vorweihnachtlichen Trubel, der kurz darauf über die Stadt hereinbrach, aus unserer Erinnerung gespült wurde.

Der Weihnachtszeit in NYC wohnt zweifellos ein ganz bestimmter Zauber inne, dem man sich unmöglich entziehen kann. Es muss an den Lichtern liegen. An der Art, wie die Kränze die Straßenlaternen zieren. Daran, wie die Menschen abends zielstrebiger nach Hause zu pendeln scheinen. Ich fragte mich nicht nur ein Mal, was es wohl war, dass sie dorthin zurückeilen ließ. Waren es Plätzchen, die verziert werden wollten? War es ein Baum, der geschmückt werden wollte? Oder war es einfach jemand, der es wert war, den ganzen Winter hindurch im Arm gehalten zu werden?

Und während um mich herum alle über die Touristen zu schimpfen begannen, die in Scharen über die Stadt einfielen, gefiel es mir, überall Menschen mit dampfenden Bechern in den Händen zu sehen und kleine Mädchen in Miniatur-Parkas mit American-Girl-Puppen unterm Arm zu beobachten. Es gefiel mir, »Stille Nacht« durch die Gänge der Grand Central Station schallen zu hören, und an jeder Ecke in einen Weihnachtsmann zu laufen, egal ob dick oder dünn, mit echtem oder unechtem Vollbart.

Ich begann, nach Feierabend regelmäßig einen bestimmten Starbucks auf der Lexington Avenue aufzusuchen. Ich bestellte mir einen Caffè Misto (normaler Kaffee mit aufgeschäumter Milch – passt 1A in ein 25-Dollar-Budget), setzte mich auf einen Barhocker ans Fenster und beobachtete die Geschäftsleute auf ihrem Weg nach Hause. Oft hatte ich einen Stapel Briefwünsche in meiner Tasche dabei, und da saß ich dann, schrieb Briefe und stellte mir vor, wie sie auf die Türschwelle eines mit Lichterketten behängten Hauses in Idaho flatterten oder ins College-Postfach eines prüfungsgeplagten Studenten segelten, der fix und fertig darauf wartete, endlich nach Hause zu Truthahn und Kaminfeuer zu kommen.

Während die Briefe meinem Leben einen Sinn gaben, waren es die Frauen im Zentrum – Sandra, Shelley und Schwester Margaret –, die mir zu dieser Zeit halfen, meinen Blick zu schärfen. Einen Blick, von dem ich nicht einmal wusste, dass ich ihn brauchte, als ich das freiwillige Jahr mit dem brennenden Wunsch begonnen hatte, etwas tun zu wollen, das von Bedeutung war.

Ich lernte, an Dingen dranzubleiben. Wenn es finanziell nicht gut aussah oder wenn Bemühungen ins Leere zu laufen schienen. Und schon bald merkte ich, wie sich das »Tu-was-du-liebst«-Mantra in meinem Kopf, mit dem ich all die Jahre durchs Leben gegangen war, veränderte: Verbeiß dich nicht so in die Idee, immer nur das zu tun, was du liebst. Tu stattdessen, was nötig ist. Tu, was andere brauchen. Ob das nun bedeutet, ein quengelndes Kind zu trösten, das einfach keinen Mittagsschlaf machen will, egal, wie oft es *Die Peanuts: Fröhliche Weihnachten* hört, oder ob es heißt, Rechnungen abzuheften, die seit sechs Jahren auf ein Zuhause in einem Ordner warten. Sei dir für keine Arbeit zu schade. Schimpfe nicht darüber. Erledige Dinge, mit denen du anderen helfen kannst, und vertraue darauf, dass es schon irgendwie von Bedeutung sein wird. Tu, was getan werden muss, um etwas am Laufen zu halten, das größer ist als du. Übernimm deine Rolle, auch wenn sie noch so klein ist – so klein, wie etwa die Rolle eines Hirten im Krippenspiel. Übernimm sie trotzdem. Ich denke, das steckt wirklich hinter der Idee von »etwas tun, das von Bedeutung ist«.

Während ich also alles übernahm, was Schwester Margaret mir auftrug, hörte ich auf, so verbissen nach Antworten zu suchen. Ich verzichtete auf Antworten, und schon bald eröffneten sich mir Möglichkeiten. Manche waren groß, fast gewaltig. Andere waren winzig klein und scheinbar unbedeutend. Ich begann zu begreifen, dass sie alle von Bedeutung waren. Jede einzelne Möglichkeit, jede Aufgabe, ob sie nun auf der To-do-Liste stand oder nicht, würde in der Summe schließlich den Schlüssel zur Beantwortung der einen, großen Frage sein: Bedeutet das, was du tust, etwas?

Ich wollte, dass es etwas bedeutete. Also tat ich, was auch immer ich konnte.

Eines Morgens in dieser Vorweihnachtszeit saß ich in Schwester Margarets Büro, und wir überlegten, wie wir Spenden für das Gemeindezentrum sammeln konnten. Das Thema Geld war praktisch allgegenwärtig, und Schwester Margaret machte sich immer so große Sorgen darum, dass ich mich in unregelmäßigen Abständen dazu gezwungen sah, selbst auch einen Vorschlag zu machen. Es war allemal besser, als den Kopf in den Sand zu stecken, was mir allerdings am liebsten gewesen wäre.

»Wir könnten einen Brief schreiben.«

Der Vorschlag, einen Weihnachtsbrief zu schreiben, um Spenden zu sammeln, war mein kümmerlicher Beitrag zu dem Gespräch.

»Ich weiß ja nicht, wann Sie das letzte Mal einen Brief an die Menschen geschrieben haben, die Sie unterstützen, aber heute bevorzugen die Menschen E-Mails.«

Schwester Margaret sah mich mit großen Augen an, als ich es ihr sagte. Kurz darauf saß ich wieder an meinem winzigen Arbeitsplatz neben Sandra und notierte wie wild die Ideen, die mir Schwester Margaret für den Brief diktierte.

Hunderte Adressaufkleber und Umschläge später schickten wir Briefe mit tanzenden Zuckerstangen an den Rändern auf die Reise an Nonnen und Priester im ganzen Land. Ich weiß noch, wie ich neben Sandra saß, Umschläge anleckte und redete wie ein Wasserfall. Ich erzählte ihr alles. Lange hatte ich mich nicht mehr so gebraucht gefühlt. Es war eine gute Empfindung, Briefe ganz allein zu schreiben, aber hier und jetzt war ich Teil von etwas, das größer war als meine eigenen Bemühungen. Ich fühlte mich nicht mehr allein.

Schnell wurde es für Schwester Margaret und mich zum Höhepunkt des Tages, nachmittags auf die Post zu warten. An den Tagen, an denen ich im Gemeindezentrum war, wartete ich geradezu fieberhaft darauf, das Knarzen der Holzdielen zu hören, wenn sie den schmalen Flur zu meinem Büro herunterkam.

»Wir haben noch einen bekommen!«, rief sie. »Noch einen Scheck!« Die Großzügigkeit der Menschen schien sie vollkommen zu überraschen. Es mag kitschig klingen, aber jeder Dollar war für uns wie eine Bescherung am Weihnachtsmorgen. Wir strahlten, ballten die Fäuste und waren ganz aus dem Häuschen, im Stillen und nicht so Stillen, während ich Zahl für Zahl in eine Excel-Tabelle eintrug und der Betrag schließlich auf über siebentausend Dollar kletterte. Die Summe war nicht weltbewegend. Vermutlich war es nur ein Bruchteil dessen, was das Zentrum tatsächlich brauchte. Aber es war Geld, das gestern noch nicht da gewesen war. Die Spenden gingen ein, kaum dass wir uns mit einem einfachen Brief an die Menschen gewandt hatten. Ich lief los, um Nachschub an Papier mit Zuckerstangen-Motiv zu besorgen.

Als ich am Grand Concourse stand, um die Kreuzung zum Kaufhaus zu überqueren, musste ich an Ryan denken. Ich habe keine Ahnung, warum er mir so plötzlich in den Kopf schoss, während ich auf die Ampel auf der gegenüberliegenden Straßenseite starrte und darauf wartete, dass das laufende Männchen aufleuchtete. So etwas passiert einfach. Man läuft allein eine belebte Straße entlang und sieht so etwas Unbedeutendes und Alltägliches wie eine Imbissbude. Oder man hört ein bekanntes Lied, das aus einem angekippten Fenster dringt. Solch winzige Kleinigkeiten lösen Erinnerungen aus, und plötzlich hat man ein Gesicht vor Augen oder ein Gespräch im Ohr. Erinnerungen können grausame kleine Biester sein.

Es hatte in den vergangenen Monaten zig Momente gegeben, in denen ich am liebsten zum Handy gegriffen und ihn angerufen hätte. Oder ihm wenigstens eine Nachricht geschickt hätte. Das hier war wieder einer dieser Momente, in dem ich ihm gern bis ins kleinste Detail erzählt hätte, was ich gerade machte; in dem ich ihn so gern noch einmal hätte sagen hören, dass er stolz auf mich war. Im Grunde musste noch nicht einmal er am Telefon sein. Ich wollte einfach jemanden, nach dem ich die Hand ausstrecken und zu dem ich sagen konnte: Das habe ich in diesem Jahr gemacht. Ich strenge mich an. Ich strenge mich an für dich.

Zurück im Büro nahm ich mein Handy und scrollte meine Kontakte durch, bis ich seinen Namen fand. Ich schlug mein Notizbuch auf und schrieb seine Nummer hinein, dann löschte ich seinen Kontakt. Und seine Nachrichten. Alles. Ich riss die Seite aus dem Notizbuch heraus und faltete sie zweimal zusammen. Ich hätte den Zettel wegwerfen können, doch stattdessen vergrub ich ihn tief in der Tasche meines Pullis. Wenn der gelbe Pulli in die Wäsche wanderte, wäre es vorbei. Die Trommel, das Wasser, der Trockner – die Götter des Waschmittels würden ihn auflösen, und es wäre vorbei. Diese sieben Zahlen, die dort fett mit Filzmarker geschrieben standen, würden mich nur in jemanden zurückverwandeln, den ich loslassen musste.

Kurz darauf kam Celia zu Besuch in die Bronx.

Ihre Winterferien hatten gerade angefangen. Aufgeregt stand ich im Einwanderungszentrum in einem der Klassenzimmer und wartete auf sie. Wir hatten uns seit fünf Monaten nicht mehr gesehen. Ich weiß noch, wie ich mir Sorgen machte, dass wir uns verändert haben könnten, dass sich im Laufe eines einzigen Semesters etwas zwischen uns verändert haben könnte. Ich wollte derselbe Mensch für sie sein wie früher.

Als das Auto vorfuhr, stürzte ich die Vordertreppe hinunter und konnte es kaum erwarten, bis sie ihre Tasche fürs Wochenende vom Rücksitz genommen und sich von ihrem Vater verabschiedet hatte. Ich drückte sie kreischend an mich. Juan und die anderen Friseure sahen zu.

Wir sind wieder da, wir sind wieder da, wir sind wieder da.

Ich hatte das Wochenende komplett durchgeplant. Wir würden fast die gesamte Zeit in Manhattan verbringen. Wir würden nichts auslassen. Wir würden durch die Upper East Side schlendern. Wir würden den Geigern im Central Park zuhören, wie sie »Heilige Nacht« spielten. Wir würden zum Kaffeetrinken ins Serendipity 3 gehen – vorausgesetzt, die Schlange davor war nicht zu lang –, um zusammen in der Kulisse eines unseres Lieblingsweihnachtsfilms zu sitzen: *Weil es dich gibt.* Wir würden Menschen beim Eislaufen zusehen. Wir würden ein klassisches Touri-Wochenende in New York City verbringen. Und wir machten auch einiges davon, doch das Bedürfnis nach Vollzeitbeschäftigung ließ augenblicklich nach, nachdem Celia erst einmal angekommen war. Es war so viel passiert in den letzten Monaten, dass wir uns eigentlich nur hinsetzen, reden, Kaffee schlürfen und so tun wollten, als hätte sich nichts verändert. Also nahm ich sie erst einmal mit ins Blend.

Das Blend war ein kleiner Coffeeshop, den Libby und ich eines Morgens auf dem Weg in die Arthur Avenue entdeckt hatten – einen Straßenzug mit unzähligen Delis, Bäckereien und Cafés am Fuße unseres Viertels, der sich stolz als das wahre Little Italy von New York bezeichnete. Auf den ersten Blick wirkte das Blend geradezu winzig. Wir dachten damals, es bestünde nur aus einem vorderen Raum, doch als ich das nächste Mal dort war, sah ich jede Menge Studenten in Fordham-Sweatshirts durch einen schwarzen Vorhang neben der Milch-und-Zucker-Bar verschwinden. Dahinter lag ein riesiger Raum voller Tische und schwarzer Ledersofas. Es war ein Rückzugsort für Dutzende Studenten, an dem sie die Nasen tief in ihren Büchern vergraben konnten.

Mit je einem Kürbis-Latte in der Hand und Schneematsch an den Stiefeln saßen Celia und ich Seite an Seite auf einem der bequemen schwarzen Ledersofas und erreichten schließlich den Punkt, an dem die eher belanglosen Geschichten sich erschöpft hatten und wir darüber zu reden begannen, was wir eines Tages alles Gutes und Verrücktes zu tun hofften. Dieses Gespräch hatten wir schon so oft geführt, doch uns wurde nie langweilig, über unsere Hoffnung zu reden, eines Tages die große Liebe zu finden und eine Familie zu gründen. Über ihren Traum von einer Veranda, die rund um das ganze Haus verlief, und von Feldern so weit das Auge reichte, durch die ihre Kinder toben konnten. Über meinen Traum, Bücher zu schreiben und in Länder zu reisen, in denen es schon romantisch klang, nur nach dem Weg zur Toilette zu fragen. Celia konnte ich alles anvertrauen. Es waren Gespräche wie dieses, die uns dabei halfen, weiter hoffnungsvoll in die Zukunft zu blicken, selbst wenn wir uns am Ende eines Wochenendes voneinander verabschiedeten.

»Hast du noch Kontakt zu Ryan?«

Sie schaute auf ihren Becher hinunter, als sie die Frage stellte. Ich wusste, dass wir irgendwann an diesen Punkt kommen würden. Ich konnte am Ton ihrer Stimme erkennen, welche Antwort sie sich erhoffte. Sie war damals in Prag gewesen, als ich ihn kennengelernt hatte, und es hatte ihr wehgetan, feststellen zu müssen, dass ich mich mit vielen Dingen zuerst an ihn wandte. Selbst wenn wir per Skype miteinander telefonierten, änderte sich ihre Haltung Ryan gegenüber nie: »Du willst das doch eigentlich gar nicht, Hannah.« Ich hörte nie richtig zu.

»Nein«, sagte ich. Ich konnte sehen, wie sich ihre Schultern entspannten, als ich das Wort sagte. »Hab ich nicht. Schon die ganze Zeit nicht mehr. Ich kann einfach nicht dorthin zurück. Oft bin ich kurz davor, ihm zu schreiben, wenn ich irgendetwas Blödes in der Stadt sehe, das mich an ihn erinnert, aber ich weiß ja noch nicht mal, ob er antworten würde.«

»Ich denke, das würde er. Aber ich weiß nicht, ob es gut wäre.«

»Wäre es nicht. Das kapiere ich langsam. Ich hätte von Anfang an die Finger von der Sache lassen sollen. Es hätte vorbei sein sollen, bevor es überhaupt angefangen hat.«

»Ja, aber die Situation war für keinen von euch leicht«, sagte sie. »Du konntest nicht wissen, dass es so ausgeht.«

»Ich weiß. Ich frage mich nur, warum solche Dinge überhaupt passieren. Weißt du, was ich meine? Was soll dieses ganze Kennlernding, wenn wir genau wissen, dass dieser Mensch sowieso nicht in unserem Leben bleiben wird?«

»Und mich würde mal interessieren, welchen Zweck manche Menschen erfüllen«, sagte sie. »Darüber zerbreche ich mir andauernd den Kopf: Warum treten manche Menschen in unser Leben, von denen wir einfach nicht mehr loskommen und andere gehen einfach?«

Wir saßen eine Weile schweigend da. Ich hätte weiterreden können, doch ich sagte nichts. Celia ist der einzige Mensch auf der Welt, der umso mehr von mir erfährt, je weniger ich sage.

»Ich habe in letzter Zeit viel übers Loslassen nachgedacht«, sagte ich schließlich. »Wie das wirklich aussieht.«

»Und, was denkst du?«

»Ich weiß es nicht. Ich versuche herauszufinden, ob das tatsächlich geht, eine Tür für immer schließen.«

»Schluss«, sagte sie.

Jedes Mal, wenn ich das Wort *Schluss* hörte, wanderten meine Gedanken schnurstracks zurück in die achte Klasse. Meine besten Freundinnen und ich veranstalteten damals immer etwas, das wir »Schlussfeiern« nannten. Stellt euch einen Haufen Teenies mit Zahnspangen vor, die wie von Sinnen einen Hammer durch die Luft schwingen und damit auf Medaillons, Armreifen und Kehlköpfe von Teddybären einschlagen, die dann ein letztes ersticktes *Ich liebe dich* brummen, bevor sie sterben. Das waren wir. Wir dachten, wenn wir nur genug Kraft aufbieten würden, könnten wir den Schluss spürbar machen. So als würde man eine Tür zuknallen und für immer fortgehen. Wir verbrannten Liebessprüche. Wir schrien, fluchten ein bisschen und fühlten uns stark, wenn die verbotenen Worte wie Bomben aus unseren Mündern platzten. Und dann, wenn wir völlig erschöpft waren vom vielen Schreien und von den Wutanfällen, legten wir uns einfach unter den Sternenhimmel und weinten zu Balladen von Selena und zur Radiosendung »Love Songs at Night with Delilah«. Wir versuchten nicht, Antworten zu geben, die wir nicht kannten. Wir taten nicht so, als wüssten wir alles über gebrochene Herzen. Denn wir hatten keinen Schimmer. Wir gestanden uns einfach nur ein, dass es sich anfühlte, als wäre der gesamte Sauerstoff von der Erde gesaugt worden, und dann klammerten wir uns aneinander.

»Ich hab seine Nummer gelöscht«, sagte ich zu Celia. »Ich dachte, das würde etwas ändern, aber das tut es nicht. Ich denke immer noch an ihn. Ich wünschte, ich würde ihn nicht jedes Mal anrufen wollen, wenn mir etwas Gutes passiert.«

»Ich schätze, es bringt nicht viel, eine Telefonnummer zu löschen, wenn man weiter auf einen Anruf hofft«, sagte sie.

»Liz Gilbert schreibt in ihrer Biographie, dass wir, wenn wir an den Menschen denken, über den wir hinwegkommen wollen, ihm ganz viel Licht und Liebe schicken und ihn dann loslassen sollen.«

»Hast du es versucht?«

»Ja, aber ich hab das Gefühl, ich hab ihm meinen gesamten Vorrat an Licht und Liebe gegeben.« Ich musste lachen. Ich dachte an Ryan – umgeben von so viel Licht und Liebe, das ihm kaum noch Luft zum Atmen blieb – und stellte mir vor, wie er lächelte. Denn er hatte ein großartiges Lächeln. Und ich versuchte, fürs Erste, mich mit der Wahrheit zufriedenzugeben: Nur weil etwas kaputtgeht oder schon kaputt bei uns ankommt, bedeutet es nicht, dass wir den Auftrag haben, es zu reparieren.

»Es tut weniger weh seitdem«, fuhr ich fort. »Ja, ich bin traurig. Ja, ich dachte, es würde anders für mich ausgehen. Aber es erinnert mich daran, dass ich immer nur das Beste für ihn wollte. Selbst als ich ihm am Tag unseres Abschieds einen Brief geschrieben habe, ging es darin nur darum, dass er glücklich wird. Dass er den Mut hat, das für sich selbst zu tun.«

»Du verdienst dieses Glück ebenso«, sagte Celia.

Wir schwiegen beide etwas betreten.

»Ich weiß«, sagte ich dann.

Während ich so Schulter an Schulter neben meiner besten Freundin saß, musste ich an den Abend denken, als ich zusammen mit Ryan an dem Fenster gestanden und über unseren Campus geschaut hatte.

»Ich will wissen, wie deine Geschichte ausgeht«, hatte er zu mir gesagt. Er hatte mir damals das Gefühl gegeben, eine Figur aus *Dawson's Creek* zu sein, die überrascht feststellt, dass sie auf der falschen Seite der Bucht steht. Damals hätte ich alles getan, um eine gute Geschichte für ihn zu leben. Eine Geschichte, in der er sich am Ende für mich entscheidet. Aber das hier war die Geschichte. Um mich herum entfalteten sich all ihre Einzelheiten. Und sie hatte nichts damit zu tun, wie *er* sich entschieden hatte. Nicht er hatte die Briefe für mich geschrieben. Nicht er hatte der Einsamkeit für mich die Stirn geboten. Und das war die Wahrheit, mit der ich mich abfinden musste: Andere Menschen ziehen nicht los und leben unser Leben für uns; das müssen wir schon selbst tun. Wir, nicht die anderen, müssen die magischen Worte flüstern – ob wir nun überzeugt davon sind oder nicht –: »Ich entscheide mich für dich. Ich entscheide mich für dich.«

»Auf das Jahr und auf New York«, rief Celia plötzlich und brach damit das Schweigen. Sie riss ihren weißen Pappbecher in die Luft, als würde sie einen Toast ausbringen.

»Auf New York!«, prostete ich ihr zu. »Und auf Schwielen an den Händen und zweihundertsieben abgeschickte Briefe.«

»Echt?« Sie sah mich an. »So viele?«

»So viele«, sagte ich. »Ich habe die letzten kurz vor deiner Ankunft eingeworfen. Ich werde über die Feiertage eine Pause einlegen, aber ich denke, ich werde weitermachen. Ich wollte damit nur sagen, dass ich alles erledigt habe. Ich wollte, dass wir etwas zu feiern haben. Und ich kann nicht glauben, dass ich es bis hierhin geschafft habe«, fügte ich noch hinzu.

»Was meinst du, was du aus alldem gelernt hast?«

Die Frage traf mich unvorbereitet, auch wenn ich zunächst nicht verstand, warum. Es war typisch für Celia, so etwas zu fragen. Sie erinnerte ihr Umfeld ständig daran, dass wir nie aufhören zu lernen, ganz egal, wohin wir gehen.

Ich hatte schon oft darüber nachgedacht, was dieses ganze Briefeschreiben zu diesem Zeitpunkt meines Lebens zu bedeuten haben könnte. Doch ich war so konzentriert darauf gewesen, alle Briefe fertigzubekommen, dass ich mir gar keine Gedanken darüber gemacht hatte, was ich aus alldem lernen konnte.

Dabei gab es so vieles. Ich könnte ihr sagen, dass ich überrascht war, überhaupt in der Lage zu sein, so viele Briefe zu schreiben. Ich könnte ihr sagen, dass ich keine

Ahnung gehabt hatte, wie viel Kummer es tatsächlich auf der Welt gab. Nämlich so viel, dass ich fast versucht war, einen Club zu gründen – oder wenigstens ein Begrüßungskomitee – für Neulinge auf dem Gebiet emotionaler Scherbenhaufen. Man sollte meinen, dass in einer Welt, in der es geniale kleine Smartphones und Echtzeit-Navis gibt, längst jemand auf die Idee gekommen wäre, eine Art Community für all jene zu gründen, die einfach nur ein paar nette Worte hören wollen, nachdem ihnen das Herz herausgerissen wurde: »Hey, willkommen. Schön, dass du da bist. Du brauchst dich nicht zu schämen. Heute beginnt deine Reise zurück zur dir als Ganzes. Es wird besser werden. Das verspreche ich dir. Du bist nicht allein, Schnucki. Du bist nicht allein.«

Doch ich sagte nichts davon zu Celia. Meine Antwort war einfacher.

»Ich denke, ich habe etwas über Einsamkeit gelernt«, sagte ich zu ihr. »Einsamkeit muss nicht zwangsläufig die schlimmste Sache der Welt sein. Ich schätze, nichts von alldem wäre passiert, wenn ich nicht einsam gewesen wäre. Dafür will ich dankbar sein.«

Es stimmte. Ich hatte erst einsam sein müssen, um die ersten Briefe schreiben zu können, um etwas zu erkennen, das so viel größer war als das, was ich für meine eigene Einsamkeit gehalten hatte: Wir sind nie wirklich allein. Einsam vielleicht, aber nie allein.

Gnade

Ein paar Tage nach Celias Besuch fuhr ich nach Hause, um dort Weihnachten und Silvester zu verbringen. Am Weihnachtsmorgen überreichte meine Mutter jedem von uns ein Geschenk. Einen Moment lang hörte man nichts außer dem Rascheln von Geschenkpapier. Dann hielten meine Brüder jeder eine gelbe Boxershorts in die Luft. Meine Mutter hielt ebenfalls gelbe Unterwäsche hoch. Ich wickelte meine aus und ließ sie im Geschenkpapier liegen. Es war mir peinlich, sie zu zeigen.

»Ich habe die Idee aus einer Zeitschrift«, erklärte meine Mutter freudestrahlend. »Es ist eine Tradition aus Venezuela. Die Menschen tragen dort an Silvester gelbe Unterwäsche, das bringt Glück.« Sie war verzückt von der Idee, verzückt vom Anblick der Menschen, die sie am meisten liebte, wie sie hier alle versammelt in ihrem Wohnzimmer saßen und gelbe Unterwäsche in den Händen hielten.

Ich schaute auf meine gelbe, mit kleinen weißen Punkten besprenkelte Unterwäsche hinunter und fand, dass es eine seltsame Tradition war. Die ganze Sache war seltsam. Aber wahrscheinlich auch nicht seltsamer als meine alljährlichen Versuche, mir kurz vor Silvester einzureden, ich würde genau um Mitternacht ein anderer Mensch mit guten Vorsätzen werden, allem voran mit mehr Disziplin und gesünderer Ernährung.

Ich sah meine Familie an, wie sie um mich herum saß, miteinander verbunden durch eine venezolanische Tradition, die Glück durch Partnerlook versprach. Und plötzlich fand ich das alles gar nicht mehr seltsam. Ich ließ das Geschenkpapier auf den Boden fallen und sagte danke. Und dann sagte ich noch einmal danke, diesmal so laut, dass meine Mutter es hören konnte.

Ich startete mit keinerlei guten Vorsätzen ins neue Jahr. Ich ging nicht im Glitzer-Minirock und auf High Heels in eine Bar, wie im Jahr zuvor. Stattdessen verbrachte ich den Abend mit ein paar meiner besten Freunde aus der Stadt, in der ich groß geworden war. Wir saßen im Wohnzimmer auf dem Boden und mampften Käse. Wir schauten uns im Fernsehen an, wie am Times Square der »New Year's Eve Ball« herabglitt, und tranken Sekt aus Kelchen. Ich hatte Kronen gekauft, die wir aufsetzten.

Statt für gute Vorsätze entschied ich mich für ein einzelnes Wort, das mich durch das Jahr 2011 begleiten sollte. Dieses Wort war weder *Geborgenheit* noch *Erfolg* oder *Leistung*. Es war auch nicht *Selbstvertrauen* oder *Stärke*. Das Wort war *Serendipity*. Der Name des Restaurants in Manhattan. Serendipität. Das Phänomen, etwas Wertvolles und Wunderbares zu erkennen oder zu finden, nach dem man gar nicht gesucht hat.

Es gab weder ein Mordsspektakel noch Knutschereien um Mitternacht. Kein Konfetti, das sich in meinen Haaren verfing. Das neue Jahr begann ganz beiläufig, und wären die Kronen nicht gewesen, hätten wir den Jahreswechsel wahrscheinlich gar nicht bemerkt. Ich trug die gelbe Unterwäsche.

Eine Woche später war ich zurück in New York. Zurück am Schreibtisch in dem kleinen Büro im Gemeindezentrum. Der Januar im Nordosten ist ein gnadenloser, herzloser Monat. Der Januar muss ein Kind der Liebe von Satan und Sallie Mae sein. Ich war erstaunt, wie schnell die New Yorker ihre Weihnachtsbäume auf die Bürgersteige warfen. Alles, was ich in diesem ersten Monat des Jahres 2011 auf dem Weg zur Arbeit sah, waren Bäume, die förmlich darum bettelten, wieder zurück ins Warme gebracht und mit Kugeln geschmückt zu werden. Es schien fast, als würden sie mir im Vorbeilaufen zuwimmern: »Erst wolltet ihr mich unbedingt haben. Und jetzt könnt ihr mich und meine kleinen Zweige gar nicht schnell genug wieder loswerden.«

Wisst ihr, das ist der Punkt, an dem ich euch gern belügen würde. Ich würde euch gern einen magischen Wendepunkt präsentieren, ab dem ich voller Überschwang, Lebensfreude und was weiß ich nicht alles durch die Straßen von New York hüpfte. Ich schätze, die Welt ist schuld daran, dass ich euch gern weismachen würde, alles wäre wieder eitel Sonnenschein. Zumindest schiebe ich es einer Welt in die Schuhe, die mich immer wieder davon überzeugen will, dass ich permanent auf Wolke sieben schweben soll. Wenn ich nicht am Boden bin, dann soll ich schweben. Blühen und gedeihen. Und natürlich erfolgreich sein. In Wirklichkeit ging es mir okay. Einfach nur okay. Ich versuchte jeden Tag aufs Neue, mich nicht von Kleinigkeiten aus der Bahn werfen zu lassen. Ich war in einer Verfassung, in der ich vermutlich jedem eine verpasst hätte, der mir geraten hätte, »stärker zu werden«. Denn wir werden nicht stärker, nur weil wir das gerade so wollen. Und wir ändern auch nicht einfach mal so unsere Einstellung. Ich finde es mehr als okay, an manchen Tagen morgens aufzuwachen und sich einfach »okay« zu fühlen. Nicht fantastisch. Nicht als wäre es der beste Tag des Lebens. Das Leben ist oft nicht leicht. Und manchmal verdienen die Menschen mehr

Anerkennung dafür, dass sie es morgens überhaupt aus dem Bett schaffen.

Als positiv zu verbuchen waren auf jeden Fall die megacoolen Freundschaftsbänder, die ich in der Vorschule knüpfte. Beim Thema Perlen und schwarze Pfeifenreiniger macht mir so schnell keiner was vor. Und ich engagierte mich in Ausschüssen der Vereinten Nationen, speziell in jenen, die sich der Ungerechtigkeit annahmen, dass in vielen Teilen der Welt Mädchen immer noch der Zugang zu Bildung verwehrt wurde. Ich ließ nichts unversucht, mich mit immer neuen Aufgaben zu versorgen, und half schließlich in einem Ausschuss mit, einen eintägigen Besuch von zweihundertfünfzig Mädchen aus der ganzen Welt zu organisieren, die anlässlich der 55. Sitzung der Frauenrechtskommission nach New York kommen würden – ganze zwei Wochen würden sich die Teilnehmer dem Thema Gleichstellung der Geschlechter und Förderung von Frauenrechten widmen.

Und was die Liebesbriefe anging, so fing ich wieder an zu schreiben. Ich legte eine kurze Pause über die Feiertage ein, verspürte aber schon bald den brennenden Wunsch, meinen Posteingang wieder für Briefwünsche freizugeben. Ganz egal, wie sehr ich versuchte, über andere Dinge zu schreiben, oder wie engagiert ich mich in andere Projekte stürzte (ich kann jedem nur davon abraten, seine Blog-Leser um Erdnussbutter- und Marmeladespenden zu bitten, um damit sämtliche Obdachlose New York Citys zu versorgen) –, die Liebesbriefe blieben mein Hauptprojekt. Über sie wollten die Leute am liebsten lesen. Ich verstand damals nicht warum, doch ich ließ diesen Abschnitt meines Lebens einfach das sein, was es war: ein Rätsel.

Trotz aller Güte, die mir begegnete, schaffte ich es an manchen Tagen morgens kaum aus dem Bett und weinte immer noch oft. Zu oft. Das will ich gar nicht leugnen. Die Tränen waren einfach irgendwie da. Mit oder vollkommen ohne Grund. Ich hatte in diesem Januar oft Angst, die Tränen würden vielleicht nie wieder aufhören zu fließen. Sie kamen so häufig, fluteten meine Augen wie Kunden die Läden am Black Friday, dass ich mich fragte, ob ich der erste Mensch auf der Welt sein würde, der bis in alle Ewigkeit weinte. Ich würde als öffentliches Spektakel auf der Straße enden, bekannter als der Naked Cowboy auf dem Times Square. Die Menschen würden in Züge und Flugzeuge steigen, nur um mich zu sehen, um meine Wangen zu berühren und um herauszufinden, ob die Tröpfchen echt sind. Ich würde so viel weinen, dass man ganze Bücher über mich schreiben würde. Und Kinderreime.

Selbst Äsop hätte sich schwergetan, eine Moral aus meiner Geschichte zu ziehen.

Eines Morgens saß ich an meinem Schreibtisch im Gemeindezentrum und ganz ehrlich, ich merkte noch nicht einmal, dass ich weinte, bis ich eine warme Hand auf meinem Handgelenk spürte. Ich blickte auf und sah Sandra, eine der Frauen aus dem Gemeindebüro, wie sie mich über ihre Brille hinweg ansah. Sie verstärkte den Griff um mein Handgelenk. Ihre andere Hand lag weiter auf ihrer Tastatur. Sie sagte nichts, hielt einfach nur für eine Weile mein Handgelenk umfasst. Es war, als würde die Welt innehalten, als würden wir beide im Durcheinander eines turbulenten Morgens stillstehen. Keine Anrufe, die beantwortet werden wollten. Keine E-Mails, die verschickt, oder Nachrichten, die gelesen werden wollten. Es gab einfach nur uns beide und das träge Rauschen der Heizung, das immer zu hören war, wenn morgens im Büro noch nicht alle da waren.

Schließlich fing sie an zu sprechen. »Darling, wenn du heute Abend nach Hause kommst, dann betest du. Du betest und betest und betest, so lange, bis du eingeschlafen bist. Und wenn du morgen früh aufwachst, beginnst du wieder von vorn. Okay?«

»Okay«, sagte ich.

Es klang einfühlend und entschieden zugleich. Sie warf mir nichts an den Kopf, befahl mir nicht aufzuhören, sinn- und zwecklos Tränen zu vergießen. Sie hielt mich einfach am Handgelenk und sagte mir, dass ich etwas tun sollte. Selbst wenn sich beten anfühlt, als wäre es nichts, mach es und schau, ob sich herausstellt, dass du falschliegst.

Ich musste plötzlich an das Buch Kohelet denken, an Kapitel drei, in dem es hieß »Alles hat seine Zeit«. Es war ein so friedlicher Gedanke, dass es für alles, was geschah, eine bestimmte Zeit gab. Der Bibelvers war wie eine Pforte. Etwas, worauf wir uns einigen konnten, egal, ob wir ein Problem mit Gott hatten oder nicht.

Doch ich denke, dass noch viel mehr hinter den Worten dieses Kapitels steckt als nur die Aussage, dass alles unter dem Himmel seine Zeit hat. Beim Lesen der ersten acht Verse stößt man auf jede Menge Verben. *Pflanzen. Ernten. Suchen. Verlieren. Klagen. Tanzen.* Jede Menge Tätigkeitsverben. Sie klingen wie eine Strategie Gottes. Als würde er nicht nur sagen: »Hey, ich habe dich geschaffen«, sondern auch: »Ich schwinge hier das Zepter, und jede Zeit, durch die ich dich bringe, dient nur dazu, dich noch ein bisschen mehr aufzupolieren und zu veredeln. Frage nicht ständig nach dem Warum. Nutze die Zeit zum Handeln. Du willst doch nichts von dem verpassen, was hier geschieht.«

Nach dem Warum zu fragen ist manchmal, wie das Mauerblümchen auf einer Party zu sein, das niemand zum Tanzen auffordert. Manchmal müssen wir einfach »Scheiß drauf« sagen und trotzdem auf die Tanzfläche stürmen.

Ich fühle mich, als würde ich mit dem Gott des Universums netzwerken.

Das war mein erster Gedanke, als ich mich auf den Boden setzte und versuchte, Sandras Rat zu folgen und zu beten, was das Zeug hielt.

In meinem Kopf schienen die Worte nur ineinander zu rennen, so wie die Kinder in der Vorschule ineinander rannten, wenn wir eine Feueralarmübung machten. (Zum Glück brannte es nie wirklich. Die Übungen waren das reinste Chaos.) Ich schaffte es kaum, eine Sekunde stillzusitzen. Ich kniete mich ans Fußende meines Bettes und legte die Hände aneinander, so wie die Precious-Moments-Figuren immer beteten. Ich stand auf und streckte die Arme zur Decke. Ich nahm eine Bibel, ließ sie auf den Boden fallen und hoffte, Gott würde von der aufgeschlagenen Seite aus zu mir sprechen. Sämtliche Versuche, endlich einmal alles rauszulassen, waren vergeblich. Ich kam mir vor, als würde ich auf Gott zugehen wie auf einen dieser steifen Anzugträger, denen ich meinen Lebenslauf in die Hand drücken wollte. Ich hatte noch nicht einmal eine Liste mit Bitten an ihn. Ich wollte einfach nur, dass er mich mochte und fand, dass ich auf dem kleinen Planeten, den er geschaffen hatte, ganz passable Arbeit leistete.

Doch jedes Mal, wenn ich etwas laut aussprechen wollte, sprangen meine Gedanken zurück zu einem Gespräch, das ich einmal mit dem Mädchen aus der religiösen Gruppe am College geführt hatte. Es muss so etwa zwei Wochen vor meiner geplanten Taufe gewesen sein. Wir saßen zusammen auf dem Weg zwischen ihrem Wohnheim und meinem. Es war zehn Uhr abends. Wir hatten Pizza bestellt. Es war eine sternklare Nacht, die Art, wie man sie im Refrain eines Songs von Taylor Swift findet.

»Es ist seltsam. Ich kann Gott einfach nirgends spüren«, gestand ich ihr. »Dabei hatte ich so gehofft, ihn zu spüren.«

Ich weiß noch, wie sie zu mir sagte, dass es einen Grund gebe, weshalb Gott mir gegenüber so distanziert war: Ich hatte noch keinen Kontakt zu ihm. Ich war noch nicht im Licht. Ich wünschte, ich könnte mich an den genauen Wortlaut erinnern, denn ihre Formulierung verletzte mich in diesem Moment mehr, als ich es mit eigenen Worten wiedergeben kann. Als hätte sich Gott nicht für mich entschieden. Ich denke, von allen menschlichen Gefühlen können wir das am schlechtesten wegstecken: das Gefühl, dass andere sich nicht für uns entscheiden.

Sie nahm schließlich den Pizzakarton mitsamt den restlichen Stücken und ging. Ich blieb auf dem Boden sitzen und sah zu den Sternen hinauf. Ich hatte keine Antworten, aber so viele Fragen. Wie war es möglich, dass auf Gott kein Verlass war? Wie war es möglich, dass Gott sich die Menschen aussuchte, mit denen er sprechen wollte? Ich war an diesem Abend maßlos enttäuscht von Gott. Enttäuscht, dass er so wählerisch war.

Ich weiß noch, wie ich dachte, dass auf die Sterne Verlass war. Ich dachte es, als ich die Beine zu mir heranzog und meine Arme darum schlang; auf die Sterne ist Verlass, im Gegensatz zu allem anderen auf dieser verrückten Welt. Die Blätter fallen von den Bäumen. Der Schnee schmilzt. Der Regen spült alles fort, was wir auf den Asphalt schreiben. Aber die Sterne leuchten unermüdlich.

Ich wollte, dass Gott so war wie die Sterne: Wenn ich aufsah, sollte er da sein. Ich habe im Laufe der Jahre viele Dinge verloren – Schuhe, Schlüssel, Bücher, Jungs –, aber ich habe nie diese Hoffnung verloren.

Nach ein paar Minuten erfolglosen Betens stand ich auf und setzte mich an den Computer. Libby war online, irgendwo drüben in Italien. Ich stellte mir vor, wie sie mit ein paar süßen Italienern in einem Internetcafé herumhing, bei deren Akzent einem das Wasser im Mund zusammenlaufen konnte.

Hannah: Kann ich ganz offen sein?
Libby: Immer.
Hannah: Ich hab Angst, nie wieder glücklich zu sein.
Libby: Das wirst du.
Hannah: Ich hab wahnsinnige Angst, nie wieder normal zu sein. Ich wollte mich nie so ganz und gar verlieren.
Libby: Ich denke, niemand will das. Aber ich glaube nicht, dass du dich verloren hast, Hannah. Ich denke, du machst gerade einfach nur einen Umweg zu dir selbst. Und manchmal müssen wir das. Du hast eine Menge gelernt. Du hast gelernt, dass du gern in der Stadt lebst, aber mehr als 25 Dollar in der Woche dafür zur Verfügung haben willst. Du hast etwas über dich selbst gelernt. Das ist etwas anderes, als sich zu verlieren.
Hannah: Ich strecke immer noch die Arme zum Himmel und frage Gott: »Im Ernst? Im Ernst? Muss ich wirklich weiter an dieser Sache zerbrechen?«
Libby: Hast du ihm geschrieben?
Libby: Ich mein's wirklich ernst. Hast du ihm einen Brief geschrieben?

Libby: Sieh mal, du und er, ihr scheint echt gute Freunde zu sein. Ich denke, er wird dir antworten. Ich hab zwar keine Ahnung, wie das aussehen könnte, aber wenn du nur fest genug daran glaubst, wird er irgendwie zurückschreiben. Wenn *ich* Gott einen Brief schreiben würde, würde ich sicher keine Antwort bekommen, weil mein Glaube nicht stark genug ist … deiner schon.
Hannah: Okay.
Libby: Schreib den Brief. Ich muss los.
Hannah: Va bene. Ich meld mich später noch mal.

Ich schloss das Fenster mit unserem Chat und suchte nach einem Blatt Papier. Ich bereitete mich darauf vor, Gott einen Brief zu schreiben. Ich wollte ihn erreichen. Wirklich, wirklich erreichen.

Ihr mögt es verrückt nennen, ich nenne es optimistisch. Optimistisch, dass in einer Welt, in der wir jedem mailen können, wir jeden finden, taggen, anstupsen, adden und erreichen können, wir auch Gott erreichen können. So wie die Sterne. Er würde einfach sein iPhone zücken, meine Nachricht öffnen, sie lesen und darüber nachdenken. Und dann würde er mir antworten, so voller unbändiger Liebe, dass es Arial und Georgia und Times New Roman geradewegs aus dem Schriftfamilienstammbaum pusten würde.

Ich überlegte, ob es überhaupt nötig war, Gott einen »echten« Brief zu schreiben. Wir schrieben das Jahr 2011. Das digitale Zeitalter. Gott war ein cleveres Kerlchen. Er kannte längst Lichtgeschwindigkeit. Also beschloss ich, dass Gott – wer, wenn nicht er? – eine E-Mail-Adresse brauchte. Ich würde ein E-Mail-Konto für ihn einrichten.

Ich loggte mich aus meinem eigenen Gmail-Account aus, um ein Konto für Gott einzurichten. Ich stellte mir vor, wie er genüsslich einen Kürbis-Gewürz-Latte schlürfend sein Postfach öffnete und es mit Bitten seiner Schützlinge überquellen sah. Ich stellte mir vor, wie er erleichtert aufatmete und jubelnd die Faust reckte, wenn der Super Bowl vorbei war: endlich keine Einzeiler mehr mit Siegesbitten. Ich stellte mir vor, dass er Ordner anlegte wie etwa »Gebrochene Herzen« oder »Finden dieser Tage nicht zu mir« und sich zwischendurch immer mal wieder ein Video im Internet genehmigte, um sich darüber zu amüsieren, dass er schon immer gewusst hat, wie der Fuchs macht.

Keine fünf Minuten später war *HolderofYourHand@gmail.com* geschaffen. Gottes E-Mail-Adresse. Endlich hatte ich eine Möglichkeit, meine Gebete ins Weltall zu schießen und in einem passwortgeschützten Himmelsgewölbe zu wissen, von dem niemand sonst zu erfahren brauchte.

Merkwürdigerweise zögerte ich keine Sekunde, ihm auch tatsächlich eine Mail zu schreiben. Zunächst dachte ich, es würde peinlich werden, etwa so, wie es sich anfühlen musste, auf eine der Nachrichten zu antworten, die ich auf Dating-Seiten erhielt, wo der Typ auf der anderen Seite des Bildschirms auf der »Smiley«-Taste zu sitzen schien und mich mit augenzwinkernden Gesichtern geradezu bombardierte.

Doch nach einem kurzen, unbeholfenen »Wie soll ich ihn ansprechen/Können Gott und ich uns Spitznamen geben?«, wurde ich ein paar Sekunden später schon persönlich.

Ich begann, Sorgen und Sehnsüchte, Altlasten und Ängste abzuladen. Völlig unerwartet strömte alles aus mir heraus, und ich jagte meinen eigenen Händen davon. Es war, als würden Gott und ich zusammen in unserer Küche stehen, und alles fing mit einem Kommentar darüber an, dass er nicht abgespült hatte, und Sekunden später ging ich wie eine Rakete in die Luft und warf ihm alles an den Kopf, was ich viel zu lange für mich behalten hatte.

Senden. Senden. Senden. Senden. Senden.

Ich hatte das Gefühl, alles vollkommen ungefiltert und unbefangen sagen zu können. Es gab kein »Mach ich irgendetwas falsch, Gott? Mach ich dieses ganzes Gebetsding richtig?« Ich konnte wortgewandt und unmissverständlich sein, wenn ich das wollte, oder ich konnte ihm weinerliche Bitten und stumpfsinnige Einzeiler schreiben, wenn mir danach war. Das Textfeld gehörte mir. Wir hatten eine Plattform zum Reden gefunden. Es war, als würde ich meinen ganzen Mut zusammennehmen, um dem Typen, den ich schon viel zu lange aus der Ferne beobachtete, endlich eine Nachricht über Facebook zu schicken. Da war die Angst vor der Frage, wie er finden würde, was ich schrieb. Ob er auch alles lesen würde. Die Angst vor der Frage: *Wie wird seine Antwort aussehen?*

Am nächsten Abend saß in der U-Bahn auf dem Weg nach Hause ein kleiner Junge neben mir. Er muss so um die sieben Jahre alt gewesen sein. Seine Füße baumelten über dem Boden. Er war auf dem besten Weg, in dem ratternden Zug einzuschlafen. Als der Zug nach einem Halt mit einem heftigen Ruck wieder anfuhr, kippte er zur Seite und fiel auf mich drauf. Dort blieb er schlafend liegen, das Gesicht zur Hälfte im Kragen seiner Daunenjacke verborgen. Ich sah mich in dem überfüllten Wagen nach jemandem um, der auf mich zukam, um das schlafende Kind zu sich zu nehmen. Niemand rührte sich.

An jedem anderen Tag wäre bei mir das Kopfkino losgegangen, und ich hätte mich schon in der Rolle der Frau gesehen, die wie die Jungfrau zum Waisenkind kommt. An jedem anderen Tag hätte ich mich gefragt, wie ich den Jungen ernähren soll, wie ich ihn und seine kleine Stoppelfrisur, in die die Friseure von gegenüber bestimmt liebend gern Sterne und Planeten einrasiert hätten, versorgen soll. An jedem anderen Tag hätte ich ihn angestupst und aufgeweckt. Doch an diesem Abend war er warm. Und er passte genau dorthin, wo er lag. Und seine bloße schlafende Anwesenheit – ein kleines Kind, für das Sorgenfalten praktisch ein Fremdwort waren – milderte die eisige Schärfe in der Stimme des Januars.

Er und ich, wir bewegten uns lange nicht. Wir blieben einfach so sitzen. Ich schloss die Augen. Er wachte nicht auf. Die U-Bahn kroch weiter stadtauswärts, während mein Atem sich langsam dem Atemrhythmus des Jungen anglich. Für eine winzige Ewigkeit schaukelten und wiegten wir zusammen in den Armen der New Yorker U-Bahn.

Ich musste an die E-Mail-Adresse denken, die ich eingerichtet hatte, und daran, wie ich mich gefragt hatte, wie Gottes Antwort aussehen würde – wenn er überhaupt antwortete. Würde die Antwort in einem Gespräch auftauchen? Würde sie mich anstarren, wenn ich ein Gesangbuch aufschlug? Oder war sie genau hier, in den tiefen Atemzügen des kleinen Jungen?

Das hier war Gnade. Und ich sage das nur zögernd, denn Gnade war schon immer ein schwieriges Wort für mich. In der Kirchengemeinde, in der ich aufgewachsen war, hatten die Menschen immer ein völlig verkorkstes Portionsdenken an den Tag gelegt, wenn es um das Thema Gnade ging. Wer hat mehr verdient? Wer weniger? Für manche war Gnade allgegenwärtig. Für andere gab es sie nur dosiert, wie einzelne Tröpfchen aus einer Pipette. Einmal erzählte mir eine

Freundin sogar, dass ihr eine ältere Dame aus der Gemeinde prophezeit hatte: »Für dich gibt es nur wenig Gnade, du hast zu viele Sünden begangen.« Sie wiederholte den Gedanken laut: »Für mich gibt es nur wenig Gnade«, als würde sie das tatsächlich glauben.

Gott ist für jeden Menschen etwas anderes, aber ich glaube nicht, dass er ein geiziger Gastgeber ist, der mit Gnade knausert. Ich schätze, er würde bei der Vorstellung lauthals lachen – ein kräftiges, göttliches Lachen – und witzeln: »Oh, nein, tut mir leid. Du hast zu oft Mist gebaut, und auch wenn ich wie ein Schuljunge in dich vernarrt bin, mein Gnadenvorrat ist erschöpft! Versuch's nächstes Jahr wieder!« So lief es sicherlich nicht.

Das hier war Gnade. Das alles hier – war Gnade. Der Junge. Die U-Bahn. Schlafen. Atmen. Müde sein. Erschöpft sein von einem langen Tag. Und nichts weiter tun müssen, als die Augen zu schließen und dem langsamen Klack, Klack, Klack der U-Bahn zu lauschen. Einfach nur die Augen schließen. Nichts wollen. Nichts müssen. Nicht versuchen, in diesem Moment etwas anderes zu sein.

Gnade ist, sich von etwas, das so viel größer ist als man selbst, nach Hause tragen zu lassen. Gnade bedeutet, nirgendwo anders sein zu wollen oder zu müssen, als in diesem einen Moment, der einen will und der einen so nimmt, wie man ist.

Mit jeder Mail, die ich an *HolderofYourHand@gmail.com* schrieb, wurde mir ein kleines bisschen mehr Gnade zuteil. Ich stellte mir Gnade immer ein wenig vor wie eine alte italienische Großmutter, die die Namen all ihrer Enkel in alphabetischer Reihenfolge kennt, alle Alessandras, Antonios und Vitos. Mit runzligen Händen, die einst kräftig zupackten. Sie gab jedem unzählige Küsse, bevor sie eine Party verließ. Sie hütete zahllose Geheimnisse – geheime Rezepte und geheime Soßen, die auf Zetteln voller Mehlstaub und Gewürzspuren standen. Gnade ist die, die sich nach Sonnenuntergang zu uns setzt und die leise vor sich hinsummt, während wir uns langsam zu öffnen und zu erzählen beginnen, bis uns schließlich klar wird, dass die Worte gut bei ihr aufgehoben sind und dass wir ihr alles anvertrauen können, ohne dass sie aufsteht und uns allein zurücklässt.

Gnade war überall. Ich sah sie in allem. Zugegeben, den ersten Schritt musste ich allein machen. Ich musste etwas tun, das ich lange nicht getan hatte, als ich dasaß und mich meiner Traurigkeit, meinen Tränen und meinem Elend hingab: Ich musste hochschauen. Es war, als würde ich eine Brücke überqueren. Als Erstes entschied ich: Schau hoch. Als Zweites: Schau hin. Es mag einfacher sein, sich berieseln zu lassen oder unentwegt auf sein Telefon zu starren, aber wir sollten wirklich aufpassen, was um uns herum geschieht. Andernfalls verpassen wir sie.

Wir verpassen die Gnade und all die Wunder, die sie mit sich bringt. Wir schauen den Geschäftsmann mit der *New York Post* vor der Nase nicht genau genug an, um die blau-gelb gestreiften Socken zu entdecken, die unter seinen Hosenbeinen hervorschauen. Uns entgehen die akkurat gezeichneten Wassermelonen auf den Fingernägeln des Mädchens, das die gesamte Zugfahrt über wie eine Wilde auf ihrem Telefon herumtippt. Ein so ausgefeiltes Nageldesign, dass man die Kerne der reifen Melone förmlich auf den Nägeln tanzen sehen kann.

Wir übersehen den Mann uns gegenüber, der die Hände in seinem Schoss knetet, als hätte er Angst. Wir nehmen ihn nicht einmal wahr. Und wenn wir ihn nicht sehen, dann werden wir nicht für ihn beten. Und auch wenn wir glauben, dass unsere Gebete sowieso nichts bringen, so ist doch jedes Gebet eine Chance, dem eigenen Chaos zu entschlüpfen, um darum zu bitten, dass jemand anderem an diesem Tag ein wenig Gunst und Güte zuteilwird.

Und wenn wir nicht aufpassen, verpassen wir diesen kurzen Moment, wenn die U-Bahn kurz vor dem Yankee Stadium aus dem Tunnel schießt. Und damit verpassen wir die schönsten Sonnenuntergänge, die wie eine goldgelbe Decke hoch oben auf den Gebäuden liegen. Im gleichen Moment leuchten auf unserem Handy wieder die kostbaren Empfangsbalken auf, und alle Nachrichten, die sich angestaut haben, während wir im Funkloch steckten, lassen unser Display erstrahlen. Aber seht euch lieber den Sonnenuntergang an. Die Nachrichten werden auch später noch da sein, sie werden sich nicht verändern, wir aber werden etwas sehen, wovon ältere Menschen immer sagen, sie hätten gern mehr davon wahrgenommen, wenn sie sechsundneunzig werden und von jungen Leuten gefragt werden: »Was würden Sie anders machen?«

Sie

Früher habe ich oft über den Himmel nachgedacht. Wie es dort aussieht. Wie es dort riecht. Lange Zeit stellte ich mir den Himmel vor wie den Film *Titanic*. Ich hatte den Film so oft gesehen, dass ich überzeugt war, wir würden alle einmal diesen einen Moment an der Treppe haben. Es ist die allerletzte Szene. Rose kommt herein und geht die Treppe hinauf, und Jack dreht sich um – der Jack von damals, in den sie sich vor so vielen Jahren verliebt hat –, und in seinem Gesicht spiegeln sich tausend verschiedene Gefühle: »Du bist da. Du bist endlich da. Ich wusste, dass du kommst. Ich habe auf dich gewartet.«

So malte ich mir lange Zeit den Himmel aus. Ich war damals elf Jahre alt, wohlgemerkt, und wollte nur in den Himmel kommen, weil ich dachte, Jack Dawson warte dort auf mich. Ich fragte mich damals, ob im Anschluss an diesen Moment vielleicht Gott auf der Treppe erscheinen und mich in seinen großen privaten Kinosaal entführen würde. Er würde mir einen Platz anbieten, und dann würde er es sich in seinem eigenen Sessel bequem machen und mich fragen: »Wie war die Reise? Hat sie dir gefallen?«

Und ich konnte nur hoffen, dass ich ihm Gutes zu berichten hatte über die Menschen, die ich kennengelernt, und über die Dinge, die ich gemacht hatte. Dieses seltsame Gefühl, Gott stolz machen zu wollen, habe ich heute noch manchmal. Ich stellte mir vor, wie Gott seine riesige, himmlische Fernbedienung nahm und auf den Bildschirm vor uns richtete.

»Schau gut zu«, würde er sagen. »Es wird Zeit, dass du erfährst, was du und dein irdisches Dasein bewirkt haben.«

Nach einem kräftigen Schluck von seinem himbeerroten Slush und einer riesigen Handvoll Popcorn würde er vielleicht sagen: »Dein Leben hat Zwecken gedient, die deine kühnsten Vorstellungen übertreffen.«

Ich weiß nicht, was im Himmel tatsächlich vor sich geht und ob es dort eine Treppe oder ein Kino gibt, in dem wir uns anschauen können, was wir alles ins Rollen gebracht haben, aber ich weiß, dass unsere Geschichten so funktionieren. Dass die Spuren, die wir hinterlassen, die Kraft besitzen, auch weit über unseren Tod hinaus nicht zu verblassen. Dass selbst die banalsten, scheinbar unbedeutendsten Dinge, die wir tun, genau die Dinge sein können, die einen anderen Menschen aufrecht und am Leben erhalten.

Und sollte es im Himmel ein Kino geben und einen Gott, der sich dort als Filmvorführer betätigt und Neuankömmlinge durch die heiligen Hallen ihres irdischen Seins führt, dann hat er bestimmt schon eine Frau namens Hélène Berr getroffen. Und er hat ihr sowohl meinen Namen als auch alles über den Tag verraten, an dem ich sie kennengelernt habe.

Es war ein Dienstag. Die UNO richtete eine Holocaust-Gedenkwoche zu Ehren von Frauen aus, die zwischen 1933 und 1945 ihr Leben verloren oder erbittert darum gekämpft haben. Den gesamten Februar diente das Foyer als Gedenkstätte für Opfer und Überlebende.

Ich hatte mir für den Tag nichts anderes vorgenommen. Ich war gespannt, wie das umgestaltete Foyer aussah. Als ich ankam, war alles ganz still. Ich passierte die Sicherheitskontrolle, blieb einen Moment lang stehen, um die Ruhe des Raumes in mich aufzunehmen, und ging dann durch eine Nachbildung des Eingangstors des KZ Auschwitz, über dem der Schriftzug »Arbeit macht frei« prangte. In meinem Kopf überschlugen sich die Gedanken. Ich fragte mich, wer das Tor gebaut und wer die Buchstaben dort oben angebracht haben mochte. Hatten sie gewusst, wie viele Menschen durch dieses Tor hineintransportiert und wie viele nicht wieder hinausgehen würden?

In der Mitte der Lobby waren Zeichnungen einer unbekannten Gefangenen von Auschwitz ausgestellt. Ich hielt mich seitlich und entdeckte eine Schrift am hinteren Ende des Raumes. Es war eine Handschrift, die ich von Weitem einem Tagebuch zuordnete.

Mein erster, naiver Gedanke war, dass es das Tagebuch der Anne Frank sein musste. Das war immer meine erste Assoziation, wenn ich die Worte »Holocaust« und »Tagebuch« hörte. Ich habe in den darauffolgenden Jahren immer wieder Leute gefragt, ob es ihnen genauso geht, und ich habe festgestellt, dass es unglaublich viele Menschen gibt, die das Tagebuch der Anne Frank lieben und verehren. Sie sind überall. Die Geschichte der Anne Frank kann eine ganze Dinnerparty ausfüllen. Sie ist so viel mehr als nur die Geschichte eines Mädchens. Vielen von uns war sie zum ersten Mal in der Mittelschule begegnet, als wir gerade die Pubertät, Zungenküsse und Akne entdeckten. Und plötzlich waren da Anne Frank und ihr Tagebuch namens Kitty. Sie gewährte uns geheime Einblicke in ihr Leben, und wir setzten uns zu ihr auf die Seiten. Und dann war Anne wieder da, als wir älter wurden und ihr Tagebuch ein zweites Mal lasen und uns Dinge ins Auge sprangen, die uns zuvor nie aufgefallen waren.

Doch Anne war nur eine von so vielen, die um ihr Überleben kämpften, die versuchten, ihrer Hoffnung Ausdruck zu verleihen, und die sich womöglich in finsteren Ecken fragten: »Wird sich je irgendwer an meinen Namen erinnern? Und daran, was sie mir angetan haben?« Für mich sind diese Menschen immer Helden gewesen, auch wenn ich vermutlich nie alle ihre Namen kennen werde. Sie sind Helden, einfach nur, weil sie da waren. Weil sie anderen Menschen trotzten, die sie ihrer Würde berauben wollten.

Als ich direkt vor den weißen Tafeln stand, an denen das Tagebuch in losen Blättern hing, stellte ich fest, dass es von einer Frau stammte, die die »französische Anne Frank« genannt wurde. Ihr Tagebuch war erst im Jahr 2008 veröffentlicht worden. Sie war im gleichen Konzentrationslager wie Anne Frank gewesen. Sie waren im Abstand von nur wenigen Wochen gestorben. Niemand wird je wissen, ob ihre Blicke sich trafen – oder ob sie so dicht nebeneinander saßen, dass sich ihre Ellbogen streiften –, während sie im Lager Bergen-Belsen gefangen gehalten wurden.

Ihr Name war Hélène. Hélène Berr. Sie war damals einundzwanzig Jahre alt. Sie studierte englische Literatur an der Sorbonne. Sie war Pariserin, stammte aus gutsituiertem Haus. Sie schrieb Dinge, bei denen mir ganz schwindelig wurde, denn ich wusste nicht, dass die Fußabdrücke des Holocaust so eloquent klingen können, während sie alles niedertrampelten.

Nur ein Jahr jünger als ich. Dieselben Initialen. Die gleiche Hochachtung vor Worten und vor der Kraft, die sie entwickeln können, wenn man sie richtig aneinanderreiht. Ich fühlte mich augenblicklich von ihrer Geschichte angezogen. Sie war wie eine Freundin, von der man immer wusste, dass man sie eines Tages kennenlernen würde. Wie jemand, der unser Innerstes berührt, und plötzlich ist da dieses Gefühl, gekannt zu werden.

Sie hielt mich an der Hand, während ich von einer Tafel zur nächsten ging. Sie zog die Vorhänge zurück und zeigte mir ihr Leben. Ich sprang mit ihr durch Obstgärten und schüttelte ihrem Verlobten Jean Morawiecki die Hand. Ich stand einen halben Meter von der Unterdrückung entfernt und rief ihren Namen, als sie mich allein und mit der Frage nach dem Warum zurückließ. Ich schluckte die Bissen ihrer Angst hinunter.

Ich weiß, warum ich dieses Tagebuch schreibe, notierte sie am Mittwoch, den 27. Oktober 1943. *Ich will, dass man es Jean gibt, falls ich nicht da bin, wenn er zurückkommt. Ich will nicht verschwinden, ohne dass er alles weiß, was ich während seiner Abwesenheit gedacht habe, oder wenigstens einen Teil*. Sie überlegte in den folgenden Absätzen hin und her, hin und her, ob sie anfangen sollte, so zu schreiben, als würde Jean ihre Worte gerade lesen. Aber *Geliebter Jean* zu schreiben würde sich anfühlen, als wäre sie die Heldin in einem Liebesroman. Jean hätte darüber gelacht. Sie schrieb, dass sie auch darüber gelacht hätte, wenn sie sich noch erinnern würde, wie das ging.

Sie wusste es, entfuhr es mir. Tränen traten mir in die Augen, obwohl ich längst wusste, was mit Hélène geschehen war. Doch zu wissen, dass sie wusste, dass ihr Schreckliches bevorstand, dass sie ihren Verlobten vielleicht niemals wiedersehen würde, machte alles noch viel schlimmer.

Sie wusste, dass sie nie vor den Traualtar treten, dass sie nie Kinder haben würde. Und dennoch kehrte sie, inmitten dieser grausamen Wirklichkeit, Tag für Tag zu den Seiten ihres Tagebuchs zurück. Nicht, um Erinnerungen noch einmal aufleben zu lassen. Nicht, um Einzelheiten festzuhalten. Sie wollte, dass ihr Verlobter etwas von ihr hatte, das er festhalten konnte, wenn er sie nicht länger würde festhalten können.

Ich will nicht verschwinden, ohne dass er alles weiß, was ich während seiner Abwesenheit gedacht habe.

Schauer liefen mir über Arme und Beine. Es ging in dem Tagebuch nicht um sie. Nichts davon galt ihr. Sie war sich des Kummers ihres Verlobten bewusst, lange bevor sie sich ihren eigenen Schmerz eingestand – die Wunden in seinem Herzen, die er zeitlebens in sich tragen würde. Sie hatte einen Weg gefunden, sich selbst hintanzustellen, und ihr Leben wurde zu einer Suche nach etwas Bedeutendem, das sie für jemanden schaffen konnte, den sie mehr liebte, als Worte es ausdrücken konnten.

Und dann war es plötzlich vorbei. Die letzte Tafel schien viel zu schnell zu kommen. Ich sah Hélènes Tod ins Auge. Ich strich mit drei Fingern über die Tafel, auf der die letzten Worte ihres Tagebuchs weiterlebten.

Horror! Horror! Horror!

Berühmte Worte von William Shakespeare. In der Handschrift eines jungen Mädchens, das alles an Sauerstoff verdiente, was die Pariser Luft ihr bieten konnte. Der letzte Eintrag. 15. Februar 1944. Der Geburtstag meiner Mutter. *Auf Wiedersehen, süßes Mädchen.*

Ich trat einen Schritt von der Tafel zurück und fand mich inmitten anderer Besucher wieder, die still und nachdenklich in das Tagebuch vertieft waren. Meine Gedanken überschlugen sich: *Warum bin ich hier? Was mache ich hier? Wie wird je irgendwer wissen, dass es mich gab? Dass ich gelebt habe? Geliebt? Getanzt? Geweint? Dass es nicht leicht war? Aber dass es das wert war?*

Hélène hatte nicht gejammert. Sie hatte nicht geklagt. Sie hatte jeden ihrer Schritte ganz bewusst gewählt. Sie schrieb noch nicht einmal in ein richtiges Buch, sondern vertraute die losen Blätter nach und nach ihrer Köchin an, die keine Jüdin war. Sie sollte darauf aufpassen, bis Hélènes Verlobter zurückkam. Hätte Hélène das nicht getan, hätte vermutlich nie jemand von ihrer Geschichte erfahren. Mich ließ der Gedanke nicht los, dass Hélène selbst nie wusste, wie großmütig ihre eigene Geschichte tatsächlich war. Ich schätze, wenn die Geschichte nicht für einen selbst ist, spielt es vermutlich keine Rolle, wie viele Menschen man damit berührt. Sie würde nie erfahren, dass ein zweiundzwanzig Jahre altes Mädchen, das selbst versuchte, in seiner eigenen kleinen Welt tapfer zu sein, gerade ihr Tagebuch las. Dass ihre Worte die Kraft besaßen, das Mädchen stärker zu machen.

So sieht Tapferkeit aus. So sieht Mut aus. Es geht nicht darum, über jeden einzelnen Tag Kontrolle zu haben. Es geht darum, da zu sein und die Wahrheit zu sagen. Einen wahren Satz nach dem anderen.

Du hast mein Leben verändert, wollte ich ihr sagen. *Du hast mein Leben verändert, Hélène. Und ich begreife jetzt etwas, das ich vorher nicht erkannt habe. Es geht nicht um mich. Es geht ganz und gar nicht um mich.*

Es war, als wäre ein Schalter umgelegt worden. Und entweder veränderte ich mich oder die Dinge um mich herum veränderten sich, jedenfalls begann ich, die Menschen mit anderen Augen zu sehen. Und plötzlich lernte ich ganz andere Leute kennen. Mein Freund Clifton nennt diese Art von Menschen immer »seltene exotische Goldfische«. Menschen, die sich nicht damit zufriedengeben, gut ins

Aquarium zu passen. Sie sind wie Mensch gewordene Zitate von Steve Jobs, denn sie treiben uns an, fordern uns heraus und zwingen uns, die Kisten zu verlassen, die wir uns aus den Erwartungen anderer Menschen gezimmert haben.

Es spazierten immer mehr solcher Menschen in mein Leben. Tammy war eine von ihnen. Ich lernte sie über die Vereinten Nationen kennen, als ich in dem Ausschuss für die Mädchen-Delegation tätig war. Damals stand Tammy noch ganz am Anfang eines Traumes, der ein völlig neues Leben für sie bedeuten sollte. Sie träumte so leidenschaftlich, dass ich regelrecht neidisch war. Sie wartete nicht, dass sie von jemandem in das Leben eingeladen wurde, das ihr vorschwebte. Sie legte sich Tag für Tag selbst dafür ins Zeug. Von ihr lernte ich, dass es eine Sache war, für etwas Feuer und Flamme zu sein, aber eine ganz andere, einen – im allerpositivsten Sinne –Flächenbrand auszulösen mit all den unaufgeregten und wundervollen Dingen, die sie tat.

Sie war damals noch Social-Media-Redakteurin bei einem der führenden Mode- und Lifestyle-Magazine der Branche. Als die ersten Vorboten des Begriffs *soziale Medien* am Horizont auftauchten, erkannte Tammy sofort deren Kraft und Potenzial. Sie wusste, dass diese Sache viel mehr sein würde als eine Twitter-Nachricht oder eine Statusmeldung oder einfach nur eine weitere Möglichkeit, die Welt mit den eigenen Hochzeitsplänen neidisch zu machen. Klug genutzt könnten wir damit die Welt verändern. Sie liebte diesen Job, doch da blitzte immer noch eine andere Liebe in ihren Augen auf, sobald sie über die gemeinnützige Organisation sprach, die sie gegründet hatte: She's the First. Eine Organisation, die sich dafür einsetzte,

Stipendien für Mädchen in einkommensschwachen Ländern zu vermitteln.

Ich wurde mit Rechercheaufgaben für She's the First betraut, kümmerte mich um die Kommunikation zwischen der Organisation und den Schulen, denen wir halfen, Mädchen in Tansania oder Indonesien finanziell zu unterstützen. Bei einem Treffen aller Teammitglieder stand ich in der Mittagspause zufällig Tammy gegenüber. Ich weiß noch, wie mir vor Bergen von Burritos und Tacos unzählige Fragen durch den Kopf schossen: Wie sie etwas so Bedeutendes schaffen konnte. Ob sie sich je mit Leuten umgab, die ihr das Gefühl gaben, etwas nicht erreichen zu können. Ob sie schon einmal aufgeben wollte. Doch bevor ich ihr auch nur eine einzige Frage stellen konnte, fragte sie mich nach den Liebesbriefen.

Zu nervös, um die Geschichte ordentlich zu erzählen, versuchte ich, so schnell wie möglich von A nach B zu kommen, schaffte es aber letztlich doch irgendwie, ihr alles zu erzählen. Von der Frau mit der roten Mütze. Von dem Blog-Eintrag. Von den hunderten Briefen. Die Zahl war inzwischen auf fast zweihundertfünfzig geklettert. Vermutlich versuchte ich, das Ganze mit einem lockeren »Tja, ich hab keine Ahnung, was ich mit alldem anstellen soll« abzuschließen.

Nachdem ich fertiggequasselt hatte, sagte sie nicht viel. Sie stand einfach nur da, mit ihrem Teller in der Hand und diesem aufrichtigen Lächeln auf den Lippen. Und dann sagte sie, dass dies die Art von Geschichte sei, die die Menschen hören mussten. Aus Gründen, die ich wohl nie erfahren werde, lud Tammy mich weiter zu verschiedenen Veranstaltungen ein, und wir wurden so etwas wie Freundinnen.

Eines Morgens war ich zum Brunch bei ihr zu Hause eingeladen. Sie wohnte in der Nähe der Columbia University, nur ein paar Blocks vom Central Park entfernt. Zusammen mit zwei anderen Frauen saßen wir an einem reich gedeckten Tisch voller Orangensaft und Erdbeeren, Bagels und Frischkäse, und erzählten reihum, wer wir waren und was wir machten.

Ich erzählte den Frauen von den Liebesbriefen. Und beinahe schlagartig veränderte sich die Stimmung am Tisch, und alle wurden ganz aufmerksam und konzentriert. Ich verstand damals nicht, warum ich mit meiner Geschichte von den Liebesbriefen jedes Mal offene Türen einrannte, wenn sie aus mir herauspurzelte. Heute verstehe ich es besser. Heute kenne ich die Wahrheit: Nicht ich oder meine Geschichte waren es, die das Gespräch beim Brunch – oder jedes andere Gespräch, bei dem die Liebesbriefe zur Sprache kamen – in eine andere Richtung lenkten. Es ging nicht um mich. Es ging allein um den eigentlichen Star des Tages: die Liebe. Es ging nicht um meine Probleme. Und es ging auch nicht um Depression. Es ging um die Liebe. Und darum, was geschieht, wenn man die Liebe freilässt.

Wir putzten unsere Teller restlos leer. Ich schätze, wir blieben alle viel länger, als wir gedacht hatten. Aber woran ich mich noch besser erinnere, als an die ganzen anderen winzigen Details des Vormittags, ist, dass ich nicht den Druck verspürte, jemand anderes sein zu wollen. Es war, als hätte die Unsicherheit an diesem Tag vergessen, bei mir aufzukreuzen. Überrascht stellte ich fest, dass ich mich durch und durch »genug« fühlte, obwohl ich zwischen lauter erfolgreichen Frauen saß, in deren Gegenwart ich normalerweise immer Messbecher und Lineal zücken wollte, um sie aufzufordern: »Messt mich. Gebt mir das Gefühl, euch zu genügen.« Ich war es gewohnt, mich innerhalb von Minuten in jemand anderen zu verwandeln. Hättet ihr mich aufgefordert, jemand anderes zu sein, ich hätte auf euch gehört. Ich hätte schwer geschluckt, aber ich hätte auf euch gehört. Selbst wenn wir noch nie Händchen gehalten, uns noch nie auf die Wange geküsst oder sich unsere Knie noch nie unter einem Glastisch berührt hätten, ich hätte gewollt, dass ich euch genüge.

Doch hier am Tisch in unserer kleinen Runde musste ich mich nicht messen. Ich musste mich nicht vergleichen. Überrascht stellte ich fest, dass diese Frauen und ich mehr Dinge gemeinsam hatten als uns trennten. Okay, wir verdienten nicht ansatzweise das Gleiche. Wir wurden von unterschiedlichen Dingen angetrieben und hatten völlig verschiedene Jobs. Aber es schien, als würden wir alle die gleichen, einfachen Dinge wollen. Wir wollten ein erfülltes Leben. Wir wollten alles im Gleichgewicht halten können. Wir taten uns schwer loszulassen. Wir wollten Liebe. Wir wollten gebraucht werden. Das war unser gemeinsamer Nenner: Wir wollten gebraucht werden. Es klingt so einfach und banal, und doch weinen sich so viele Menschen deswegen in den Schlaf und fragen Gott oder in Richtung Zimmerdecke: »Habe ich es schon geschafft? Spiele ich schon eine Rolle? Werde ich schon gebraucht? Genüge ich schon?«

Es war ein ehrliches, aber auch seltsames Gespräch mit diesen Frauen, denen ich nie zuvor begegnet war. Keine von uns kannte alle Antworten. Aber darauf schien es ihnen auch gar nicht anzukommen. Und das war es, was ich mit eigenen Augen hatte sehen müssen: Ich hatte sehen müssen, wie es war, wenn man endlich aufhörte, Fragen zu stellen, und stattdessen einfach anfing, die Antworten zu leben.

So oft es ging, besuchte ich in diesem Monat die Holocaust-Gedenkausstellung. Immer wieder ging ich ins Foyer, um in den Seiten von Hélènes Tagebuch zu lesen. Und ich nahm an einer Veranstaltung teil, die sich der heldenhaften Geschichten von Frauen widmete, die während des Holocausts eine Schlüsselrolle gespielt hatten. Als ich im Anschluss an diese Veranstaltung von der U-Bahn nach Hause lief, rief ich meine Mutter an.

»Ich weiß auch nicht, warum mich das so mitnimmt, aber ich saß in dieser Veranstaltung, inmitten von Menschen, die alle viel, viel älter waren als ich – so um die siebzig oder achtzig –, und musste ständig daran denken, dass sie alle bald tot sein werden.«

»Na, das hört sich ja nach einer Menge Spaß an«, erwiderte meine Mutter. Der Sarkasmus in ihrer Stimme war nicht zu überhören.

Ich hatte mich während des gesamten Vortrags auf nichts anderes konzentrieren können als darauf, dass ich eine der Jüngsten im Publikum war. Ich sah die Überlebenden oben auf dem Podium, hörte sie mit langsamer Stimme sprechen und wusste, dass sie bald nicht mehr da sein würden. Diese Generation Überlebender – die den Holocaust am eigenen Leib erfahren hatten – war dabei, langsam zu verschwinden. Unruhig rutschte ich auf meinem Stuhl hin und her. Blickte mich um. Versuchte zuzuhören. Fragte mich, ob außer mir noch jemand so besorgt war. Diese Menschen würden sterben. Das Alter würde sie uns entreißen. Ich geriet regelrecht in Panik.

»Mom, es ist schrecklich!« Ich sprach in meiner »Verstehst-du-nicht-was-deine-Tochter-dir-sagt?-Die-Welt-um-uns-herum-zerbricht-in-ihre-Einzelteile«-Stimme. So bin ich schon immer gewesen: Ich stürze in eine welterschütternde Krise, während um mich herum alle scheinbar völlig unbehelligt ihrem Alltag nachgehen. Mir kann eine Entdeckung, bei der andere vielleicht ein bisschen Gänsehaut bekommen, dermaßen zusetzen, als wäre ein ganzer Gänseschwarm über mich hergefallen.

»Wie wird irgendjemand je von ihnen erfahren? Wie werden die Menschen ihre Geschichten erfahren? Eine ganze Generation von Menschen, die diese furchtbare Tragödie überlebt hat, wird sterben.«

»Dafür gibt es Tagebücher. Und Fotoalben. Und Briefe.« Sie war weit weniger besorgt, als ich es war. Die Vorstellung, dass diese Dinge in Vergessenheit geraten könnten, dass Hélènes Geschichte beinahe in Vergessenheit geraten wäre, machte mich schier verrückt vor Sorge.

»Und dann musste ich an mich denken«, fuhr ich fort. »An meine Generation. Und an die ganzen sozialen Medien, mit denen wir so viele gute Dinge anstellen könnten, aber stattdessen nutzen wir sie zum Jammern und Motzen und Unruhestiften. Was, wenn das unser Vermächtnis ist? Ich meine, schau dir doch mal die ganzen Leute an, die nur noch vor ihren Bildschirmen hocken, was, wenn man uns so in Erinnerung behalten wird?«

»Dann werde ich dankbar sein, dass ich nicht dazugehört habe«, antwortete meine Mutter.

Ich hatte gehofft, dass sie mehr sagen würde, aber das tat sie nicht. Meine Mutter hatte sich nie für die sozialen Medien begeistern können. Und deshalb schien sie den Tag nicht kommen zu sehen, an dem die sozialen Medien die Arme hochwerfen und der Welt verkünden würden: »Wir sind gar nicht mehr so sozial. Ihr habt aus uns eine flimmernde Slideshow aus den größten Momenten der Menschheit gemacht. Ihr habt angefangen, durch uns zu leben. Und wir halten euch von Menschen fern. Also, was wollt ihr jetzt machen?«

Ich denke, das ist es, was die sozialen Medien heutzutage wirklich machen. Sie behaupten, uns zusammenzuführen, aber wir sind viel zu abgelenkt, um zu merken, dass sie uns von der einzigen Sache abhalten, die wirklich zählt: das Miteinander. Und wie dringend wir füreinander da sein müssen.

Eine Woche später ergab alles, was meine Mutter am Telefon zu mir gesagt hatte, einen Sinn. Ich stand ganz hinten auf ihrer Überraschungsparty, die meine Tanten zu ihrem sechzigsten Geburtstag im Gemeindesaal einer katholischen Kirche bei uns im Ort organisiert hatten und für die ich extra freibekommen hatte. Sterne hingen von der Decke herab. Alte Fotos standen in weißen Rahmen überall im Raum verteilt. Ihr Highschool-Jahrbuch lag auf einem der Stehtische: der Beweis dafür, dass sie ein heißer Feger gewesen war. Ein ganz heißer Feger. Es gab einen DJ. Es war die Krönung all dessen, was das Leben nach Ansicht meiner Mutter war: prall, süß – ein Zuckerschlecken.

Der Saal war proppenvoll. Immer wieder kamen Menschen auf mich zu, um mir zu sagen, wie gern sie meine Mutter hatten. Ich hätte allen am liebsten das Gleiche geantwortet: »Ich weiß. Sie ist fantastisch. Sie ist immer fantastisch gewesen. Ich kann verstehen, warum ihr sie so mögt.« Den Rest des Abends beobachtete ich meine Mutter dabei, wie sie durch den Raum wirbelte. Es war ihr sechzigster Geburtstag, doch sie nahm den Raum für sich ein, als wäre sie immer noch zweiundzwanzig.

Gegen Mitternacht ging sie nach vorn, um eine kleine Rede zu halten.

»Ich war vor Kurzem beim Arzt, weil ich Schmerzen im Brustkorb hatte«, sagte sie zu ihren fast hundert Gästen, als handle es sich um ein intimes Geheimnis. »Wie sich herausstellte, war es zum Glück nur Reflux. Aber auf dem Weg in die Praxis wurde ich ganz schön nervös und dachte: *Habe ich allen gesagt, dass ich sie liebe? Wissen alle, was ich für sie empfinde?*«

Sie sah ihre Gäste an. Arbeitskollegen, Geschwister, beste Freunde, Neffen. »Aber heute seid ihr da. Ihr seid alle da. Und ich bekomme meine Chance.«

Ich sah zu, wie meine Mutter aus ihrer eigenen Überraschungsparty ein Fest zu Ehren anderer machte. Sie war bereits die, die sie immer hatte werden wollen. Und ich schätze, wenn man das erst mal geschafft hat, braucht man nichts weiter mehr zu tun, als die ganz wichtigen Dinge zu sagen wie »Danke« und »Ich liebe dich« und »Ich glaube an dich und ich hoffe, dass ich mir immer die Zeit nehmen werde, dir das zu sagen.«

Meine Mutter wird das vielleicht nie erfahren, aber ich stand an diesem Abend ganz hinten im Raum, schaukelte auf meinen schwarzen High Heels vor und zurück und wünschte mir, jemand anderes zu werden: Jemand, die begreift, was sie hat, wenn sie es hat. Jemand, die die Menschen um sich herum wirklich sieht. Jemand, die die großen Momente mitbekommt und sie um nichts in der Welt verpassen würde. Ich wollte so werden wie sie. Zumindest war ich bereit, der Mensch zu werden, den meine Mutter immer in mir gesehen hatte.

Jetzt bist du bereit

Eine Woche, bevor ich zu der Überraschungsparty meiner Mutter nach Hause fuhr, streifte ich im Target durch die Gänge, um ein Geschenk für sie zu kaufen. Mein Händchen für Geschenke ist alles andere als glücklich. Seit ich auf der Welt bin und Geburtstage im Kalender nach vorn rücken, ist meine Mutter meinen unglückseligen Geschenken schutzlos ausgeliefert. Einmal zeichnete ich ihr einen sechzehnseitigen Comic über unsere Familie, die – rein hypothetisch – die nächsten Kandidaten der Reality-Show *Survivor* waren, und darüber, was passieren oder auch nicht passieren würde, wenn wir uns gegenseitig von der Insel wählen müssten. Am Ende war unser siebzehnter Hund (wir hatten viele Hunde, sehr viele, die alle unter mysteriösen Umständen starben) der große Gewinner von einer Million Dollar. Ihr denkt jetzt vielleicht, *Ist doch süß*, und das wäre es bestimmt auch, wäre ich damals nicht sechzehn Jahre alt gewesen.

Wie nicht anders zu erwarten, streifte ich eine gefühlte Ewigkeit durch den Laden, doch weder Kaffeemaschinen noch Sonnenhüte noch irgendein anderes normales Geschenk sprangen mich an und riefen: »Los, nimm mich!« Ich wusste nicht, was ich einer Frau schenken sollte, die einem ganz offen und ehrlich sagen würde, dass sie bereits alles hatte, was sie brauchte. Doch als ich in dem Gang mit den Schreibwaren stand, entdeckte ich eine Großpackung Grußkarten. Es war ein Hunderterpack in knalligen Farben wie Gelb, Gold, Lila oder Grün. Die Idee war sofort da.

Nach all den Jahren, in denen sie mir Briefe geschrieben, Päckchen geschickt und heimlich Nachrichten zugesteckt hatte, würde ich ihr zurückschreiben. Ich würde für all die Male schreiben, in denen ich mich hätte bedanken oder aufmerksamer hätte sein sollen, wenn sie mir eine Stelle aus der Bibel vorlesen wollte, von der sie berührt war. Ich würde für all die Male zurückschreiben, in denen sie mich in der Küche angesprochen und gefragt hatte, ob ich mit ihr beten wolle. Das war nicht oft vorgekommen. Aber es schmerzt mich zu sagen, dass ich ihr jedes Mal einen Korb gab. »Da käme ich mir komisch vor«, sagte ich zu ihr. »Beten ist etwas, das man allein macht.« Für all die Male, in denen ich mich nicht getraut hatte auszusprechen, was ohnehin auf der Hand lag: *Du wirst mir fehlen; du fehlst mir jetzt schon.*

Am Abend setzte ich mich im Gebetsraum des Einwanderungszentrums auf den Boden und packte die Karten, einen goldenen Stift, eine Rolle Geschenkband und einen Karton zum Verschicken aus. Und dann schrieb ich eine Karte nach der anderen, klebte sie zu und beschriftete jeden Umschlag mit einem anderen Text. *Lies mich, wenn du ein Stück vom Weg abgekommen bist. Lies mich an einem Tag, an dem die Tränen nicht aufhören wollen zu fließen. Lies mich, wenn du daran erinnert werden willst, deine Träume zu leben.* Letztere war wahrscheinlich meine Lieblingskarte. Sie war knallorange.

Ich schrieb ihr, dass ich nicht vergessen hatte, wie wir in meinen Semesterferien abends oft zusammen durch die Nachbarschaft spaziert waren. Es war jedes Mal spät geworden. Und die Hitze war so unerträglich gewesen, dass wir danach immer noch mal in den Pool springen mussten. Ich hatte nicht vergessen, wie uns auf diesen Spaziergängen nur die Straßenlaternen und die Zikaden hatten hören können, wenn sie mir erzählte, dass sie noch immer davon träumte, in einem Waisenhaus in Südamerika zu arbeiten. Das war immer ihr Traum gewesen. All die Jahre hatte sie ihn ganz hinten im Regal aufbewahrt für die Zeit nach uns, für die Zeit, wenn wir Kinder älter waren. Ich schrieb ihr, dass wir jetzt älter waren. Sie könnte gehen, wenn sie wollte. Ich weiß, dass sie keine Erlaubnis von mir brauchte, aber manchmal bedeutet es Menschen sehr viel, wenn man sie mit dem Wort *geh* freigibt.

Auf den Umschlag der letzten Karte schrieb ich: *Lies mich, wenn ich wieder zu Hause einziehe.* Ich schätze, wir ahnten beide nicht, wie schnell das der Fall sein würde. Wir hatten beide keine Ahnung, dass sie diese Karte nur eineinhalb Monate später schon öffnen würde.

»Also, was hast du vor? Wenn das Ganze hier vorbei ist, was willst du machen?«

Es war Libby. Sie war zurück aus Italien und saß mir eines späten Abends im Erdgeschoss des Einwanderungszentrums gegenüber. Sie war nur ein paar Monate in Italien gewesen, aber in dieser kurzen Zeit hatte sie viel erlebt und viel getrunken – hauptsächlich Cappuccino. Sie war dermaßen verrückt danach, dass sie dem Getränk sogar einen eigenen Blog widmete, und an Heiligabend konnten wir sie via Livestream bei einer Cappuccino-Tour in Italien verfolgen. Für den Fall, dass ihr noch nie von so etwas gehört habt, liegt das daran, dass Libby es erfunden hat. In Italien ist es an Heiligabend Tradition, ein Sieben-Gänge-Menü aus Fischgerichten zu essen, und da Libby nicht genug Fisch für sieben Gänge hatte, beschloss sie, stattdessen sieben Cappuccino zu trinken – überall in der Stadt.

»Ist das gerade Nummer drei oder Nummer vier?«, hatte meine Mutter die Livestream-Version von Libby gefragt, die mit einer Weihnachtsmannmütze auf dem Kopf durch die Straßen stolzierte.

»Sie kann dich nicht hören, Mom«, erklärte ich ihr. »Aber ich glaube, es ist Nummer vier ... Sie hat einen ganz schön roten Kopf. Sie wird noch umkippen.«

»*Trink zwischendurch auch mal Wasser!*«, schrie meine Mutter den Bildschirm an. Wie durch ein Wunder schaffte Libby alle sieben Cappuccino. Und kam eineinhalb Monate später zurück in die Staaten.

»Ach«, sagte ich zu ihr, »ich hab ja noch ein paar Monate Zeit, bis das Jahr vorbei ist. Momentan ist es noch zu früh, um mich nach was Konkretem umzuschauen.«

»Ja, gut, aber davon mal abgesehen, was hast du vor? Was willst du machen?«

»Ich würde gern hier arbeiten.« Ich schnappte mir meinen Laptop und tippte die Internetadresse einer gemeinnützigen Organisation in Connecticut ein. »Ich finde es toll, was die machen. Ich mag die Menschenrechtsarbeit, die sie unterstützen. Und es wäre bestimmt was ganz anderes, als das, was ich jetzt mache. Vielleicht haben die ja sogar Fenster.«

Ich klickte auf »Karriere«, wie schon so oft im letzten Monat, und scrollte durch die Stellenanzeigen.

»Auch wenn es noch zu früh ist, um mich zu bewerben, schaue ich immer mal in die Stellenanzeigen rein, vielleicht ist ja was dabei. Aber überall verlangen sie Berufserfahrung, die ich nicht habe. Moment mal ... die hier war gestern noch nicht da.«

Ich drehte den Laptop so, damit Libby mit reinschauen konnte, und zusammen lasen wir die Stellenbeschreibung für eine Mitarbeiterin im Bereich Öffentlichkeitsarbeit. Die Anzeige war keine vierundzwanzig Stunden alt. Die Stelle war ein Einstieg in eine Junior Position. Die Person würde dem PR-Team einer der größten gemeinnützigen Organisationen für Kinder in Not weltweit angehören. Ihre Aufgabe wäre es, an Veröffentlichungen mitzuarbeiten, die Presse mit Informationen zu versorgen und kreative Medienkampagnen zu entwickeln.

»Das …« Libby suchte nach den passenden Worten. »Das bist du, Hannah. Die haben diese Stellenanzeige für dich geschrieben.«

»Aber es ist sinnlos, mich zu bewerben. Ich könnte erst in einer Ewigkeit anfangen.«

»Völlig egal, du musst dich bewerben. Die haben diese Stellenanzeige für dich geschrieben.«

Also bewarb ich mich. Und führte ein erstes telefonisches Bewerbungsgespräch mit dem Mann, der meinen Lebenslauf aus dem Stapel mit den Bewerbungen gefischt hatte. Und dann wartete ich, dass etwas passierte.

Wochen vergingen, ohne dass ich irgendetwas Konkretes hörte. Ein paar Mal wurde ich darüber informiert, dass es irgendwelche Schwierigkeiten gab, ich aber noch im Rennen war. In der Zwischenzeit hatte ich angefangen, mit einem Mädchen, das ich über Tammy kennengelernt hatte, in eine Kirche zu gehen. Sie lag mitten im Ausgehviertel von Chelsea. Ich ging gern in diese Kirche, da sie so völlig anders war als alles, was mir bisher begegnet war. Die Musik war richtig gut. Das Licht gedämpft. Die Botschaften außergewöhnlich.

Eines Abends regnete es in Strömen, als wir dorthin unterwegs waren. Ich hatte zunächst überlegt, abzusagen, da es schon den ganzen Tag über geschüttet hatte. Es war die Art von Regen, bei der man versucht war, mit den Fingern über die Stelle in der Bibel zu fahren, an der Gott Noah verhieß, es nie wieder derart regnen zu lassen. »Ach ja, Gott? Ach ja?« Es war ein Abend, an dem es einen nicht gewundert hätte, unten an den Chelsea Piers einen Verrückten dabei zu beobachten, wie er Elefanten und Tiger, immer schön paarweise, auf ein Boot trieb.

Als wir den leeren Vorraum betraten, stellten wir fest, dass wir spät dran waren. Wir steckten unsere Köpfe in den Kirchenraum und blieben kurz an der Tür stehen, bevor wir beschlossen, uns einen Sitzplatz auf der Empore zu suchen. Die Lobpreisung hatte schon begonnen. Ich mochte diesen Teil des Gottesdiensts besonders. Es hatte etwas Elektrisierendes, wenn alle die Hände zur Decke hoben, als würden sie versuchen, Dinge vom Himmel zu sich herunterzuziehen. Sie streckten sich und streckten sich, und ich wünschte mir, ich würde auch einen Grund finden, meine Hände nach oben zu strecken.

Ich denke, ich ging deshalb so gern in diese Kirche, weil ich mich dort weniger verrückt fühlte, weniger allein. Nicht im Leben, sondern in Gott. Darin, einen Weg zu finden, mich in diesen vier Buchstaben wohl zu fühlen. Genau wie vermutlich zu viele der Mittzwanziger um mich herum, hatte auch ich immer die Wahl zwischen zu vielen Dingen gehabt. Und je größer die Auswahl war, desto schwerer fiel es mir, mich tatsächlich auf etwas festzulegen, denn ich wollte auf gar keinen Fall eine falsche Wahl treffen oder etwas verpassen. Am liebsten hätte ich alles kostenlos getestet oder mit anderen Produkten und Modellen verglichen, bevor ich in etwas investierte. Für manche Dinge entschied ich mich, für andere nicht. Doch mich in diesem vollen

Raum umzublicken – der so voll war, dass viele auf der Empore sitzen mussten – und zu wissen, dass sie alle hier waren, um sich für Gott zu entscheiden, um sich zu ihm zu bekennen, war ein überwältigendes Gefühl.

Wir schlüpften schnell auf zwei freie Plätze und begannen, unsere nassen Klamotten auszuziehen. Die Schals. Die durchnässten Jacken. Ich war noch halb in meine Jacke verhakt, als unten ein Mädchen ans Mikrofon trat. Sie stand im Licht eines einzelnen Scheinwerfers. Sie trug ein Kleid. Sie hatte lockiges Haar. Und ganz ohne vorherige Ankündigung fing sie an, in das Mikrofon zu sprechen, das sie mit zwei Händen umfasst hielt.

Ich hatte so etwas noch nie gesehen. Es war, als hätte sie jedes einzelne Worte ganz bewusst ans andere gereiht, alles auswendig gelernt und in einen bestimmten Rhythmus gebracht. Später würde ich erfahren – aus Videos, die sich wie ein Lauffeuer im Internet verbreiteten –, dass sie etwas machte, das sich Spoken Word nannte. Dabei verfasst zunächst jemand einen lyrischen Text, der dann einem Publikum vorgetragen wird. Und durch den Ton der Stimme, durch gezielte Bewegungen und bedeutungsvolle Pausen wächst und wächst der Text, wächst über sich hinaus und springt den Zuhörer mit solcher Wucht an, dass dieser von der gesamten Darbietung wie paralysiert ist.

Ich konnte den Blick nicht von dem Mädchen abwenden. Ich begann, oben auf der Empore mit Gott zu handeln. *Bitte, Gott. Du setzt sie so kraftvoll ein. Du leuchtest so hell durch sie. Ich wünschte, du würdest auch mich so einsetzen.* Ihre Hände flogen durch die Luft, als würden sie Ketten sprengen. Mein Zwiegespräch mit Gott ging weiter: *Ich will nicht noch ein Regelwerk. Bitte, nicht noch eine Beziehung voller Regeln. Ich will einfach nur das hier, was immer es ist. Du setzt sie ein, und es bricht mir das Herz.* Ich wollte ein solches Licht sein.

Das Mädchen erzählte eine Geschichte. Sie führte den Hipstern auf den Bänken etwas vor Augen, das sie »den Autounfall in ihrer Seele« nannte. Sie beschrieb den Ort in ihrem Innern, und ich konnte die Trümmer vor mir sehen, als ich die Augen schloss. Ich sah Absperrbänder. Eine neblige Nacht. Die Kälte kroch einem bis in die Knochen. Überall standen Polizisten auf dem dampfenden Asphalt. Sie sagte, dass dies der verborgene Winkel in ihrem Innern sei, über den sie nie sprechen wollte. Hier bewahrte sie all ihre Verletzungen auf, als könnte man alles Hässliche in eine Kiste sperren, die man dann in seiner Brust mit sich herumtrug. Sie versuchte, so zu tun, als gäbe es diesen verborgenen Winkel nicht, doch sie sagte, dass genau dieser Ort Gott am meisten interessierte. Er wollte den gesamten Schaden mit seiner göttlichen Taschenlampe beleuchten, doch sie ließ ihn nicht. Zu sehr schämte sie sich für diesen Ort, diesen Ort in ihrem Innern, an dem sie sich fühlte, als hätte sie Gott enttäuscht.

Ich kenne diesen Ort, dachte ich. *Ich kenne diesen Ort in meinem Innern, der mich die Arme vor der Brust verschränken und mich in meinen Gebeten flüstern lässt: »Gott … wenn du davon wüsstest, dann würdest du mich verlassen. Ich weiß, dass du mich verlassen würdest. Es ist ein dunkler, kalter Ort. Du würdest erkennen, dass ich zu nichts tauge. Darum bitte, bitte komm nicht den ganzen Weg hierher, nur um mich dann zu verlassen.«*

Dann war sie plötzlich verschwunden, und ein Pfarrer mit einer aufgeschlagenen Bibel in den Händen stand an ihrem Platz vor dem Mikrofon. Das Thema des Gottesdienstes war »sich ergeben«. Ich weiß noch, wie ich dachte, was für ein verchristlichtes Wort das doch war. Es wirkte so schwach. Doch ich kam gar nicht dazu, weiter darüber nachzudenken, warum mir das Wort nicht gefiel, denn plötzlich war ich ganz damit beschäftigt, jedes seiner Worte in mein Notizbuch zu kritzeln. Er erzählte eine Geschichte über Jesus, die sich bei Markus Kapitel 10 zugetragen hat. Als er uns bat, die entsprechende Stelle in der Bibel aufzuschlagen, hörte man überall Papier rascheln. Unter uns leuchtete ein Meer aus Bildschirmen auf, als die Jüngeren ihre Bibel-Apps öffneten.

Jesus trifft am Wegesrand auf einen Mann. Nirgends in der Bibel heißt es, dass dieser Mann aussieht wie Joe Pesci – der zu kurz geratene Einbrecher aus *Kevin – Allein zu Haus* –, doch genauso stellte ich mir den Mann immer vor, wenn ich die Geschichte alleine las. Das Joe-Pesci-Double kommt also atemlos auf Jesus zu und fragt ihn, was er tun müsse, um das ewige Leben zu erlangen. Jesus tut so, als wäre er richtig sauer auf den Mann und bombardiert ihn mit Geboten. Doch kurz bevor er den Mann heißt, alles zu verkaufen, was er hat, um ihm dann zu folgen, steht da dieser merkwürdige Satz. Er wirkt, als würde er gar nicht dort hingehören. Man überliest ihn leicht. »Und Jesus sah ihn an und liebte ihn.« Der Vers starrte mich von meinem Display an. Er sah ihn an. Und er liebte ihn. Augenblicklich. Als wäre es so einfach. Als müsste der Mann nicht erst A, B, C und D tun, um geliebt zu werden. Er wurde geliebt. Er wurde wahrgenommen. Er wurde gesehen. Er musste nur auftauchen und Jesus ärgern. Einfach nur da sein. Das war alles. Und dann bereit sein, sich von allem loszusagen.

Als die Musik einsetzte, lud uns der Pfarrer ein, einen Moment mit Gott allein zu sein und unsere eigenen Gebete zu sprechen. Wir standen auf. Es wurde dunkel in der Kirche. Ich schloss die Augen und nahm den Frieden in mich auf. Ich finde kein besseres Wort, um es zu beschreiben, als Frieden.

Es war nicht Beurteilung. Es war nicht Angst. Es war einfach dieser Frieden. Wenn das Gott war, dann war er die Sorte Gott, die vierundvierzig Stunden (oder wie lange auch immer) fahren würde – ganze Tage und ganze Nächte hindurch –, um vor meiner Tür aufzutauchen. Er würde praktisch einen Roadtrip auf sich nehmen, um mich zu finden. Er würde mit der Faust gegen die Tür hämmern und feierlich geloben, nicht wegzugehen. Er würde so lange dort stehenbleiben und warten, bis ich die Tür geöffnet und ihn hereingelassen hatte.

Ich hob meine Hände zum Dachgiebel und bildete mir ein, das Lachen des Nachtlebens der Stadt förmlich die Kirchenmauern hinaufkriechen zu hören. Aber ich hatte keine Angst. Ich gab auf. Ich gab die Kontrolle auf, weil ich nicht wusste, was ich sonst tun sollte. Ich hatte immer geglaubt, mich schwach oder unsicher zu fühlen, sollte ich je eine weiße Fahne zum Zeichen der Kapitulation schwenken. Doch zu meiner Überraschung fühlte ich mich weder schwach noch unsicher. Tatsächlich wirkte *sich ergeben* in diesem Moment wie ein starkes Wort. Als würde ich endlich laut sagen: »Ich hab keine Lust mehr, all die Teile mit zu schwachem Kleber zusammenzuhalten.«

Anders weiß ich es nicht zu beschreiben. Anders als dass da ein Mädchen oben auf der Empore einer Kirche in Chelsea, New York City, stand und Dinge sagte, die es nie gedacht hätte, laut aussprechen zu können: »Ich gehe nirgendwohin. Ich bleibe genau hier. Setz mich ein, Gott. Setz mich ein. Liebe mich. Zeig mir, dass du mich liebst. Ich gehe nirgendwohin.«

Es war kein Zaubertrank. Es war auch nicht, als wäre Gott überraschend reingepoltert, hätte mein Leben in Stücke gehauen und eine Heilige aus mir gemacht. Ich machte weiterhin Fehler. Ich schätzte weiterhin völlig falsch ein, wie viel Tequila ich vertrug. Ich verletzte weiterhin grundlos Menschen. Gott hatte nicht auf wundersame Weise meine Problemzonen halbiert. Er war mehr wie dieser Song von Ray LaMontagne, dessen Name einem nie einfällt. Der im Coffeeshop läuft, den man aber nicht hört, weil man viel zu beschäftigt damit ist, auf seinem Handy herumzudrücken, auf seinen Laptop einzuhämmern oder die Leute um sich herum zu beobachten. Und dann, kurz bevor der Song zu Ende ist, schaut man lange genug auf, um sich zu denken: *Ich mag diesen Song. Ich hab ihn schon immer gemocht, weil er schön ist und einfach und wahr.* Und dann ist er zu Ende. Und man vermisst ihn. Und man denkt minutenlang darüber nach, warum man ihn nicht viel öfter hört. So fühlte sich Gott in dieser Kirche für mich an.

Und wenn Gott der Typ ist, der dazu neigt, nette Dinge in einem Moment zu sagen, in dem man erfüllt von innerem Frieden auf die Knie fallen möchte, dann hätte er vielleicht seine göttlichen Hände um seinen Mund gelegt und mir ins Ohr geflüstert: »Du bist okay. Du warst immer okay für mich. Dir fehlt nicht ein einziges Teil. Nichts von dem, was du verloren hast, war umsonst. Nichts von dem, was du entlang des Weges verloren hast, könnte nicht ersetzt oder erneuert werden. Du bist vollkommen. Darum hör auf, nach einem Grund zu suchen, es nicht zu sein.«

Nach diesem Gottesdienst in Chelsea ging plötzlich alles ganz schnell, viel schneller als erwartet. Ein paar Bewerbungsrunden und einen Besuch vor Ort später nahm ich den Job in der gemeinnützigen Organisation an. Ein paar Wochen darauf zog ich zurück nach Hause.

Ich verließ New York am Dienstag vor Ostern. Ich wünschte, es würde ein bisschen spektakulärer klingen. Aber so ist das Leben manchmal: Nicht alle Veränderungen kommen langsam, aber gewaltig. Manchmal bleibt uns gerade mal genug Zeit, um unsere Tasche zu packen und die Haargummis zusammenzusammeln, die unter der Kommode und in den Schrankecken verstreut liegen, bevor weiter vorn schon etwas Neues auf uns wartet.

Weder eine Band noch ein Orchester oder ein Kirchenchor säumte die Straße, als ich meinen Koffer zur U-Bahn-Station Fordham Road rollte und auf die Linie 4 Richtung Grand Central wartete. Es zwitscherten keine Vögel. Es war weder ein besonders langer, noch langatmiger Moment, noch wirkte er irgendwie befreiend. Es hatte nichts von einer Abschiedszene aus einem Film. Niemand wartete am Zug mit einem Schild, auf dem Bleib stand. Ich hatte zu viele Folgen *Dawson's Creek* gesehen und mir vorgestellt, eines Tages selbst eine dieser ewig langen, aufreibenden Abreisen zu erleben, so wie Joey Potter. Ich hielt das für das wahre goldene Ei des Erwachsenseins: Wenn es anderen Menschen schrecklich schwerfiel, mich gehen zu lassen.

Ist es nicht. Und Joey Potter hätte ehrlich sein und uns die Wahrheit sagen sollen: Abschiede tun weh. Und sie passieren viel zu oft. Und es gibt in diesem Moment nichts, was das Fortgehen vernünftig erscheinen lässt. Und die Menschen werden einen Weg finden, ohne den anderen zu leben. Diese Wahrheit ist schwer zu verkraften, aber sie ist kein Grund, an einem Ort zu bleiben: Nur damit wir niemandem einen Grund geben, uns zu vergessen. Manchmal müssen wir gehen … ob wir bereit dafür sind oder nicht.

Das Einzige, was ich sicher über diese ganze Abschiedssache weiß? Dass wir von Zeit zu Zeit Abschied nehmen müssen. Wir müssen unseren ganzen Mut zusammennehmen, uns auf die Unterlippe beißen und Menschen gehen lassen. Ganz und gar. Egal, ob wir dazu bereit sind oder nicht, wir werden älter, und wir werden uns wesentlich häufiger verabschieden, als wir dachten.

Ich wollte, dass die Grand Central Station der letzte Ort war, von dem ich mich verabschiedete. Also traf ich mich ein letztes Mal mit meinen Mitbewohnerinnen zum Mittagessen und machte mich anschließend auf den Weg zum Bahnhof, um mich dort in der Haupthalle von der riesigen Uhr, von der Treppe und von den kleinen Shops zu verabschieden, die sich an den Ausgängen zur Lexington Avenue und zu den Linien 4, 5 und 6 aneinanderdrängten. Es mag albern klingen, sich als letztes von einem Gebäude aus Stein und Beton verabschieden zu wollen, aber zu meiner Verteidigung will ich sagen, dass vieles von dem, was als Nächstes geschah, nur aufgrund der Grand Central geschah und deshalb, weil es dort so richtig mit den Liebesbriefen losging. Es wird mir immer viel bedeuten, dass es an einem Ort losging, an dem jeder auf irgendetwas wartet. Das Warten an sich ist hier nicht anders als in jedem anderen Bahnhof oder Flughaben auf der Welt, trotzdem fühlt sich hier alles viel größer und pulsierender an, einfach nur, weil es New York ist. Die Stadt backt keine kleinen Brötchen, nicht einmal an einem Ort, an dem Menschen darauf warten, dass der eine kommt und der andere geht.

Ich lief in Richtung Bahnsteig 21, von dem in zwölf Minuten ein Zug nach New Haven abfahren würde. Ich bedankte mich ein letztes Mal für die Uhr, denn auch dort hatte ich einmal darauf gewartet, dass etwas passiert. Und so albern es klingen mag, ich wünschte, ich könnte einen letzten Brief schreiben und ihn sämtlichen Leuten in die Rücksäcke stecken, die hier ankamen und die in der Hoffnung durch diese Halle liefen, New York City würde ihren Namen erfahren oder behalten oder vielleicht sogar wieder vergessen:

Wer immer diesen Brief findet,

ich bin ziemlich zuversichtlich, eines Tages als romantischer Totalschaden zu enden. Es ist verrückt, einem Fremden so etwas zu gestehen, aber ich will es so. Ich will rasende Leidenschaft und kriechende Verpflichtungen. Ich will mutig sein. Und schön. Und ich glaube fest daran, dass ich eines Tages mein Herz an jemanden ausleihen werde – wie ein gern gelesenes Buch aus der Bücherei –, der dann beschließt, das Rückgabedatum aus dem Einband zu reißen und mich nie wieder loszulassen. Aber bevor ich diese Liebe finden kann, musste ich losziehen und herausfinden, was es mit meiner ersten großen Liebe auf sich hatte: New York City.

Als ich in diese Stadt zog, hatte ich drei Briefe bei mir, die griffbereit in einem Notizbuch steckten:

ein Brief von meiner besten Freundin, ein Brief von meiner Mutter und ein Brief von meiner Tante. Meine beste Freundin trug mir auf, mich in diese Stadt zu verlieben, wie auch immer ich das anstellen wollte. Meine Mutter trug mir auf, Gott in dieser Stadt zu finden, wie auch immer ich das anstellen wollte. Und die Worte meiner Tante waren so perfekt, dass ich sie hier einfach zitieren muss: »Die wahre Antwort auf alle Fragen ist, deine Gabe zu erkennen und sie anderen zu schenken, egal, ob Millionen oder ein paar wenigen.« Sie trug mir also auf, mich anderen in dieser Stadt zu widmen, wie auch immer ich das anstellen wollte.
Ich kann nicht voraussagen, was dich hier erwartet. Vielleicht bricht dir die Stadt das Herz. Vielleicht findest du hier zu dir selbst, wirklich zu dir selbst. Vielleicht wirst du ein anderer Mensch. Vielleicht verbringst du zu viel Zeit damit, an Altem festzuhalten. Das alles ist möglich. Und noch viel mehr.
Doch manchmal solltest du einen Schritt zurücktreten. Von dem Lärm. Von den Lichtern. Von dem Druck, jemand sein zu müssen. Tritt einen Schritt zurück, und du wirst erkennen, dass diese Stadt eine einzige große Tanzparty ist. Und du wirst dich glücklich schätzen können, wenn es dir gelingt, für eine Weile auf dieser Party mitzutanzen.

Also tanze. Und wenn an einem Winterabend die Stadt unter einer weichen Schneedecke liegt, fahr mit der U-Bahn zur Fifth Avenue und schlendere einfach durch die Straßen. New York City wird nie wieder so friedlich sein wie in diesem kurzen, heiligen Moment, wenn der Schnee fällt und die Welt stillzustehen scheint. Direkt an der Columbia University gibt es eine ungarische Konditorei, schau dort vorbei. Besuche die Kathedrale in der Amsterdam Avenue, geh in die Poets' Corner und lies ein paar meiner Lieblingszitate. Geh in den Strand Book Store. Verliere dich dort stundenlang in den Büchern. Das Grey Dog gehört zu den Coffeeshops, an denen du nie wieder vorbeigehen wirst. Und Alice's Tea Cup ist ein wahres Wunderland: Du hast es verdient, dich noch einmal für ein paar Minuten wie ein Kind zu fühlen – genau so lange wie du eben brauchst, um ein paar Scones zu verschlingen und ein Tässchen Tee zu trinken. Im MoMA ist freitagabends der Eintritt frei, aber es kostet dich nie auch nur einen Cent, im Central Park zu sitzen und stundenlang die Kunstwerke zu beobachten, die dort an dir vorbeilaufen. All das Händchenhalten und Küssen, Vorbeigehen und Grüßen ist Kunst genug, um in ein Museum gesperrt und nie wieder rausgelassen zu werden. Lass dich von all dem eine Zeitlang mitreißen.

Komme, was wolle. Du wirst vielleicht nicht alles verstehen, was du siehst oder was du fühlst. Du wirst nicht alle Orte verstehen, die du aufsuchst. Nicht alle Hände verstehen, die du hältst. Und trotzdem sollst du sehen und fühlen, aufsuchen und halten. Das ist das Leben. Und du steckst mittendrin. Und das Leben ist genau so, wie die Menschen New York City beschreiben, wenn sie einen ersten, kurzen Blick darauf geworfen haben: Verrückt. Intensiv. Magisch. Wild. Surreal. Groß. Laut. Die Mühe wert.
Willkommen. Jetzt bist du bereit. Jetzt bist du es.

Von Herzen,
ein Mädchen, das versucht, seinen Weg zu finden

Teil 3

Lernen, auf dem Boden zu tanzen

Wieder zu Hause

Auf der Schwelle zu dem Haus mit den türkisfarbenen Fensterläden – das Zuhause, in dem ich aufgewachsen war – fiel mir ein Versprechen ein, das ich meiner Mutter vor meinem Umzug nach New York gegeben hatte. Es war ein hitziges Versprechen gewesen, das ich ihr letzten Sommer an den Kopf geworfen hatte, als ich zwischen dem Ende des College und dem Anfang des sozialen Jahres noch einmal für vier Monate hatte zu Hause einziehen müssen.

»Ich werde nie wieder nach Hause ziehen.«

Das Versprechen hämmerte mit voller Wucht gegen die Tür meiner Erinnerung, als meine Mutter mir dabei half, meine beiden Koffer die Treppe hinaufzuschleppen, die mein Bruder und ich früher immer auf Sofakissen hinuntergerutscht waren. Ich war wieder zu Hause. Es hatte keine wirkliche Alternative gegeben, daher war ich dankbar, ein Dach über dem Kopf zu haben. Ich hatte während des sozialen Jahres kein Geld verdient, konnte also unmöglich allein losziehen und Miete zahlen – noch zusätzlich zu den 400 Dollar, die ich monatlich für die Abzahlung des Studiendarlehens berappen musste. Ich war zwar über ein verlockendes Angebot gestolpert, mietfrei bei jemandem wohnen zu können, wenn ich bereit wäre, ihm ab und an auch »beizuwohnen«, aber ich konnte mich gerade noch beherrschen.

Als alle meine Sachen wieder zurück in meinem Kinderzimmer waren, fragte mich meine Mutter, ob ich eine Tasse Tee trinken wolle. Ich wollte. Ich wollte ihr sagen, dass ich dankbar war, zurück an einem Ort zu sein, an dem das Licht auf der Veranda immer für mich angelassen wurde, an einem Ort, an dem der Wasserkocher Tag und Nacht bereitstand, um hochgeheizt zu werden. Doch ich tat es nicht.

Als meine Mutter nach unten ging und mich allein in meinem Zimmer zurückließ, stieg plötzlich ein Gefühl von Demut in mir auf. Schweigend stand ich in einem Raum, aus dem ich herausgewachsen war, und betrachtete die dicken, schwarzen, handgemalten chinesischen Symbole an den Wänden um mich herum. Ich musste dringend neu streichen. Die Tage übermalen, als ich es tatsächlich cool fand, chinesische Schriftzeichen und Pagoden an die Wände meines Zimmers zu pinseln.

»Es ist nur für kurze Zeit«, sagte ich zu ihr, als ich ein paar Minuten später zwei Päckchen Sweet'N Low in meinen Tee rührte. »Sobald ich genug Geld habe, ziehe ich näher an die Arbeit.«

»Nimm dir so viel Zeit, wie du brauchst«, sagte sie, ohne mich überhaupt anzusehen. Ich wusste, dass ihr mein Einzug viel weniger ausmachte als mir. »Ich bin stolz auf dich.«

An diesem Abend saßen wir zusammen auf dem Sofa, schauten *General Hospital,* und meine Mutter klärte mich über die neuesten Verwicklungen im Leben der Hauptdarsteller auf – Sonny, Elizabeth, Luke und all die anderen Figuren, denen sie seit zwanzig Jahren folgte. Abend für Abend freute sie sich darauf, bei einer Schüssel Obstjoghurt Zeit mit ihren Freunden aus Port Charles zu verbringen, der fiktiven Stadt, in der die Figuren lebten. Ich beschloss, sie ebenfalls zu meinen Freunden zu machen, während ich zu Hause wohnte. Morgens unterhielten meine Mutter und ich uns über sie, als wären sie unsere echten Freunde. Es war ein gemeinsames, verlässliches Band zwischen uns, und ich habe gelernt, dass dies Dinge sind, die wir unter allen Umständen versuchen sollten, aufrechtzuerhalten.

In den ersten Tagen zu Hause starb die Mutter einer Freundin von mir. Ich hatte noch nicht einmal meine Koffer ausgepackt, da musste ich sämtliche schwarze Klamotten zusammensuchen, die ich besaß, und Freunde anrufen, mit denen ich seit Jahren nicht mehr gesprochen hatte, um sie zu fragen, ob sie zur Beerdigung kamen. Ich sah so viele bekannte Gesichter an diesem Tag. Ich erzählte allen, dass ich wieder zurück nach New York City ziehen würde, es wäre lediglich eine Frage der Zeit. Im Grunde wollte ich gar nicht zurück; ich wollte nur nicht hierbleiben.

Ich weiß noch, wie wir nach der Beerdigung ins TGI Fridays gingen und ein paar von uns darüber redeten, was manchmal mit uns passiert, wenn wir einen Menschen, den wir einmal geliebt haben – jemand, den wir richtig gut kannten – nach langer Zeit wiedersehen. Wie wir uns einreden, immer noch ganz der oder die Alte für diesen Menschen sein zu können. Wie wir alles versuchen, um uns zurückzuverwandeln.

»Ja, aber Menschen verändern sich«, sagte eines der Mädchen in unserer Nische. Wir boten einen furchtbar deprimierenden Anblick in diesem Moment – ein Tisch voller Trauernder mit verweinten, geschwollenen Augen, die Getränke in ihren Händen hin- und herdrehten.

»Ich denke, das ist das Schmerzhafte am Weggehen«, sagte ich. »Man kommt immer verändert zurück und ist dann gezwungen, die Dinge mit anderen Augen zu sehen.«

Und in diesem Moment wurde mir klar, dass ich hier sein musste. Ich hatte gar keine andere Wahl, als das Beste daraus zu machen, wieder zu Hause zu sein.

Ich fand problemlos zurück in das Leben mit meinen alten Freunden. Ich fing einen neuen Job an. Das Leben wurde zu einer Mischung aus Happy Hour und Kaffeeklatsch. Ich lernte neue Leute kennen. Ich ließ alte Freundschaften aufleben. Ich schrieb weiter Briefe. Höher und höher schraubte sich die Zahl, bis ich beschloss, bei vierhundert aufzuhören. Ich weiß nicht mehr, ob ich schon immer geplant hatte, bei vierhundert Liebesbriefen aufzuhören, oder ob es der Plan wurde, an den ich mich halten wollte, als ich Nummer dreihundertfünfzig schrieb. Ich erhielt damals etwa ein Dutzend Briefbitten pro Woche, aber ich wusste, dass ich nicht ewig damit weitermachen konnte.

Ich lernte etwas über mich selbst in diesen fünf Monaten zu Hause, in denen ich auf den vierhundertsten Brief zusteuerte: Ich habe gern die Kontrolle. Ich kontrolliere gern die Dinge um mich herum. Und selbst wenn ich die Kontrolle für eine Weile abgebe, bin ich wirklich gut darin, sie wieder zurückzugewinnen. Ich bin wie das Mädchen, das beim Garagenverkauf alles verscherbelt – Kühlschränke, alte Schreibtische, Bücher: »Nehmt nur! Ich will nichts mehr davon haben. Es hat mir gute Dienste geleistet, aber jetzt gehört es euch.« Und dann schleiche ich mich nachts mit einer gruseligen Skimaske über dem Kopf in fremde Häuser, um alles wieder zurückzuholen. Und werde dabei erwischt, wie ich gerade die Lampe, die ich kurz zuvor noch so bereitwillig verkauft habe, von der Wand montiere. So bin ich. Erst gebe ich die Dinge aus der Hand, und dann will ich sie mit allen Mitteln wieder zurückhaben.

Es ist komisch, denn bei vielen Dingen bin ich der Ganz-oder-gar-nicht-Typ. Wenn es um Beziehungen und die Liebe geht, dann liebe ich, bis es wehtut. Aber ging es um Gott – dieses allwissende Wesen im Universum –, wollte ich mich nie festlegen. Ich war launisch, stellte Bedingungen, sträubte mich regelrecht, ihm einen festen Platz in meinem Leben zu geben. Und ist das nicht das größte Hindernis für eine Beziehung? Wenn der eine hereingelassen werden will, während der andere mit sich hadert, ob er die Tür öffnen soll? Doch wie wunderschön sind die Beziehungen, in denen der Zauderer schließlich den Mut aufbringt zu sagen: »Ich geh aufs Ganze.«

Ich habe gelernt, dass es recht einfach ist, bei Dingen aufs Ganze zu gehen, die man bestimmen und kontrollieren kann. Umso beängstigender ist es, aufs Ganze zu gehen, wenn man so gut wie keine Kontrolle und obendrein keine Ahnung hat, wo einen das Leben hinführt. Aber was wäre, wenn wir genau in diesen Momenten, in denen wir keinerlei Kontrolle haben, anfangen, mutiger durchs Leben zu gehen?

Diese Frage beschäftigte mich an dem Abend, als ich zu Hause eine neue Kirche fand. Wie schon in der Kirche in Chelsea war es auch hier die Ungezwungenheit, die mich ins Chaos stürzte. Es lagen keine roten Gesangbücher in den Bankreihen. Es gab nämlich überhaupt keine Bänke. Niemand hatte Angst, dass die Menschen in besagten Bänken während des Klingelbeutels an Altersschwäche oder schlechter Musik ein- oder gar entschlafen könnten. Stattdessen war da ein Typ in hautengen Jeans, der von einer Pappkarton-Kanzel aus predigte, ständig die Worte *im Arsch* benutzte und manchmal so herumschrie, dass ich ganz perplex war und mir dachte *Wow, der geht echt aufs Ganze.*

Und es gab eine Rockband. Sie war es auch, die die Kirche ins Leben gerufen hatte: eine Rockband, die früher durch die Welt getourt und Konzerte gegeben hatte. Jahrelang war sie durch die Weltgeschichte gereist, bis diese Meute der Zwanzig- bis Dreißigjährigen beschloss, sich dauerhaft in New Haven, Connecticut, niederzulassen und eine Kirche anzupflanzen. Genauso nannten sie es: eine Kirche anpflanzen. Ich schätze, das Leben auf der Straße, immer von einem Veranstaltungsort zum nächsten, weckte in ihnen die Sehnsucht, Wurzeln zu schlagen und einen Acker zu bestellen, dessen Früchte man ernten konnte.

Sie hielten ihren ersten Gottesdienst genau an dem Osterwochenende ab, an dem ich aus New York zurückzog. Er fand an einem der dreckigsten und zugleich legendärsten Orte von New Haven statt: am Toad's Place. Die Vorstellung, was in einer Samstagnacht in diesem Gebäude abging und wovon es am Sonntagmorgen wieder reingeschrubbt werden musste, war ziemlich eklig, aber mir gefiel der Grundgedanke: Die Kirche ist kein Gebäude. Es geht nicht darum, wo man sich trifft. Es geht um die Menschen, neben denen man steht, und ob es einem gelingt, sie wirklich als Nachbarn zu betrachten.

Ich wurde Ende August auf die Kirche aufmerksam, etwa einen Monat bevor sie anfingen, regelmäßig einmal pro Woche einen Gottesdienst abzuhalten. Dienstagabends fanden immer Gruppentreffen statt, bei denen zehn bis fünfzehn Leute aus unserem Ort zusammensaßen und redeten, irgendwann schnappte sich jemand eine Gitarre und die anderen beteten. Es dauerte eine Weile, bis ich mich in diese Treffen hineinfand, denn bis dahin war Gott immer eher eine Art Einmannbetrieb für mich gewesen, wenn ihr versteht, was ich meine. Ich dachte, man betet allein und man singt in Räumen, in denen die anderen nicht hören können, dass man keinerlei Talent besitzt, und man behält seine Reise mit Gott für sich, um andere nicht zu verärgern oder zu verletzen. Die erste Zeit wippte ich bei diesen Jam Sessions immer nur mit dem Fuß. Dann öffnete ich schließlich meine Hände.

An meinem ersten Abend, nach einer ziemlich merkwürdigen Einführung, verteilte der Leiter neongrüne Klebezettel an die Gruppe. Sein Name war Chuck. Er war einer der Pfarrer der neuen Kirche.

»Heute Abend wollen wir etwas miteinander teilen«, sagte er zu uns. »Nehmt euch alle einen Post-it und schreibt auf, was ihr glaubt, was Gottes Plan für euer Leben ist.«

Ich schaute die anderen an, die auf Stühlen und Sofas um mich herum saßen. Niemand schien sich an der Frage zu stören. Ich fragte mich, ob er uns auf den Arm nehmen wolle. Ratlos schaute ich auf das kleine grüne Stück Papier hinunter. *Ist das dein Ernst? Ich soll allen Ernstes versuchen, das auf diesen Zettel zu schreiben?* Ich hatte keinen Schimmer, was Gottes Plan für mein Leben sein könnte. Ich wusste lediglich, dass ich ein Mädchen war, das immer nur um die großen Dinge bat. Ich erinnerte mich, wie ich einmal barfuss, die Handflächen zur Decke gestreckt, auf dem Holzfußboden meines Kinderzimmers gelegen und geflüstert hatte: »*Gott, ich will gar nicht wissen, wie viele Leute bei dir Schlange stehen. Ich weiß, dass es Millionen andere gibt, die du mir vorziehen könntest. Leute, die es nicht so verbockt haben wie ich. Aber wenn du mich auswählst, wenn du mich einsetzt, dann werde ich dich nicht enttäuschen. Das verspreche ich.*« Ich war damals sechzehn Jahre alt und gab nicht viele Versprechen, aber bei diesem hatte ich das Gefühl, es halten zu können.

Reihum begannen die Menschen, sich zu öffnen und ihre Geschichten mit der Gruppe zu teilen. Sie erzählten von

Kämpfen. Sie baten um Gebete. Und wie es sich für die Neue im Bunde gehörte, war ich die letzte in der Runde. Die Ecken meines Zettels waren vor lauter Nervosität schon völlig zerknickt, als ich einfach drauflosredete und erzählte, dass ich gerade von New York zurück nach Hause gezogen war und gar nicht vorhatte, lange zu bleiben, denn der Plan war, direkt wieder zurückzugehen. Ich wollte auf keinen Fall Wurzeln schlagen. Ich wollte auf gar keinen Fall, dass mir irgendwer zu nahe kam und mich bat zu bleiben oder so etwas.

»Ich hab keine Ahnung, was Gottes Plan für mein Leben ist«, sagte ich. »Deshalb hab ich ein Zitat von Mutter Teresa aufgeschrieben, das mir schon immer gefallen hat.«

In kringeliger Handschrift stand auf dem Post-it meine freie Version des Zitats, das ich irgendwann einmal entdeckt hatte: *Ich bin ein kleiner Stift in der schreibenden Hand Gottes, der einen Liebesbrief an die Welt verfasst.*

Und ganz ohne Vorwarnung begann ich, ohne Punkt und Komma von den Liebesbriefen zu erzählen und davon, dass ich keine Ahnung hatte, was das alles zu bedeuten hatte. Ich war bei Brief dreihundertsiebenundneunzig. Beim vierhundertsten würde ich aufhören.

»Ich wünsche fast, es würde sich von selbst erledigen.« Ich war überrascht, mich das laut sagen zu hören. »Und ich wüsste gern, warum ich damals überhaupt angefangen habe, diese Briefe zu schreiben. Es ist ein komisches Gefühl zu wissen, dass es bald aus und vorbei sein wird.«

Doch das war der Plan. Ich stellte mir vor, wie die Geschichte durch mein weiteres Leben allmählich in den Hintergrund gedrängt würde – die Geschichte über Fremde, Briefmarken und New York City. Neue Beziehungen. Beförderungen. Veränderungen. Und eines Tages würde ich die Liebesbriefe und den Platz, den sie in meinem Herzen einnahmen, vergessen haben.

Hier und jetzt allerdings, in diesem Raum voller Fremder, die die Geschichte zum ersten Mal hörten, fühlte es sich an, als wäre die Geschichte noch lange nicht zu Ende. Als wären es nur die ersten Noten eines Liedes. Als wäre es nur der erste Absatz von etwas, das ein wirklich langer Brief werden sollte. Das wurde mir bewusst, als ich meine Hände öffnete und der Gruppe meinen zerknitterten grünen Zettel zeigte.

Chuck unterbrach mich. Er stand von dem Tisch auf, an dem er saß.

»Entschuldige, aber ich muss dir einfach sagen, dass du etwas damit tun musst. Du musst. So viele Menschen wollen das«, sagte er. »Ich weiß nicht, ob dir das bewusst ist, aber viele Leute wollen genau das, was du die letzten zehn Monate hattest.«

So hatte es noch niemand formuliert: Du hast Glück. Dir ist wirklich großes Glück widerfahren. Und ganz egal, ob dir das bewusst ist oder nicht, diese Briefe waren ein Segen für dich, als du an einem Tiefpunkt in deinem Leben warst. Sie waren eine Rettungsweste. Nicht du warst die Rettungsweste. Sie waren es. Menschen brauchen Rettungswesten.

Chuck nahm mich am Ende des Treffens einen Moment zur Seite, und wir redeten miteinander. Ohne mich zu kennen, sah er mich an, als wäre ich für alles gerüstet, ganz gleich, was als Nächstes geschehen würde. Er sah mich an, als wüsste ich längst, welche neue Aufgabe mir demnächst in die Hände flattern würde. Ich musste nur reagieren.

»Mach etwas Größeres daraus«, sagte er. »Konzentriere dich weiter auf die Liebe. Auf nichts als die Liebe.«

Ich marschierte an diesem Abend mutig und mit erhobenen Fäusten in unser Haus und verkündete meiner Mutter, dass ich beabsichtigte, meine Liebesbriefe zu etwas zu machen, das größer war als ich. Sie schaute noch nicht einmal von der Zeitungsbeilage auf, die sie gerade studierte.

»Aber du hast doch gesagt, dass du damit aufhören willst.« Jetzt fixierte sie mich durch ihre rot gefasste Brille.

»Ja, ich weiß«, sagte ich kleinlaut. »Aber was, wenn ich dadurch etwas Entscheidendes verpasse? Was, wenn ich dazu bestimmt bin, etwas Größeres schaffen?«

Ich war völlig verwirrt, als ich an diesem Abend im Bett lag und versuchte einzuschlafen. In meinem Kopf fand ein Tauziehen zweier ebenbürtiger Gegner statt. Mal war die eine Seite einen Moment lang stärker: *Diese Nummer ist zu groß für dich. Viel zu groß. Was, wenn du es nicht hinbekommst?* Mal legte sich die andere Seite mächtig ins Zeug: *Was denkst du dir eigentlich? Du bist völlig verrückt, wenn du glaubst, diese Sache sei größer als du. Was soll das Ganze überhaupt? Es ist lächerlich. Du wirst damit nichts bewirken, rein gar nichts. Die Welt braucht nicht mehr Liebesbriefe. Die Welt braucht Bildung. Und sauberes Trinkwasser. Keine Ablenkungsmanöver.*

Ich wollte nichts schaffen, was die Welt nicht brauchte. Damit war ich bereits erfolgreich gescheitert. Während meiner Zeit in New York hatte ich mir in den Kopf gesetzt, eine Website mit Interviews von Powerfrauen ins Internet zu stellen, die die Welt verändern sollte. Ich hatte die ganze Sache komplett durchgeplant. Es war nicht das erste Mal, dass ich verzweifelt versuchte, der Welt eine meiner Ideen aufzuzwingen. Doch keine dieser Ideen wollte je zünden. Hier und da tat sich mal etwas, aber letztlich scheiterte ich immer an der konkreten Umsetzung. Ich nahm etwas in die Hand und ließ es wieder fallen, nahm etwas in die Hand und ließ es wieder fallen – so als würde ich versuchen, ein Kajak einen Hügel hochzuzwingen.

Ich wusste, was mit all den Dingen, die ich der Welt aufzwingen wollte, nicht stimmte: Sie wurden von jenem Teil in mir angetrieben, der dafür einen Orden verliehen haben wollte. Ich wollte die sein, um die sich alles drehte. Ich wollte mit eigenen Händen etwas schaffen, wofür ich bekannt, bewundert, geliebt und verehrt wurde. Ein solches Gefühl kann anfangs ganz klein und unbedeutend sein, doch es wächst zu etwas heran, das hässliche Flecken auf unseren Herzen hinterlässt. Die Puste geht uns aus. Die Pläne gehen schief. Und innerhalb kürzester Zeit verausgaben wir uns völlig bei dem Versuch, uns ein eigenes Denkmal zu errichten.

Als ich tags darauf nach der Mittagspause wieder in meiner Bürozelle saß und meine E-Mails checkte, traute ich meinen Augen nicht. Ganz oben im Posteingang thronte eine E-Mail mit dem Betreff *Reporterin des Wall Street Journal*. Ich schaute zur Bürodecke hinauf und formte mit den Lippen die Worte: »Das ist ein Scherz, oder?« Es musste ein Scherz sein. Zwanzig Minuten später wusste ich, dass es kein Scherz war. Es gab diese Reporterin wirklich. Sie arbeitete gerade an einem Artikel über Menschen, die mit Hilfe der sozialen Medien versuchten, Handgeschriebenes am Leben zu erhalten. Sie hatte über jemanden von mir erfahren, der vor Kurzem einen Liebesbrief von mir bekommen hatte. Ich sollte als Jüngste einen Platz in einer Reihe mit anderen Briefschreibern bekommen, die alle noch ganz genau wussten, wie Briefpapier roch und wie Tinte schmeckte.

Der Artikel sollte in der kommenden Woche im *Wall Street Journal* erscheinen. Es gab nur zwei Möglichkeiten: höflich ablehnen oder Teil des Artikels werden und Dutzende neue Briefwünsche bekommen. Letzteres hätte zur Folge, dass ich den Schwielen an meinen Fingern Namen geben müsste, da sie fortan wie Kinder für mich sein würden – Jenna, Paulie und Mittelfinger Mitchell –, bis ich schließlich meinen Job kündigen und an irgendeiner Straßenecke landen würde, wo ich fremden Leuten Liebesbriefe auf Pappkartons schrieb und Touristen ertrug, die im Vorbeigehen zischelten: »Oh, sie soll mal völlig normal gewesen sein. Arme, kleine Liebesbrieflady.«

Entweder, schuf ich etwas, das größer war als ich, oder ich tat so, als hätte ich nie auch nur einen einzigen Liebesbrief geschrieben. Zwischen diesen beiden Möglichkeiten musste ich mich entscheiden. Ich wusste damals nicht, dass es die kleinen Entscheidungen im Leben sind, – die, die wir für unbedeutend halten –, die alles verändern können. Und oft sind sie es, die entscheiden, ob wir diejenigen werden, die wir immer sein wollten.

»Also, was hast du als Nächstes vor?«, fragte mich mein Arbeitskollege und biss genüsslich in seinen Burger, noch bevor er die Frage fertig gestellt hatte.

Wir verbrachten unsere Mittagspause zusammen in einem neuen Burgerladen, der um die Ecke von unserem Büro aufgemacht hatte. Während wir in der Schlange angestanden hatten, die sich einmal rund um das Gebäude wickelte, war mir irgendwie die Geschichte von den Liebesbriefen rausgerutscht, und die Fragen, die er mir daraufhin stellte, machten es unmöglich, das Thema noch einmal zu wechseln.

Und dabei hatte ich mir fest vorgenommen, diesen Teil meines Lebens aus meinem Job herauszuhalten. Aber irgendwie schaffte es doch immer irgendwer, mich im Laufe eines Gesprächs auf Briefpapier, Briefmarken und Briefumschläge zu bringen. Die Geschichte war wie ein Kind, von dem ich niemandem erzählte. Die Leute nickten und stellten Fragen, und dann tauchten andere Leute in meiner Bürozelle auf, die auch die Geschichte hören wollten, die sie gerade von jemandem auf dem Flur gehört hatten. Egal, wie sehr ich mich bemühte, die Geschichte für mich zu behalten, sie fand immer einen Weg aus mir heraus, als würde sie mir ins Gesicht lachen und sagen: »Ich gehöre dir nicht, Baby.« Trotzdem versuchte ich, weiter so zu tun, als würde es mich kaltlassen, wenn die Briefe nicht mehr Teil meines Lebens sein würden.

»Also, wie geht's weiter?«

Ich schob meine Gewürzgurken auf dem Teller hin und her und versuchte, nicht zu ihm hochzuschauen, während er auf eine Antwort wartete.

»Ich denke, es ist vorbei«, sagte ich schließlich. »Ich meine, was kann ich noch tun? Die Sache ist erledigt.«

»Moment mal«, sagte er. »Willst du damit sagen, dass du glaubst, die Geschichte sei vorbei?«

»Na ja, schon … Ich meine, ich hab jetzt einen neuen Job. Ich will andere Sachen machen. Es war schön für einen bestimmten Zeitraum in meinem Leben, aber ich denke, es ist Zeit für was Neues.« Ich füllte das Schweigen mit noch mehr Bekräftigungen, dass es vorbei war. »Drum ja. Ich schätze, das war's.«

»Oh nein. Nein, nein, nein«, sagte er. »Das geht nicht. Ich meine, wenn das Ganze etwas wäre, das du seit zehn Jahren erfolglos versuchst auf die Beine zu stellen, dann würde ich sagen, okay, lass es gut sein, hör auf damit. Aber du bist jung. *Jetzt* ist die Zeit, Fehler zu machen und verrückte Dinge zu tun.«

»Aber ich hab keine Ahnung, was ich tun soll.«

»Es ist ganz egal, ob du das schon weißt oder nicht«, sagte er. »Folgendes wirst du auf jeden Fall nicht tun: Du wirst die Geschichte nicht killen. Niemand killt eine Geschichte, kurz bevor der gute Teil kommt.«

Die Situation erinnerte mich daran, wie ich einmal kurz vor dem Collegeabschluss mit meiner Mentorin in einem Coffeeshop gesessen hatte. Ich schreibe das Wort *Coffeeshop* nur zögernd, denn es war kein Coffeeshop im üblichen Sinne. Es gab weder gemütliche kleine Nischen noch braunäugige Baristas oder Cappuccinos mit Gemälden im Milchschaum. Der Laden erinnerte eher an die Billigversion eines Dunkin' Donuts. Auf der Karte standen scheußliche Kaffeekreationen mit Schokolade, Erdnussbutter und Shortbreadstückchen. Das letzte Mal, als ich dort war, hing an der Tür eine Warnung vor extrem großen Kekskrümeln in den Getränken, um zu verhindern, dass die Leute daran erstickten.

Trotzdem zog es meine Mentorin und mich immer wieder in diesen Kaffeeladen, wo wir dann zwischen asiatischen Mafiosi, die regelmäßig dort tagten, und einer Fensterscheibe mit mysteriösen Einschusslöchern saßen. Trotz der klebrigen Tische und der gruseligen Toilette in der Ecke hatte der Ort seltsamerweise etwas Heimeliges an sich. Es klebten so viele Lebensentscheidungen und Offenbarungen an diesen Tischen.

Ich erinnere mich noch, wie sie immer wieder den Tisch berührte, während sie mir eine Geschichte erzählte, die das »Gleichnis von den anvertrauten Talenten« hieß. Es ist die Geschichte eines Mannes, der an drei seiner Knechte Talente verteilt. Ich habe Jahre gebraucht, um zu verstehen, dass es sich bei Talenten im biblischen Kontext immer um Geld handelt. Bis dahin dachte ich, der Mann hätte seinen Knechten wirklich verborgene Talente gegeben, wie das Talent zu jonglieren oder die Begabung zu singen. Falsch gedacht.

Sei's drum. Zwei seiner Knechte sind sehr klug, und sie ziehen in die Welt hinaus und vervielfachen ihre Talente. Der Mann ist zufrieden und freut sich. Da wird dem dritten Knecht bange, und er fürchtet sich so sehr, sein Talent zu verlieren, dass er es zur Aufbewahrung in der Erde vergräbt. Als der Mann davon erfährt, wird er sehr wütend. Ich stelle mir vor, wie er den Knecht anschreit: »*Alter!* Du hast es vergraben?! Das ist doch kein Saatgut! Was ist los mit dir? Leg es in einen Safe oder in ein Tagebuch oder in sonst irgendwas, aber doch nicht in den Boden!«

Ich habe meine Mentorin nie gefragt, warum sie mir ausgerechnet diese Geschichte an diesem Tag erzählte – eine Woche, bevor ich den Schulabschluss machen und über eine Bühne in ein neues Leben mit weniger Noten spazieren würde. Vielleicht wollte sie mich davor warnen, wie leicht es ist, der dritte Knecht zu sein. Oder vielleicht wollte sie mich warnen, wie schwer es ist, loszuziehen und ein Risiko einzugehen, wenn jemand direkt vor uns steht und uns ins Gesicht sagt: »*Ha!* Vergiss es. Sieh's ein. Du bist nicht gut genug. Du verschwendest nur deine Zeit, Baby.«

Ich wollte nicht der dritte Knecht sein. Ich will niemals der dritte Knecht sein, der seine Talente vergräbt, nur weil er Angst davor hat, was passieren könnte, wenn er versucht, sie zu vermehren.

Es ging also um eine Entscheidung: Entweder konzentrierte man sich auf die Möglichkeit oder auf die Angst zu versagen. Angst und Versagen, die beiden gehen Hand in Hand. Sie sind wie ein Tanzpaar mit dem perfekten Rhythmusgefühl. Jahrelang hat die Angst das Versagen in diesen *Dirty Dancing*-Hechtsprung gewuchtet. Und wie gern die Leute über die beiden reden. Angst und Versagen, darüber wird mehr getratscht als über Promis und ihre historischen Doppelgänger. Aber die Sache ist die, und vielleicht ist das ein Geheimnis: Die Leute werden immer über das Versagen reden, aber niemand wird je auf die Idee kommen, sich zu uns umzudrehen, uns direkt in die Augen zu sehen und zu fragen, was es in uns angerichtet hätte, wenn wir nie losgezogen wären und es versucht hätten.

Größeres als das hier

Fünf Tage, bevor der Artikel im *Wall Street Journal* erschien, beschloss ich, dass ich eine Homepage brauchte.

Abgesehen von meinem Blog hatte ich bislang nur ein einziges Mal eine Website gebastelt: in der sechsten Klasse. Ich würde sagen, dass es eine richtig erfolgreiche Kummerkasten-Seite war, auch wenn es zu jener Zeit noch nichts gab, woran sich das messen ließ. Ich feierte mich damals als eine Art Guru, der Leuten Fragen beantwortete, die sie per E-Mail über Zungenküsse stellten (worin ich keinerlei praktische Erfahrung hatte), und der Tipps und Tricks postete, wie man(n) sich die Haare so stylte, dass alle angesagten Mädels auf einen flogen. (Ja, ja, ich weiß, ich leistete schier übermenschliche humanitäre Dienste im zarten Alter von elf Jahren). Meine Freunde hatten keine Ahnung, dass ich mich jeden Tag nach der Schule vor den Computer setzte und die Fragen fremder Leute beantwortete. Doch es gab für mich nichts Erfüllenderes als diese Stunden am PC, in denen ich mir überlegte, wie ich anderen Menschen klarmachen konnte, dass sie nicht allein waren. Ich war gerade mal elf Jahre alt. Das Ganze hätte mich vor meinen Freunden noch sonderbarer dastehen lassen als ich es ohnehin schon tat. Also behielt ich mein Dasein als Kummerkastentante lieber für mich.

So oder so, ich brauchte eine Homepage. Und ich hatte auch schon eine ungefähre Vorstellung, wie die Seite aussehen sollte. Es sollte zwei Gruppen geben: eine, die Briefe hinterließ, und eine, die Briefe schrieb.

Diejenigen, die Briefe hinterließen, sollten zu Papier und Stift greifen und in der gesamten Gegend, in der sie lebten, Liebesbriefe hinterlassen. Ich malte mir aus, wie Leute Briefe auf Baseballfeldern, auf Toiletten und in Buchläden fanden, so wie die Menschen meine Liebesbriefe in New York City gefunden hatten. Der einzige Unterschied würde darin bestehen, dass man die Briefe zurückverfolgen könnte, indem der Verfasser darauf schrieb: *Wenn du diesen Brief findest, dann gehe auf MoreLoveLetters.com.* Die Reaktionen könnten gepostet werden, und alle könnten an den Geschichten teilhaben, wo Briefe hinterlassen und anschließend gefunden wurden.

Und dann gab es die Briefschreiber – die Gruppe, die für fremde Menschen da sein wollte. Ich stellte mir vor, wie Leute auf meine Internetseite kamen und jemanden vorschlugen – ein Familienmitglied, einen Freund, einen Lehrer oder sonst jemanden aus ihrem Leben –, der dringend daran erinnert werden musste, wie stark er eigentlich war. Egal, ob sie gerade mit Krebs, einer Depression oder einem Verlust zu kämpfen hatten. Ich würde alle Geschichten lesen und dann ein paar auswählen, die ich auf die Seite stellte. Anschließend würde ich den Rest der Welt dazu einladen, einen handgeschriebenen Gruß zu verfassen und an ein Postfach zu schicken. Alle dort eingegangenen Briefe würde ich weiterschicken mit einer Nachricht: »Hey, jemand in deinem Leben liebt dich so sehr – und will dir das auf so außergewöhnliche Weise zeigen –, dass wir ein paar Leute aus Australien, Texas, Kanada und Mexiko zusammengetrommelt haben, um dich daran zu erinnern, dass du weitermachen musst. Du musst unbedingt weitermachen. Es ist wichtig, dass du da bist.« Wir könnten den Stapel Briefe »Liebesbriefbündel« nennen.

Das Ganze schien eine völlig verrückte Idee zu sein. Aber noch viel verrückter war, dass es tatsächlich funktionieren könnte.

Ich nahm den leuchtend blauen Scheck von der Pinnwand über meinem Schreibtisch, den Scheck, den Libby mir vor ihrer Abreise nach Italien ausgestellt hatte, und löste ihn ein. Es war eine Investition. Ich nahm das Geld und kaufte damit alles, was ich meiner Meinung nach brauchte, um aus den Briefen etwas zu machen, das größer war als ich. Ein Notizbuch. Eine Domain für 15 Dollar. Und ein Postfach auf dem Postamt bei mir zu Hause.

Und ich will gar nicht erst versuchen, so zu tun, als wäre ich nicht stolz wie Oskar gewesen, als ich dieses Postfach anmietete. Ich fühlte mich wie die stolze Besitzerin eines neuen Autos, Eigenheims oder Haustiers. Und ganz egal, wie klein es war (winzig klein – bei einem Dutzend Briefe wäre es wegen Überfüllung geschlossen), Fach 2061 gehörte mir. Ich trug es unter dem Namen *MoreLoveLetters* ein.

Tags darauf twitterte ich: »Ich hab eine total verrückte Idee, was ich mit den Liebesbriefen anstellen könnte.«

Keine Minute später erhielt ich eine E-Mail von einer Frau namens Becky. Becky war eine Bloggerin, die ich schon seit ein paar Jahren kannte. Wir liefen uns immer mal wieder in Form von Tweets und Blog-Kommentaren über den Weg, und erstaunlicherweise genügte es mir, das Gefühl zu haben, ich würde sie und ihren Mann Ben und ihr süßes, gemütliches Apartment und ihre Träume für das kommende Jahr irgendwie kennen. Auch wenn ich diese Informationen nicht von ihr persönlich hatte, hütete ich sie wie einen Schatz, auf den ich aufpassen sollte – ganz egal, ob ich sie nun in einem Blog gelesen hatte oder nicht.

Ich bin dabei, schrieb sie. *Was immer du mit den Liebesbriefen vorhast.* Sie musste noch nicht einmal überzeugt werden. Sie war bereit, einen Schritt weiterzugehen.

Und obwohl wir noch nie miteinander gesprochen hatten, ließen wir uns von den kosmischen Klängen des Skype-Klingeltons davontragen und tauchten in ein Gespräch über die Liebesbriefe ab. Ich schüttete ihr mein Herz aus. Ich erzählte ihr alles. Ich war ein wandelndes Sammelsurium aus Geschichten, die mich förmlich anflehten, diese Sache zu erschaffen – diese Homepage –, auf der Menschen Liebesbriefe schreiben, Liebesbriefe hinterlassen und andere Menschen glücklich machen konnten.

Während ich ihr mein Herz ausschüttete, merkte ich, dass ich diese Sache, die ich noch nicht einmal geschaffen hatte, bereits jetzt enorm verteidigte. Ich sprach darüber, als ob niemand sonst das alles so verstehen könnte, wie ich es tat. Ich schätze, insgeheim wartete ich darauf, dass jemand zu mir sagte: *Du spinnst.*

Becky war dieser Jemand jedenfalls nicht. Sie lächelte mich einfach nur vom Bildschirm aus an. Sie lächelte und nickte, als würde sie mich besser verstehen als jeder andere Mensch auf der Welt.

»Ich weiß, was dein Brief für mich getan hat, als du ihn mir geschickt hast. Deshalb würde ich gern wissen, was ich für andere tun kann.« Ich war völlig perplex. Dieses Detail hatte ich irgendwie übersehen. Nachdem wir den Skype-Anruf beendet hatten, scrollte ich in meinem Posteingang zu den allerersten Briefbitten hinunter, die vor knapp einem Jahr nach dem Blogeintrag in mein Postfach geflattert waren, und machte eine Entdeckung: Becky war die Erste gewesen. Sie war die Erste von mehreren hundert Fremden gewesen, die mich um einen Liebesbrief gebeten hatten.

Der erste Bogen Briefpapier. Die Erste, die je einen Liebesbrief von mir bekommen hatte. Sie hatte die ganze Zeit hinter der Idee gestanden. Und jetzt, fast ein ganzes Jahr später, war sie drauf und dran, mein größter Cheerleader für den vor mir liegenden Weg zu werden.

Eines Nachmittags, es war mein freier Tag, klingelte mein Handy. Es war Ronny. Ich wusste, dass er wegen einer Hochzeit anrief, zu der wir nächsten Monat gehen würden.

Ronny und ich waren seit der Highschool befreundet. Wir hatten eine Gemeinsamkeit: Nate. Die beiden waren beste Freunde. Ronny kennenzulernen half mir, Nate besser zu verstehen. Nate war der Vorsichtige, der immer das Richtige tun wollte, während Ronny den Ärger machte und für die Erinnerungen sorgte, die vermutlich immer ein Geheimnis zwischen den beiden bleiben würden. Ron würde sagen, dass Nate einen besseren Menschen aus ihm gemacht hat. Nate würde das Gleiche über Ronny sagen. Ich denke, das macht wahre Freundschaft aus: Wenn man sich gegenseitig zu besseren Menschen macht. Wenn jeder für sich vollkommen ist – absolut vollkommen –, und trotzdem stellt jeder eine großartige Ergänzung zu dem dar, was der andere ins Leben mitbringt. Ron wird mich umbringen, wenn ich euch sage, dass die beiden wie Erdnussbutter und Oreos waren, aber sie *waren* wie Erdnussbutter und Oreos. Jeder für sich war vorzüglich. Aber zusammen machten sie einander noch besser.

Und dann entschied sich unsere Gemeinsamkeit für das gleiche College, das er aber nach nur einem Semester, in dem wir uns ohnehin nur ungefähr dreimal sahen, schon wieder wechselte. Einmal gleich zu Beginn des Semesters, nach meiner ersten Mein-Herz-wurde-von-einer-Dampfwalze-plattgemacht-Trennung. Ich stand vor seiner Tür. Ich wusste nicht, wo ich sonst hätte hingehen sollen. Sollte je ein Wirbelsturm durch mein Gedächtnis fegen und einzelne Erinnerungen mit sich reißen, würde ich alles dafür geben, diesen Moment auf seiner Türschwelle vor dem Vergessenstod retten zu können. Wie er mich in seine Arme schloss. Wie er nichts weiter fragte außer: Es geht dir gut? Stimmt's? Es geht dir gut?« Und wie aus dieser Frage, die er ständig wiederholte, eine Bestätigung wurde: Es geht dir gut. Wie er das immer und immer wieder zu mir sagte. Wie er es so lange sagte, bis ich es glaubte.

»Es gibt eine Hochzeit, über die wir reden müssen«, sagte Ronny am Telefon zu mir. »Es gibt eine Tanzfläche, über die wir fegen müssen.« Den Klang seiner Stimme zu hören war, wie in ein warmes Bad zu tauchen. Es war einer dieser viel zu seltenen Momente, in denen man daran erinnert wird, dass man für die kommenden zehn oder zwanzig Minuten, in denen man mit jemandem spricht, der einem gefehlt hat, nirgendwo anders als im Hier und Jetzt sein soll. Nicht fünf Jahre in der Zukunft, nicht zwei Jahre in der Vergangenheit, sondern einfach nur hier und jetzt – bei einem alten Freund.

Wir redeten über dies und das. Über unser Geschenk. Darüber, welche Farbe mein Kleid hatte und ob er sich passend dazu anziehen sollte. Gegen Ende des Gesprächs fragte ich ihn nach Nate. Ich hasste es, mich nach ihm zu erkundigen, aber ich wusste, dass Ronny immer ganz genau wusste, wie es Nate ging.

»Er hält sich wacker. Du kennst ihn ja, er ist ein zäher Bursche. Die letzten Wochen waren nicht leicht, aber er packt das.«

»Ja, klar«, sagte ich. »Ganz bestimmt.«

»Was ich noch fragen wollte, wie läuft's in deinem Job?«, fragte Ronny und wechselte damit das Thema. »Irgendwelche neuen Verrücktheiten in deinem Leben?«

Ich will ganz ehrlich sein: Ich erzählte Ronny ganz bewusst von meiner neuen Idee für die Liebesbriefe. Ich hatte längst vorgehabt, ihm von dem Plan zu erzählen, den ich hoffte, schon in ein paar Tagen in die Tat umzusetzen. Und zwar deshalb, weil ich wusste, dass Ronny skeptisch sein würde. Er würde nicht gemein werden; er war nur einfach immer derjenige, der mir ganz offen sagte, wenn er etwas für keine gute Idee hielt.

»Moment mal, das musst du mir genauer erklären.« Er klang skeptisch. »Du willst ein Geschäft aufziehen? Mit Liebesbriefen?«

»Na ja, ein Geschäft würde ich es nicht gerade nennen. Ich weiß selbst noch nicht so genau, was es ist. Oder was es werden wird.«

Es könnte letztlich nichts werden. Ein Schuss in den Ofen. Ein Schlag ins Wasser. Ich wusste es nicht.

»Ich möchte etwas ins Leben rufen, dass sich ›Liebesbriefbündel‹ nennt.« Ich erzählte ihm, dass mir von allen Briefbitten, die ich bekam, immer die besonders am Herz lagen, die sich Leute für jemand anderen wünschten. Der ganze Prozess fühlte sich anders an. Die einzelnen Worte hatten viel mehr Gewicht, wenn ich sie in dem Wissen schrieb, dass schon bald jemand diesen Brief in Händen halten und sich fragen würde: »Wer in meinem Leben liebt mich so sehr, dass er um diesen Brief gebeten hat?« Wenn es möglich war, dieses Gefühl mit Hilfe eines einzelnen Liebesbriefs auszulösen, was würden dann ein paar hundert Liebesbriefe beim Empfänger auslösen? Es könnte ihm die Sprache verschlagen. Er könnte sich wirklich geborgen fühlen und auf gewisse Art unbesiegbar.

»Hannah …« Er zögerte. »Ich denke, die Idee ist nicht schlecht … Okay, Liebesbriefe sind was für verunsicherte Frauen, die ihre Gefühle in sich reinfressen. Sowie für Menschen wie dich … Was zeigt, dass ich so etwas nie brauchen werde.« Er senkte die Stimme. »Aber ich kann verstehen, warum sich Leute diese Liebesbriefe wünschen würden … Ich glaube, die Sache hat Potenzial. Du kannst jetzt keinen Rückzieher mehr machen, Brencher.«

Ich war davon ausgegangen, dass Ronny kritischer sein würde. Ich wartete regelrecht darauf, dass er oder jemand anderes zu mir sagte, dass ich mit dem Quatsch aufhören solle. Ich bin mir sicher, hätte damals jemand zu mir gesagt, dass aus der Schnapsidee nichts werden würde, ich hätte das als Vorwand genutzt, um mich schnurstracks in das Mädchen zurückzuverwandeln, das glaubte, seine Schritte könnten sowieso keinerlei Spuren hinterlassen. Ich wäre auf der Stelle wieder zu dem Mädchen geworden, dem Entschuldigungen den Hals zuschnürten.

Als jedoch niemand vortrat, um »Nein« oder »Stopp« zu sagen, wurde mir klar, dass ich die Einzige war, die darauf wartete, mir im Weg zu stehen. Es war mir egal, wie oft ich mir innerhalb eines einzelnen Tages selbst würde Mut zusprechen müssen: Ich würde die Angst zu versagen, nicht gewinnen lassen.

Mit Ronnys Segen machte ich mich daran, die Homepage zu erstellen. Ich will gar nicht erst so tun, als würde dieser Formulierung – die Homepage zu erstellen – auch nur ein Hauch von Romantik anhaften. Ich hatte nicht die geringste Ahnung von dem, was ich da tat. Ich lieh mir Bücher über

HTML aus der Bibliothek aus und zog mir eine Lernsoftware nach der anderen rein. Tag und Nacht. Vor der Arbeit. In der Mittagspause. Bis zwei Uhr morgens. Ich erfand zig neue Schimpfwörter, so frustrierend waren Layouts und Designs, die einfach nicht funktionieren wollten. Ich gab schon vor dem Frühstück mindestens fünfzigmal jede Hoffnung auf. Ich finde Schaffensprozesse, egal wovon, einfach nur brutal. Diese ganzen Fehlstarts und Rückschläge. Man muss sich schon einen Panzer zulegen, um sich durch die ganzen Schlachtfelder voller Selbstzweifel und Angst hindurchzukämpfen. Und die Schlachtfelder werden nicht kleiner. Oh nein. Sie werden sogar noch größer, wenn sie erkennen, welchen Feldzug man in seinem Innern führt.

Ronnys Worte und sein Glauben an mich halfen mir weiter, wann immer ich an den Tücken des Webhostings zu scheitern drohte. Und jedes Mal, wenn ich an Ronny dachte, fanden sich meine Gedanken letzten Endes bei Nate wieder. Und so dachte ich an Nate, während ich um vier Uhr morgens versuchte, die Augen aufzuhalten.

Größeres als das hier, Größeres als das hier. Ich legte meinen Kopf auf die Tischplatte und wartete ungeduldig darauf, dass die Geduld ihren Weg in mich zurückfand, damit ich endlich weiterprogrammieren konnte. *Größeres als das hier, Größeres als das hier.* Ich merkte, wie das Flüstern einsetzte: *Es geht nicht um dich. Es geht nicht darum, was du willst. Mach dich auf die Suche nach dem selbstlosen Ort in dir, und dann fang an, Holz für das Feuer aufzuschichten. Suche so lange, bis du den Ort gefunden hast, auch wenn er schwer zu finden ist. Suche unermüdlich danach.*

Baue auf diesem selbstlosen Ort in dir auf, der weder groß ist noch lärmend, weder selbstsüchtig noch stolz. Baue auf diesem kleinen Punkt in dir auf, der so friedlich und unablässig für andere brennt. Vergiss nicht: Was immer sich tief in der hungrigen Seele eines Einzelnen verbirgt, wird unweigerlich an die Herzen vieler, vieler anderer gebunden sein.

Ich beendete die neu erstellte Website mit einem Brief. Es war der letzte und schwierigste Schritt. Es war der spannende Moment, den bestimmt jeder von uns schon einmal erlebt hat: der Moment, wenn man bereit ist, den Menschen, die man liebt, von einer neuen Idee zu erzählen, und man einfach nur hofft, dass sie ihnen gefallen wird. Ich schätze, es ist einer unserer verletzlichsten Momente im Leben: der Moment, in dem wir hoffen, verstanden zu werden. Ich denke, wir alle müssen es schaffen, an einen Punkt zu kommen, an dem wir zu den Menschen, die uns einreden wollen, dass wir nichts bewirken können, freundlich aber bestimmt nein sagen. Und wir sollten nicht zu viel Zeit darauf verwenden, Menschen zu unseren Cheerleadern machen zu wollen. Nicht jeder wird uns verstehen. Trotzdem sind ungestüme Herzen wichtig. Die Welt braucht ungestüme Herzen.

Ich entschied, einen ganz einfachen Brief zu schreiben, der in etwa lautete: *Ich habe etwas geschaffen. Und jetzt gebe ich die Aufgabe an euch weiter.* Ich hatte keine großen, übertriebenen Erwartungen. Ich wollte einfach nur nicht das Mädchen sein, das die Rettungsweste, die es einst rettete, mit niemandem teilte.

Ich wusste, dass die Welt nicht noch eine weitere Website brauchte. Sie brauchte nicht noch eine App oder noch ein Gerät, um sich noch effizienter zu drehen. Die Liebesbriefe hatten gar nichts mit Effizienz zu tun. Warum also glaubte ich, eine Website erstellen zu müssen?

Liebe. Das war der Grund. Sie verbarg sich hinter sämtlichen Briefen. Liebe. Ganz einfach. Ganz schlicht. Oft vergessen im permanenten Wettlauf um Likes, Followers und Facebook-Freunde. Liebe. Echte, antiquierte, nie-aus-der-Mode-kommende Liebe. Eine lächerliche, triefende, nicht-in-140-Zeichen-passende Form von Liebe. Unerschrocken, mutig, unaufhaltsam.

Liebe. Es ist verrückt, dass ich so lange gebraucht habe, um darauf zu kommen, was das Ganze hier am Laufen hält. Vermutlich war es die ganze Zeit das Einzige, was wirklich gezählt hat. Nicht ich. Nicht das Briefpapier. Nicht die Briefmarken oder die Fremden. Nur die Liebe, die wir lernen, einander ohne jede Hintergedanken zu geben.

Und ich kann noch so sehr versuchen, so zu tun, als würde sich die Welt um etwas anderes drehen – um etwas Größeres, Strahlenderes, Glänzenderes, Perfekteres –, letztlich ist es die Liebe, die das Rennen um unsere Herzen für sich entscheidet.

Ich klickte auf »Veröffentlichen.« Die Seite ging an dem Tag online, an dem der Artikel im *Wall Street Journal* erschien. Ich saß im Zug auf dem Weg zur Arbeit, schlürfte meinen Kaffee, las den Artikel und schnürte meine restlichen Gefühle zu einem abschließenden Gebet zusammen: *Wenn es da draußen Menschen gibt, die das hier brauchen, dann bitte, finde sie.*

Man nennt es Liebe

Ich ahnte damals nicht, dass mein Leben vierzehn Tage später in zwei Hälften geteilt würde. Um 14:07 Uhr, exakt zwei Wochen, nachdem die Internetseite online gegangen war, schlich sich das Leben von hinten an mich heran und tippte mir auf die Schulter. »Psst …«, sagte das Leben und jagte mir einen ordentlichen Schrecken ein. »Hier … für dich.«

Ich fuhr herum und sah das Leben mit einem schwarzen Filzmarker in der Hand vor mir stehen.

»Was soll ich damit?«

»Nimm den Stift und zieh damit eine dicke, fette Linie mitten durch mich hindurch«, antwortete das Leben. »Von heute an wirst du mich mit anderen Augen sehen. Der eine Teil wird das ›Davor‹ sein, der andere Teil das ›Danach‹. Aber ich werde nie wieder nur eins sein.«

Pensacola hat Liebesbriefe, lautete der Betreff der E-Mail, die aus den anderen Mails in meinem Posteingang herausstach. Ansonsten war es ein ganz normaler, ereignisloser Tag.

Und obwohl ich auf einem Bürostuhl in Westport, Connecticut, saß, stand ich mit jeder Faser, die jemals etwas – irgendetwas – gewollt hatte, als ich diesen allerersten Brief in der New Yorker U-Bahn schrieb, plötzlich in einer Toilette in Pensacola, Florida, zusammen mit einem Mädchen namens Brittany.

Sie erzählte mir alles. Sie schrieb in ihrer Mail, dass sie gerade einen dieser Tage hatte. Einen dieser Tage, an dem ihr die Schläger im Kopf gnadenlos zusetzten und ihr einredeten, sie sei nicht gut genug. Nicht schlank genug. Nicht hübsch genug. Nicht fleißig genug. Es war einer dieser Tage, an dem sich die »Nicht-Genug-Götter« um sie herum zusammenrotteten und nichts, was sie machte oder sagte oder versuchte, war je genug. Ich sah sie regelrecht vor mir, wie sie an diesem Tag über ihren Campus in Pensacola lief und in einer Toilette verschwand. Sie war schon fast wieder draußen, da entdeckte sie etwas Kleines, das am Waschbecken lehnte. Zusammengefaltet wie diese Zettel, die man früher in Physik zu Leuten rüberwarf, die man mochte. Es war ein Liebesbrief von einem Fremden. Darin stand, dass sie genug war. Dass sie wertvoll war. Dass sie alles richtig machte.

Deine Liebesbriefe sind jetzt auch in Pensacola, Florida, schrieb sie abschließend. Jemand in Pensacola musste auf meine Website gestoßen sein und beschlossen haben, selbst auch Liebesbriefe zu hinterlassen. Wer immer diesen Brief geschrieben hatte, hatte etwas bewirkt. Es war der Startschuss für alles, was folgen sollte.

Es kamen immer mehr E-Mails von Leuten, die in allen Ecken und Winkeln ihrer Städte und Gemeinden Liebesbriefe fanden. Briefschreiber tauchten in Tennessee und Pennsylvania, Kanada und London auf. Jeden Tag las ich Geschichten über Menschen, die sich hinsetzten, Liebesbriefe verfassten und sie dann überall auf der Welt hinterließen, damit andere Menschen sie entdeckten. Überall auf der Welt fanden Menschen Liebesbriefe und stellten sich die Nachrichten völlig Fremder auf Kommoden oder hängten sie sich an Schlafzimmerspiegel. Ich kann bis heute kaum glauben, dass jemand *Ich liebe dich für all die*

Dinge, von denen du glaubst, dass sie niemandem auffallen schreibt und die Nachricht auf einer Parkbank zurücklässt und dass jemand anderes den Brief findet und von den Worten zu Tränen gerührt ist. Ich werde nie behaupten, die Welt könne nicht mehr davon gebrauchen.

Ich las über dieses Mädchen, Erin, das ein schier unstillbares Verlangen danach hatte, etwas wirklich Wundervolles zu tun. Wie bei den meisten von uns saß dieses Verlangen tief in ihrem Innern und hielt sie nachts wach. Sie wohnte in Dubuque, Iowa, wo sie sich unentwegt fragte, wie sie etwas bewegen und ein Leben verändern könnte. Sie stolperte über die Liebesbriefe und beschloss, sie quer über ihrem Campus zu verteilen. Nun, sie kam nicht sehr weit. Sie hatte erst ein paar Nachrichten hinterlassen, da trat sie eines Morgens in den Innenhof und sah überall Liebesbriefe an Bäumen hängen, in Büschen stecken und auf Bänken liegen. Einer der Briefe, den sie geschrieben hatte, musste etwas Größeres ausgelöst haben.

Und dann war da ein Mädchen namens Sara – Anfang zwanzig, mit einer brennenden Leidenschaft für klassische Literatur und Taylor Swift –, das angefangen hatte, Manhattan im Sturm zu erobern, indem es, wie ich einst, Briefe über die einsame Stadt verteilte. Sie sprang in Stiefeln und mit einem knallbunten Hut auf dem Kopf durch die Straßen und benutzte Worte in ihren Briefen, die einen Großstadt-Yuppie schon mal nachdenklich stimmen konnten: *Manchmal verlieren wir unser Leben aus den Augen. Wir verlieren uns in Ganztagsjobs und der täglichen Hin- und Herpendelei. Wir verlieren uns in unseren Smartphones und vermeiden es, Menschen in die Augen zu sehen. Wir vergessen, »Hallo« und »Tschüss« zu sagen. »Bitte« und »Danke«. Wie geht's dir heute? Aber manchmal musst du einfach eine Hand ausstrecken und diese Frage stellen. Und kannst so den Tag eines Menschen verändern, so wie dieser Brief deinen.*

Nur einen Tag später erhielt ich eine Nachricht über Twitter. Jemand hatte eine von Saras Nachrichten in der U-Bahn-Station Rockefeller Center gefunden. Sie selbst hatte sie dort nie hinterlassen, man konnte also davon ausgehen, dass sie durch mindestens zwei weitere Hände gegangen war, bevor sie demjenigen in die Hände fiel, der sie schließlich mit nach Hause nahm.

Es war die gleiche Sara, die wusste, dass ihrer besten Freundin das Herz gebrochen worden war. Sie hatte es auf den Boden aufschlagen und zerbersten hören. Da war ein Meer aus Tränen, Taschentüchern und Eiscreme. Und dann hatte Sara eine Idee: Sie wollte ein Trennungs-Survival-Kit zusammenstellen – mit sorgsam ausgewählten Playlisten und Beste-Freunde-Gutscheinen (die ohne Ablaufdatum), gekrönt von einem Stapel Briefen von Menschen aus dem ganzen Land. Wir posteten eine kurze Nachricht mit Saras Adresse. Wir erklärten, dass da ein Mädchen in Pennsylvania war, das wir mit gesammelten Kräften davor bewahren mussten, die glühenden Schmerzen eines gebrochenen Herzen allein zu durchleiden. Saras Briefkasten quoll kurz darauf über von gutgemeinten Trennungstipps und aufmunternden Worten, allesamt geschrieben von Menschen, die nie die Hand des Mädchens halten, ihre Wange küssen oder ihr Innerstes kennenlernen würden. Doch all das war egal.

Mein Lieblingsteil war der, als Sara ihrer besten Freundin das Survival-Kit überreichte. Sie saßen auf einem Parkplatz vor einem Einkaufszentrum im Auto und lasen zusammen Brief für Brief. Und sie weinten. Und lachten. Mir gefiel die Vorstellung, dass sie in diesem Moment keinerlei Grund hatten, ihre Handys zu zücken oder sich anderweitig abzulenken, und dass sie darüber staunten, wie die Liebe sich recken und strecken kann, weit über das hinaus, was wir je erwartet hatten. Nur ein paar Wochen zuvor war die Liebe über das Mädchen hereingebrochen wie ein Unwetter und hatte ihr das Herz gebrochen. Und heute half sie dem Mädchen wieder auf.

Eine Woche später krampfte sich mein Herz zusammen, als ich auf dem Postamt bei mir im Ort stand und Postfach 2061 öffnete. Es war praktisch leer. Nur ein einziger gelber Zettel lag darin.

Es war mein erster Versuch, ein Liebesbriefbündel zu schnüren. Ich hatte eine Frau namens Briana als Empfängerin ausgesucht, nachdem sie von einer ihrer Freundinnen auf meiner Homepage vorgeschlagen worden war. Ihre Freundin schrieb, dass ihr damals, als sie Briana kennengelernt hatte, als Erstes ihr ansteckendes Lachen aufgefallen war. Sie schwor, dass jeder im Umkreis von fünf Metern alles fallen ließ, um zu sehen, wer da so lachte. In letzter Zeit hatten sie fast nur noch Kontakt über Facebook, da sie weit voneinander entfernt wohnten, doch sie hatte angefangen, eine Abwärtsspirale in Brianas Facebook-Posts zu erkennen. Sie schrieb, dass Briana trotz aller Schwierigkeiten, mit denen sie konfrontiert war, stark war. Obwohl sie kurz davor stand, alleinerziehende Mutter zu werden, die kaum genug Geld hatte, um ihre Miete zu bezahlen, war sie stark.

Mit angehaltenem Atem tippte ich Brianas Geschichte und veröffentlichte sie auf der Homepage. Der Plan war, am Ende des Monats alle Briefe an Briana zu schicken.

Ich nahm den gelben Zettel aus dem Fach und ging zum Schalter. »Das lag in meinem Postfach«, sagte ich dort zu dem Mann.

»Oh, Fach 2061«, sagte er. »Wir haben jede Menge Post für Sie.« Er ging weg und kam mit einem Schlüssel in der Hand zurück. Er schob ihn zu mir rüber.

»Sie haben zu viel Post gekriegt«, sagte er. »Wir haben ihnen ein größeres Fach zugeteilt.«

Nun, lasst es mich so sagen: Ich verließ die Post an diesem Tag mit vielen Briefen und noch mehr Schlussfolgerungen über die Menschen an sich: Im Großen und Ganzen sind sie ziemlich cool, und gibt man ihnen eine Aufgabe, werden sie da sein. Sie werden sogar mehr als da sein. Sie werden uns überrennen.

Dieses Gefühl verstärkte sich noch, als ich die Briefe las. Beim ersten Durchsehen des Stapels stellte ich fest, dass sie von überall herkamen: Missouri. Delaware. Kanada. London. All diese Fremden waren für Briana da. Nicht weil sie sich irgendwann einmal treffen oder bei einer Tasse Kaffee miteinander lachen würden, sondern weil sie sich gefunden hatten. Endlich hatten sie sich durch einen Brief gefunden.

Stolz brachte ich das Liebesbriefbündel für Briana am Ende des Monats zur Post und schickte es ihr.

Eine Woche später bekam ich eine E-Mail von ihrer besten Freundin. Briana und sie hatten – jede in ihrem Winkel des Landes – vor Freude geweint, als die Briefe angekommen waren. Brianas beste Freundin schrieb: *Die Briefe können uns nicht heilen. Aber sie zeigen uns, dass wir nicht allein sind und dass wir nicht umsonst kämpfen. Und das ist etwas so Großes, dass ich einfach Teil davon sein muss.*

Nate

»Schreib meine Kreditkartennummer auf und buch ein Hotelzimmer. Egal was für eins. Und dann sag mir Bescheid.«

Ronny war am Telefon. Er klang hektisch. Es war Ende September. Die Hochzeit, zu der wir eingeladen waren, fand in nur einer Woche statt, und wir brauchten unbedingt ein Hotelzimmer.

»Ist alles in Ordnung?«, fragte ich ihn.

Ich konnte hören, wie er im Hintergrund hin- und herlief. »Ich melde mich wieder. Ich lasse mich für eine Weile beurlauben. Ich muss zu Nate.«

»Ronny?«

»Ich muss zu ihm. Ich halte dich auf dem Laufenden. Jetzt schreib erst mal meine Kreditkartennummer auf.«

Ich hatte damals keine Ahnung, ob ich die Zahlen überhaupt richtig notierte. Nachdem wir aufgelegt hatten, rief ich sofort eine Freundin an, die wie Ronny gerade im ersten Jahr an der juristischen Fakultät war. Ich fragte sie, ob man sich einfach so beurlauben lassen könnte. Sie verneinte. Es musste etwas wirklich Ernstes sein, wenn er das tat. Also wartete ich. Ich wusste, was Ronny mir sagen würde, wenn er wieder anrief, doch ich weigerte mich, den Gedanken zuzulassen. In meiner Vorstellung ging es Nate besser. Er würde gesund werden. Der Krebs würde verlieren. Er würde ihn besiegen. Denn so war die Geschichte dutzende Male in meinem Kopf ausgegangen. *Er wird ihn besiegen*, dachte ich. *Ich weiß, dass er ihn besiegen wird.*

An diesem Glauben hielt ich fest, selbst als Ronny am Abend wieder anrief. Ich hielt daran fest, selbst als er mir sagte, dass Nate auf dem Weg in ein Hospiz war. Ich hielt daran fest, selbst als er mir kurz darauf eine Nachricht schickte und ich mit dem Telefon in der Hand dastand und mich fragte, wieso bei manchen Zeilen das Display nicht zersprang, wenn sie ankamen:

»Hannah, du musst den besten Liebesbrief schreiben, den du je geschrieben hast. Für Nate. Ich schicke dir die Adresse.«

»Du solltest ihm schreiben«, sagte meine Mutter, als ich ihr die Nachricht zeigte. Sie sagte das ganze drei Mal zu mir. Ich weiß das deshalb so genau, weil der Druck zu schreiben, mit jedem Tag größer und größer wurde. Trotzdem ließ ich drei Tage verstreichen, in denen ich alle möglichen Ausreden erfand, warum ich ihm nicht schreiben konnte.

»Ich kann ihm noch nicht schreiben. Ich weiß nicht, was ich ihm sagen soll«, erklärte ich ihr. »Sobald mir die richtigen Worte einfallen, werde ich sie aufschreiben.«

Die Wahrheit ist, dass ich mehrmals versuchte, mich hinzusetzen und ihm zu schreiben, doch es kam einfach nichts dabei heraus. Stattdessen wartete ich. Tippte auf meinem Telefon herum. Schrieb total unwichtigen Leuten total unwichtige Nachrichten – Leuten, denen man nur aus Langeweile schreibt oder um sich abzulenken. Telefonierte. Schrieb andere Briefe. Checkte meine E-Mails. Hing im Internet herum und googelte Sachen wie *Was ist ein Füllhorn* oder *Waren Benjamin Franklin und George Washington befreundet?* Kritzelte Notizen auf ein Blatt Papier. Las den Wetterbericht. Vermied es zu beten. Mied Gespräche mit zu viel Blickkontakt. Vermied Menschen, die mir schon bei den ersten Silben der Frage »Wie geht's dir?« bis in die Seele blicken konnten. Ich wäre zusammengeklappt wie ein Taschenmesser. Ich machte Pläne. Ich plante Besprechungen. Ich versuchte mit allen Mitteln, die Realität auszublenden.

Und ich erfand weiter Ausreden. Ich hatte nicht das richtige Briefpapier. Hätte ich erst einmal das richtige Briefpapier, könnte ich ihm schreiben. Das wurde zu meiner Hauptausrede: Ich brauche das perfekte Briefpapier. Der Junge war zu perfekt, als dass irgendetwas nicht perfekt sein durfte. Also musste ich das perfekte Briefpapier finden. Auch wenn an der Situation selbst rein gar nichts perfekt war. Nicht die Diagnose. Nicht die dreißig Monate Bangen. Nicht die Tatsache, dass er einfach gesund sein sollte.

»Du solltest nirgendwo hingehen, bevor du den Brief nicht geschrieben hast, Hannah«, sagte meine Mutter, als sie mich nach der Arbeit eine Tasche packen sah. Ich war auf dem Weg zu ein paar Freunden aus dem College. Es war Alumni-Wochenende.

»Ich schreib ihm schon noch. Hör auf, die Situation kontrollieren zu wollen.« Ich wandte mich zur Tür, sauer, dass sie schon wieder davon angefangen hatte.

»Ich versuche nicht, die Situation zu kontrollieren«, antwortete sie. »Ich finde einfach nur, dass du den Brief längst geschrieben haben solltest.«

Ich weiß nicht mehr, was ich erwiderte. Wahrscheinlich etwas Bissiges wie: »Ich bin dreiundzwanzig Jahre alt, und ich entscheide ganz allein, wie ich mein Leben führe.« Ich verstand das in dem Moment nicht, aber wenn ich heute zurückblicke und meine Mutter sehe, wie sie am Herd steht und in einem Topf mit Linsen rührt, dann glaube ich, dass sie mir einen Ratschlag in Sachen Reue geben wollte.

Vielleicht wollte sie ihrer Tochter ersparen, am eigenen Leib zu erfahren, dass Reue etwas überaus Menschliches ist. Es braucht nicht viel, um Reue zu verspüren, doch es kann eine Ewigkeit dauern, sich wieder davon zu befreien. Es können Jahre vergehen, bis wir ihre Fesseln abgestreift haben.

Ich frage mich bis heute, was ihr damals wohl durch den Kopf ging: Verluste, die sie selbst erlitten hatte? Dinge, die sie wünschte, anders gemacht zu haben? Ich frage mich, ob sie ihre Tochter ansah, die die gleichen Locken und die gleichen langen Beine hatte wie sie, und sich wünschte, wir stünden immer noch an der Weggabelung, an der ich all ihre Ratschläge und Lektionen fürs Leben mitnehmen wollte.

Es regnete fast das ganze Alumni-Wochenende. Am Samstagmorgen lümmelten wir im Apartment unserer Freundin auf dem Boden herum, sahen dem Regen dabei zu, wie er gegen die Fensterscheibe prasselte, und versuchten uns gegenseitig zu motivieren, aufzustehen und zu frühstücken.

»Hey«, sagte meine Freundin, als sie aus ihrem Schlafzimmer kann. »Ich hab hier eine Kiste mit Briefpapier. Ich kann, um ehrlich zu sein, nichts damit anfangen. Willst du was davon haben?« Sie stellte die Kiste neben mir ab.

»Ja«, sagte ich, setzte mich auf und fuhr mir mit den Fingern durch die Haare, die vom Schlaf noch zerzaust waren. »Ich kann ja mal schauen.«

»Nimm, so viel du willst … echt.«

Ich klemmte mir eine Haarsträhne hinters Ohr und begann, den Stapel Briefpapier durchzublättern. Blumenmuster zierten die obersten. Es folgten Bögen mit seltsamen goldenen Obstkörben darauf. Ich wollte die Sache gerade gut sein lassen, als ich über einen Bogen aus Manilapapier stolperte, auf dem in schwarzer Tinte ein Zitat stand: *Heute sitzt jemand im Schatten, weil ein anderer vor langer Zeit einen Baum gepflanzt hat.*

Ich musste sofort an Nate denken. Das Briefpapier war wie für ihn gemacht. Wie für ihn gefertigt. Plötzlich machte es klick. Anders kann ich es nicht beschreiben. Ich saß im Apartment meiner Freundin auf dem Fußboden, die Hände tief in altem, ausgemustertem Briefpapier vergraben, während draußen ein Regenschauer den nächsten jagte, und es machte klick.

Größeres als das hier, Größeres als das hier. Mir fielen Nates Worte ein – und wie er mir diese Worte immer vorbetete, wenn ich mal wieder anfing zu zweifeln.

»Er wusste es«, flüsterte ich. Es war, als hätte er von Anfang an gewusst, was geschehen würde. Es war, als hätte er gewusst, dass wir alle eines Tages an diesen Scheideweg kommen würden, an dem wir gezwungen wären, uns mit einem so seltsamen Wort wie *Lebwohl* auseinanderzusetzen. Es war, als hätte er mit dem Schlimmsten gerechnet und es sich dennoch nie erlaubt, wütend auf die Welt zu sein. Ich weiß bis heute nicht, wie er das gemacht hat. Ich finde, es ist ganz einfach, auf eine Welt wütend zu sein, die uns zwar nie versprochen hat, unbesiegbar zu sein, es aber trotzdem schafft, uns das Herz zu brechen, indem sie uns Momente schenkt, in denen wir uns unsterblich fühlen.

Doch Nate wurde nicht wütend. Und er blieb nicht auf der Stelle stehen. Er hätte beschließen können, sich keinen Schritt weiterzubewegen, und ich weiß, ich hätte ihn nicht weniger geliebt. Aber nein. Nate schuf etwas wirklich Greifbares für die Menschen, die er liebte, und dieser Aufgabe widmete er sein ganzes restliches Leben. Er verschwendete keine Zeit darauf, Angst zu haben, zurückzuschauen oder zu glauben, dass er es nicht konnte. Er kniete sich einfach auf den Boden, vergrub die Hände tief in die Erde und machte sich daran, Bäume zu pflanzen – etwas zu schaffen, zum Wohle anderer, das ihn überdauern würde. In diesem Moment machte es klick, und alles ergab einen Sinn: Diese Welt, dieses Leben, hatte nichts mit mir zu tun.

»Ich muss einen Brief schreiben«, verkündete ich den anderen.

»Wem?«

»Einem Freund«, sagte ich. »Einem sehr guten Freund.«

Ich sprang auf, ließ das restliche Briefpapier in der Kiste liegen und zog mich in eine Ecke des Zimmers zurück, um den Brief zu schreiben. Und dann kamen die Worte. Endlich.

Ich habe im Laufe der Jahre festgestellt, dass es ganz einfach ist, fremden Menschen Liebesbriefe zu schreiben. Vielleicht nicht die einfachste Sache der Welt, aber irgendwann überwindet man die anfängliche Scheu und hört auf, sich zu fragen: »Woher soll ich wissen, was ein Mensch braucht, den ich überhaupt nicht kenne?« Denn es kommt der Tag, an dem man jemandem schreiben muss, den man kennt – und das stellt die wirkliche Herausforderung dar. Der Stift brennt einem in der Hand, während man begreift, dass diese Worte alles und zugleich nichts bedeuten. Einen Brief an jemanden zu schreiben, den man liebt, bedeutet, Worte zum Leben erwecken zu müssen, die es noch nicht gibt. Es ist, als hinge unser ganzes kleines Leben davon ab, einen anderen Menschen mit diesen Worten zu erreichen.

Die gute Nachricht ist: Wenn man sich hinsetzt, werden die Worte kommen. Vielleicht nicht sofort. Aber sie werden kommen. Man sitzt eine Zeitlang da und starrt die leere Seite an. Man beginnt zu schreiben. Findet den Stift blöd. Sucht sich einen anderen. Verschreibt sich. Stellt fest, dass es keine Löschtaste gibt, knüllt das Papier zusammen und holt sich ein neues. Macht eine Bemerkung über die eigene Sauklaue. Stöhnt. Flucht vielleicht sogar. Das Ganze kann dramatische Züge annehmen.

Aber sitzt man erst mal lange genug da, dann werden die Worte kommen. Für mich ist das Schwierigste an dem ganzen Prozess immer, dazusitzen und meinem Herzschlag zu lauschen.

Es wäre einfacher, die Angst vor den Worten gewinnen zu lassen. Doch die Angst macht uns stumm. Sie macht uns bewegungsunfähig. Gewinnt die Angst, hat uns der Mut gefehlt, etwas zu sagen, das hätte gesagt werden müssen. Denn Worte sind wichtig. Sie bringen nicht immer alles in Ordnung oder ins Lot oder ins Reine. Sie bringen auch niemanden zurück. Sie können Abschiede nicht verhindern. Sie sind nicht perfekt. Doch sie sind wahr. Und vielleicht ist das alles, was wir voneinander brauchen: wahre Worte, denen eine Liebe innewohnt, die zu groß scheint, um sie mit mickrigen kleinen Silben auf einem Blatt Papier festzuhalten.

Zurückgezogen in der Zimmerecke schrieb ich Nate den Brief und nahm ihn am Ende des Wochenendes mit nach Hause. Ich suchte eine Briefmarke und warf ihn am nächsten Morgen auf dem Weg zur Arbeit ein. Nates Ermahnung behielt ich bei mir, als wäre sie etwas, das ich mir in die Tasche meiner Jeansjacke stecken könnte: Das Leben hat nichts mit mir zu tun, und die Liebe gewinnt.

Er bekam den Brief nie.

Es mag seltsam klingen, aber ich fuhr an diesem Morgen mit dem Gefühl ins Büro, dass er nicht mehr da war. Ich spürte es an der Art, wie die Sonne durch die Frontscheibe in mein Auto fiel. Ich konnte Nate an diesem Morgen spüren, als wäre er bei mir. Als säße er direkt neben mir auf dem Beifahrersitz und lausche Jack Johnson. Selbst während ich auf dem Highway im Stau stand, der sich wie jeden Morgen über drei Ausfahrten erstreckte, sagte mir irgendetwas an diesem Morgen, dass er nicht mehr da war.

Ich hatte mich kaum an meinen Schreibtisch gesetzt, den Computer hochgefahren und einen flüchtigen Blick auf die Statusmeldungen von Nates Geschwistern auf Facebook geworfen, da blinkte mein Handy auf und ich sah Ronnys Namen auf dem Display. Ich musste nicht mit ihm sprechen. Er musste mir nicht sagen, was geschehen war. Ich wusste es längst. Ich weinte längst.

Der Rest des Morgens lag wie im Nebel. Ich ignorierte sämtliche E-Mails und Anrufe, setzte mich ins Auto und fuhr einfach los. Ich hielt an der nächstbesten Mall, ging in irgendein Geschäft und zog blindlings Klamotten aus den Regalen. Ein vertrautes Ritual. Die Umkleidekabinen hatten mir immer Halt gegeben und mir nie Fragen gestellt. Aber manchmal, da gaben sie Antworten, wenn in der Kabine nebenan jemand etwas fand, das passte. Im Jubel und im Gekicher von Freundinnen fand ich alle Antworten, die ich brauchte: Eines Tages werden die Dinge passen. Vielleicht nicht sofort. Vielleicht nicht heute. Aber solange wir immer weiterprobieren und aussortieren, wird eines Tages das Passende dabei sein.

Ich weiß nicht, wie viel Zeit ich in dieser Kabine verbrachte. Ich probierte ein grünes Kordsamtkleid an. Ein grünes Kordsamtkleid mit einem wunderschönen blauen

Tüllrock darunter. Es war die Art von Rock, die beim Drehen schwingt und fliegt und wie von allein tanzt. Ich lauschte den Mädchen in der Kabine nebenan. Sie lachten und gackerten. Ich verstand in diesem Moment nicht, warum die Welt sich immer noch drehte. Ich werde es vermutlich nie verstehen: Wie die Welt sich weiterdrehen kann, wenn ein geliebter Mensch nicht mehr da ist. Ich verstehe nicht, wie Menschen es weiterhin schaffen, morgens aufzustehen oder sich an einer Kasse anzustellen. Bücher in der Bibliothek zu bestellen. Sich auf dem Heimweg vom Büro irgendwo etwas zu essen mitzunehmen. Wenn etwas Tragisches passiert, sollte die Welt aufhören, sich zu drehen. Oder zumindest eine Zeit lang stillstehen.

Die beiden Mädchen nebenan kicherten immer noch. Ich schaute in den Spiegel und sah nichts mehr von dem blauen Tüll unter dem grünen Kordsamtkleid. Das Gefühl war plötzlich übermächtig: *Er ist fort. Er ist nicht mehr da.*

Am Abend vor der Beerdigung nahm ich ein Notizbuch und machte einen Spaziergang rüber zu den Baseballfeldern, die etwa einen Kilometer vom Haus meiner Eltern entfernt lagen. Kein anderer Ort steckt für die Bewohner unseres Städtchens in Connecticut so voller Erinnerungen wie dieser. Hier wurden erste Küsse ausgetauscht, Geheimnisse geteilt und Hoffnungen geweckt. Stundenlang konnte man nach Sonnenuntergang an den Rändern der vier aneinandergrenzenden Spielfelder entlanggehen und fand sich immer unter dem gleichen vertrauten Sternenhimmel wieder. Diese Felder werden für mich immer die beste Definition von Heimat sein.

Der Oktoberwind peitschte mir ins Gesicht, als ich auf eines der Felder lief. Die Nacht fühlte sich leer an. Genau genommen fühlte sich der gesamte Oktober leer an, und das Gefühl, von dem ich früher im Oktober immer erfasst wurde, habe ich seither nie wieder verspürt. Es ist, als hätte sich die Hälfte des unbesiegbaren Gefühls, das meine Lungen einst füllte, verflüchtigt und wäre ersetzt worden durch diese traurige Gnadenfrist, die nun durch die Luft wabert. Nun wirft der Oktober lediglich die Frage in mir auf, ob die Welt auch wirklich alles versucht hat, um diesen Jungen bei sich zu behalten. Ob sie getobt und gelärmt hat, ob sie Regen und Stürme geschickt hat, damit dieser Junge noch ein bisschen länger bleiben kann.

Ich stellte mich an die Abwurfstelle, von der Nate zahllose Bälle ins Rennen geschickt hatte. Vor gerade einmal fünf Monaten war praktisch jeder, den wir kannten, hier gewesen, um ihn bei seinem Spendenmarathon für Relentless Against Cancer zu unterstützten – die gemeinnützige Organisation, die er selbst gegründet hatte. Er hatte gut ausgesehen. Daran erinnere ich mich noch. Vermutlich versuchte ich mir damals einzureden, dass es bergauf ging. Jetzt waren die Felder menschenleer. Ich lief zu der unüberdachten Tribüne und setzte mich.

Der nächste Gedanke kam wie von selbst: *Schreib Ronny einen Liebesbrief. Schreib ihn auf das gleiche Briefpapier, das du auch für Nate ausgesucht hast. Hab keine Angst.* Jedes Mal, wenn ich den Stift absetzte, musste ich daran denken, wie Ronny am Telefon gelacht und mir erklärt hatte, dass die Welt vielleicht Liebesbriefe bräuchte, er jedoch niemals.

Und vielleicht brauchte er wirklich kein Blatt Papier oder eine Schreibschrift auf einem Zettel. Vermutlich brauchte er auch nicht ein weiteres Mal daran erinnert zu werden, dass Nate nicht mehr da war. Aber wer von uns wollte nicht gern wissen, dass nach Zeiten der Dunkelheit auch wieder Tage voller Licht kommen? Auch wenn er eines Tages den Punkt erreichen würde, an dem er Nate nicht mehr spürte, wäre Nate immer ein fester und realer Teil von ihm. Nate wäre überall, in jeder Hand, die er je hielt, in jeder Wange, die er je küsste, und in jedem Arm, der sich je um ihn legte. Ob er es spürte oder nicht, sein bester Freund wäre in allen diesen Dingen, denn so war Nate einfach immer gewesen. Gab man ihm nur fünf Minuten, konnte er ein ganzes Leben verändern.

Ich konnte Nate regelrecht spüren, während ich den Brief schrieb. Der Nate, der mich an sich reißen und so etwas sagen würde wie: »Hey, ich liebe diese Menschen mehr als alles andere. Meine Familie. Meine Freunde. Ronny. Du musst auf ihn aufpassen. Du musst für ihn da sein. Das ist der wahre Brief, der geschrieben werden muss.«

Nates Beerdigung war voll und leer zugleich. Es ist seltsam, wie leer sich ein völlig überfüllter Raum anfühlen kann, wenn der eine Mensch, auf den man wartet, nicht kommt. Wir schrieben Abschiedsworte auf Baseballbälle und warfen sie in das Loch in der Erde. Wir konnten hören, wie sie auf dem Sarg aufschlugen. Doch nichts an dem ganzen Tag fühlte sich für mich wie ein Abschied an. Wir können von den Menschen, die unsere Welt verändern, nie wirklich Abschied nehmen. Irgendjemand erwähnt sie immer wieder.

Als ich Ronny nach der Beerdigung den Brief gab, umarmte er mich wortlos. Ein paar Tage später umarmte er mich wieder, als wir zwei unserer besten Freunde dabei zusahen, wie sie heirateten. Ich trug das grüne Kleid mit dem tanzenden blauen Tüllrock. Er trug eine goldene Krawatte. Wir passten perfekt zusammen. Wir saßen nebeneinander am Tisch, schoben Essen auf unseren Tellern herum und redeten mit alten Freunden, die keine Ahnung hatten, dass wir an diesem Samstagabend jemanden vermissten. Als einer dieser typischen Countrysongs gespielt wurde – über ein langes Leben, unsterbliche Liebe, Sonnenuntergänge und all die anderen Klischees –, konnte ich die Tränen nicht länger zurückhalten. Ich sah einem Vater zu, wie er seine Tochter übers Parkett führte.

»Es ist so unfair«, flüsterte ich Ronny zu, der verstand, was ich meinte. Ich rückte meinen Stuhl näher an seinen heran. »Er sollte all die Dinge aus dem Lied haben.«

»Oh nein, nein«, sagte Ronny zu mir. »Du kannst jetzt auf gar keinen Fall weinen. Nate würde schreien, wenn er dich hier am Tisch weinen sehen würde.«

Er stand auf, nahm seinen Schlüsselbund aus der Hosentasche, machte ein weißes RelentlessAgainstCancer-Armband von der Kette ab und legte es mir ums Handgelenk.

»Los«, sagte er und streckte mir eine Hand entgegen. »Lass uns das für ihn tun.« Und während der Countrysong langsam verklang und das Licht im Saal gedämpft wurde, legte ich meine Hand in Ronnys und ließ mich von ihm auf die Tanzfläche führen.

Eine Geschichte übers Schwimmen

Ich glaube fest daran, dass ich eines Tages, in einer fernen, schicksalhaften Zukunft, zusammen mit Donald Miller auf einer Veranda mit pfirsichfarbenen Fensterläden sitzen und Eistee schlürfen werde. Ich weiß zwar nicht, ob er Eistee mag, aber ich hoffe einfach mal, dass er es tut. Und dann werde ich die Gelegenheit haben, mich bei ihm für seine Worte zu bedanken. Ich werde endlich die Chance haben, ihm zu sagen, wie viel es mir bedeutet hat, folgende Worte von ihm zu lesen: *Wir wissen nicht, wie sehr wir zu lieben in der Lage sind, bis die Leute, die wir lieben, von uns genommen werden, bis eine wunderschöne Geschichte zu Ende geht.*

Es öffnete mir die Augen, als ich mich nach Nates Tod mehr denn je in die Liebesbriefe stürzte. Es war, als hätte ich einen bislang unbekannten Raum in meinem Herzen entdeckt, nachdem Nate fort war, fast so, als wäre er in mich gedrungen und hätte mir die Augen für Menschen geöffnet, die nach Antworten auf den Schmerz suchten. Manche warteten seit Jahren darauf. Manche waren kurz davor, aufzugeben. Ich wusste bis zu diesem Zeitpunkt nicht, dass ich tatsächlich in der Lage war, diese Menschen zu lieben, ihnen in die Augen zu sehen und eine Gemeinsamkeit zwischen uns zu finden. Aber nun gehörten wir alle dem »Niemals-Club« an. Jenem geheimen Club, von dem sie gar nicht wussten, dass ich sie darin aufgenommen hatte. Der Niemals-Club, das sind all jene von uns, die es mit dem Wort *niemals* aufgenommen haben und die fortan versuchen, damit fertig zu werden. All jene, die sich immer wieder die Zähne an dem Wort ausbeißen: niemals wieder zusammenkommen. Sich niemals wiedersehen. Dem anderen niemals wieder sagen können, wie gut ihm die Farbe Blau steht. Es ist eigentlich ein so schönes Wort, und manchmal wünschte ich, es würde etwas anderes bedeuten, etwas wie »Goldstaub, der auf Fensterbänke fällt« statt »Nein, ich werde dich nie mehr wiedersehen. Das tut weh.«

Kate war einer dieser Menschen. Sie war eines der neuesten Mitglieder im Niemals-Club. Ich lernte sie in der Woche nach Nates Tod kennen. Sie schrieb mir eine E-Mail – okay, manche von euch werden jetzt mit den Augen rollen und sagen, dass ich sie gar nicht wirklich »kennengelernt« habe, aber hey, so ist das Internet nun mal: Es ist ein Kuppler. Es führt Herzen zusammen, die andernfalls an Hürden wie Kilometern, Staaten oder Zeitzonen scheitern würden.

Für mich ist es völlig okay, Tag für Tag Menschen übers Internet kennenzulernen und ihnen zu erlauben, mich zu verändern. Selbst wenn ihre Profile nicht echt sind, handle ich nach dem Motto »im Zweifel für den Angeklagten«, bitte sie in mein Leben herein und lasse zu, dass sie mich so sehen, wie ich wirklich bin. Ich steige in Flugzeuge, um sie zu sehen. Ich ziehe in andere Städte, um Zeit mit ihnen zu verbringen. Und ich werde an meiner Hochzeit vermutlich einen Twitter-Tisch haben, den kein Gast über fünfzig Jahre verstehen wird, dessen Geheimnis ich aber trotzdem für mich behalte: Es ist möglich, mittels 140 Zeichen oder weniger einen besten Freund, den Partner fürs Leben oder sein Patenkind kennenzulernen.

Wenn ich also sage, dass ich Kate kennengelernt habe, dann meine ich damit, dass ich beim Lesen ihrer Worte das Gefühl hatte, mit ihr an einem dieser hohen Tische bei Starbucks zu sitzen, vor einer riesigen Fensterscheibe mit Blick auf eine belebte Straße zur Mittagszeit, wo wir nach kürzester Zeit den Rest der Welt um uns herum vergaßen.

Sie schrieb mir, dass ihre Mutter im Januar dieses Jahres gestorben war. Ich saß in meinem Büro am Schreibtisch und zählte mit den Fingern die Monate ab ... *Januar, Februar, März* ... Zehn Monate waren vergangen, seit sie ihre Mutter verloren hatte. Der Schuldige, der Schurke, der Dieb – wie auch immer man es nennen mochte – war Lungenkrebs gewesen.

»Es war ein schwieriges Jahr für mich, voller Tränen und schrecklicher erster Male ...«, schrieb sie. »Der erste Valentinstag ohne eine Karte von ihr, das erste Ostern ohne ein albernes Carepaket voller Marshmallows und Jelly Beans, der erste Sommer ohne sie.« Sie spürte die Abwesenheit ihrer Mutter an der Leere in ihrem Briefkasten.

Ich wollte Kate warnen, dass es möglicherweise noch schlimmer werden könnte, bevor es irgendwann besser wurde. Denn so ist es, wenn wir in der Weihnachtszeit jemanden vermissen. Die Blätter fallen von den Bäumen. Die Temperaturen sinken rapide. Und überall entdecken wir Orte, die noch immer jemanden beherbergen, der längst nicht mehr da ist. Die Erinnerungen lauern hinter Balladen von Frank Sinatra und langsamen Weihnachtsliedern. Die Luft wird kühler, und wir fangen an, Dinge zu sagen wie: *Ich vermisse dich. Ich wünschte, du wärst hier. Warum kannst du nicht einfach hier sein? Es ist nicht fair. Das Leben ist schön. Alles ist gut. Trotzdem vermisse ich dich kein bisschen weniger.*

Als Kate die ersten Beileidskarten und -briefe erhielt, verspürte sie das dringende Bedürfnis, sich dafür bedanken zu wollen. Es schien ihr eine Möglichkeit zu sein, abzuschließen. Also kaufte sie eine Großpackung Karten und einen Bogen Briefmarken. Sie rührte sie nicht an. Sie kaufte noch eine Großpackung. Doch auch die fasste sie nicht an. Also kaufte sie noch eine Packung – diesmal mit kleineren Karten, in der Hoffnung, dass kleinere Karten weniger einschüchternd wirken würden. Doch auch diese Karten rührte sie nicht an.

Schließlich, als Kate schier wahnsinnig wurde, weil sie die Karten noch immer nicht verschickt hatte, sprach eine Freundin, die ihren Vater vor zehn Jahren verloren hatte, ein Machtwort. Sie sagte Kate, dass sie keine einzige dieser Karten schreiben musste. Die Menschen würden es verstehen. Sie musste sich nicht dafür bedanken, dass sie ihr Karten mit »Es tut mir leid, dass du jemanden verloren hast« geschickt hatten. Es wurde vielmehr Zeit, sich mit dem Verlust auseinanderzusetzen.

Kate schrieb, dass sie nun unzählige Packungen Grußkarten zu Hause liegen hatte, die ihren ursprünglichen Zweck nicht mehr erfüllen würden. *Ich würde sie gern loslassen*, schrieb sie mir. *Und ich weiß jetzt auch, wie.* Sie hatte bereits angefangen, Liebesbriefe über ganz Washington, DC, zu verteilen. Sie tat das zu Ehren ihrer Mutter, einer Frau, die das Liebesbriefprojekt geliebt und völlig in ihm aufgegangen wäre.

Als ich ihre E-Mail las, fiel mir ein Bibelvers ein, über den ich ein paar Tage zuvor gestolpert war. Er war aus Psalm 126: *Die mit Tränen säen, werden mit Freuden ernten.* Ich zitiere normalerweise keine Bibelverse. Ich kann euch den ganzen Tag lang mit schönen Worten und Adjektiven überschütten, aber mit Versen um mich zu werfen, ist nicht mein Ding. »Hannah hat mir heute einen ganz tollen Vers geschenkt«, hat noch nie jemand gesagt. Trotzdem schenkte ich Kate den Vers.

Ich fand die Vorstellung einfach schön, wie jemand auf dem Boden kniete, die Hände tief in der Erde vergrub und mit Tränen die künftige Ernte säte. Mit süßen, glitzernden Tränen. Die Zeile brachte mich ganz durcheinander. Ich schätze, ich hatte einfach aufgehört, nach Schönem in der Bibel zu suchen. Nachdem ich das Buch jahrelang auf Regeln abgesucht hatte, glaubte ich nicht mehr daran, etwas darin zu finden, bei dem mir die Kinnlade herunterfiel.

Säe mit Tränen, Kate, schrieb ich. *Ich denke, dass du genau das mit deinen Liebesbriefen tun wirst. Du wirst mit Tränen säen.*

Ich klickte auf »Senden.«

Von außen betrachtet stellte sich die Szene folgendermaßen dar: Ich saß in meiner Arbeitsnische, neben mir ein Kaktus. Ein Arbeitskollege hatte ihn mir geschenkt, wohl wissend, dass keine andere Pflanze bei mir eine Überlebenschance hatte (und obwohl es praktisch unmöglich ist, einen Kaktus eingehen zu lassen, wusste ich, dass der arme Kerl bereits tot war). Alles wirkte ganz normal, nachdem ich die E-Mail abgeschickt hatte. Und trotzdem konnte ich mich nicht bewegen. Ich saß einfach da und wartete, dass die Gänsehaut von meinen Armen verschwand. Ich hatte keine Ahnung gehabt, dass meine kleine Idee, Liebesbriefe zu verteilen, jemandem so viel bedeuten konnte.

Ich spürte, wie sich etwas in mir veränderte. Ich. Es war eine Art Wendepunkt. Ich sah auf meine Hände hinunter und wusste, noch bevor ich sie sah, wie klein sie waren. Ich lachte. Es war ein lautes, herzhaftes Lachen, das mich selbst erschreckte, als es aus mir herausplatzte. Ich war glücklich. Und dann, als es vorbei war, schaute ich einfach weiter auf meine Hände hinunter, bis ich schließlich etwas flüsterte, das nur ich und der tote Kaktus hören konnten: »Es ist mir ein Rätsel. Es ist mir ein absolutes Rätsel.«

Einen Monat später stand ich in der Umkleide meines Fitnessstudios. Es war fünf Uhr morgens. Der Mond stand noch am Himmel. Ich wollte gerade meinen Kopfhörer ins Handy stecken, um mit dem Training zu beginnen, da sah ich, dass ich eine Nachricht auf Facebook bekommen hatte. Sie war von einem Mädchen namens Lauren, das wie ich aus New Haven stammte. Lauren und ich waren zusammen zur Highschool gegangen. Uns verband eigentlich nicht viel – bis auf Nate. Auch wenn er es vermutlich nie erfahren wird, aber Nate verbindet die Menschen unseres Städtchens noch in seiner Abwesenheit enger, als es den meisten Menschen je durch ihre Anwesenheit gelingen wird.

Lauren schlitterte – wie so viele aus unserem Umfeld – in eine Drogensucht, als wir alle aufs College wechselten. Plötzlich waren da überall Drogen, plötzlich war alles anders. Ich sah das Leuchten in den Augen so vieler hübscher Jungs und Mädchen erlischen. Ich sah, wie meine Freunde der Reihe nach high wurden. Ich sah zu, wie Pillen die Runde machten. Ich musste mitansehen, wie Menschen, die ich liebte, zu Fremden wurden. Manchmal fühlte es sich an, als würde ich Leuten, die direkt neben mir standen, Briefe schreiben. Als stünden sie unmittelbar neben mir, und trotzdem erreichten sie die Worte, die der Postbote an sich nahm, nie: *Du fehlst mir. Mir fehlt, wie du warst, bevor die Party losging. Du warst etwas Besonderes. Du bist immer noch etwas Besonderes für mich. Nichts wird je etwas an den Dingen ändern, die ich mir für dich wünsche. Bitte komm bald nach Hause zurück.*

Lauren schrieb in ihrer Facebook-Nachricht, dass sie sich gerade in einem Rehabilitationszentrum in Delray Beach, Florida, befand, zusammen mit anderen »Hätte-könnte-würde-Frauen«, wie sie es nannte.

Sie schrieb mir, dass sie es versuchte. Sie erschien pünktlich zu Sitzungen, hörte zu und verinnerlichte die Gespräche. Ich hatte das Gefühl, als würde sie neben mir sitzen, als würden unsere Schultern sich berühren, als könnte ich sehen, wie sie ihr Gesicht in den Händen vergrub, als sie mir gestand, dass sie schreckliche Schuldgefühle plagten, weil sie nicht bei Nates Beerdigung gewesen war. Ihre tagtäglichen Versuche, sich mit Nadel und Löffel umzubringen, hatten sie davon abgehalten. Ihr wahrer Feind war sie selbst. Sie konnte nicht aufhören, sich selbst zu bekämpfen. Sie schrieb, dass in diesem Jahr zwei Plätze an Weihnachten leer bleiben würden. Zwei Familien säßen mit gebrochenen Herzen bei Truthahn und Cranberry-Soße am Tisch. Nates Familie – weil Gott ihn zu sich gerufen hatte. Ihre Familie – weil sie vor langer Zeit aufgehört hatte, Gott anzurufen.

Am Ende der Nachricht schrieb sie, dass es bestimmt eine lange Schlange mit würdigen Liebesbrief-Kandidaten gab, die alle vor ihr drankommen sollten. Sie fand, dass sie das Papier und die Briefmarke nicht wert war. Aber vielleicht würde ich ihr einen Liebesbrief schreiben? Und ihr in das Rehazentrum schicken?

Ich beendete an diesem Tag mein Fitnessprogramm, bevor ich es überhaupt angefangen hatte. Ich schnappte mir meine Jacke. Fuhr nach Hause. Legte mich in meinem Zimmer auf den Boden. Und weinte – bitterlich – in den Teppich. Weinte mir die Seele und dem Teppich die Fasern aus dem Leib. Es waren Tränen, die man mit Hilfe von heftigem, hässlichem Schluchzen herauspressen musste, denn würde man sie in sich behalten, würde man verrückt werden. Ich weiß noch, wie meine Mutter einmal sagte, dass uns diese Tränen zerreißen, wenn wir sie in uns behalten.

»Manchmal reicht es nicht, nur zu weinen«, sagte sie. »Tränen können sich zu kümmerlich anfühlen. Einmal war es so schlimm, da bin ich in den Wald gegangen. Und als ich ganz und gar von Bäumen umgeben war, fing ich an, wie ein Wolf zu heulen. Ich stand inmitten all dieser Bäume und rief: ›Auuuuuuuuuuuuu, auuuuuuuuuuuu.‹«

Ich denke, meine Mutter hat recht: Wir dürfen einen solchen Wahnsinn nicht in uns behalten. Wir müssen uns davon befreien. Was immer da in mir war, ich wollte es loswerden. Ich wollte, dass es verschwand.

Ich weinte, weil Lauren mir die Augen für Dinge geöffnet hatte, vor denen ich mich nicht länger verstecken konnte. Ich weinte, weil wir uns manchmal noch so gut hinter Dingen verstecken können – hinter Briefen, Nachrichten, E-Mails oder einem vollen Terminkalender –, das Leben findet trotzdem einen Weg, an allen Ablenkungen vorbeizurasen. Und das Leben tut weh. Auch wenn es schön ist. Und obwohl es atemberaubende Momente bereithält, in denen wir uns fragen, ob es jemals wieder so schön sein wird, tut das Leben weh. Und Menschen, die wir lieben, zerbrechen an ihrem Schmerz. Und vielleicht war Laurens Nachricht in diesem Moment einfach zu real für mich, vielleicht erinnerte sie mich zu sehr an die Geschichte meines Bruders – der Bruder, über den ich nie wirklich sprach. Der Bruder, den ich versuchte auszublenden, denn das war einfacher, als der Tatsache ins Auge zu sehen, dass ich ihm nicht helfen konnte. Ich konnte nicht Gott für ihn spielen, meine Gebete halfen nicht, und ich war verletzt. Das heißt aber nicht, dass wir uns davonstehlen sollen. Wir können uns nicht nur für Menschen entscheiden, die perfekt sind und die uns versprechen, uns nie zu verletzen oder zu verlassen. Sobald sich nur einer von uns davonstiehlt, ist es für alle einfacher, sich davonzustehlen. Aber es kann im Leben unmöglich darum gehen, sich einfach zu verdrücken, wenn es schwierig wird oder wenn sich die Dinge nicht so entwickeln, wie wir es uns vorgestellt haben.

Als ich an diesem Abend nach Hause kam, lag ein langer, dünner Umschlag auf dem Küchentisch. Er war an mich adressiert. Ich kannte die Handschrift nicht, aber als ich den Absender las, fügte sich alles ineinander. Ronny. Er schrieb zurück.

Liebe Hannah,

vor ein paar Monaten hast du mir von deiner Idee mit den Liebesbriefen erzählt. Ich wusste sofort, dass es eine gute Idee war. Ich meine, bei all dem Elend auf dieser Welt, wer würde da nicht gern einen Liebesbrief bekommen?
Ich. Ich dachte, ich würde nie einen Liebesbrief brauchen. Ich fand, dass es genug andere gab, die das nötiger hatten als ich. Ich stand mit beiden Beinen im Leben. Alles war bestens. Tolle Familie. Tolle Freunde. Ich durfte Baseball spielen. Ging es irgendwem besser als mir? Dann kam der Anruf. Es war ein Montag. Der 30. März 2009. 14 Uhr. Draußen schien die Sonne. Ich kam gerade aus

dem Unterricht und saß in meinem Auto. Was soll ich ihm sagen? Dass ich für ihn da bin? Dass ich an seiner Seite sein werde? Dass er zu stark ist, um sich davon unterkriegen zu lassen? Zum ersten Mal in meinem Leben hatte ich kein Vertrauen in unser Gespräch. Alles, was ich tun konnte, war ihn zu beruhigen, dabei konnte ich nicht mal mich selbst beruhigen.

Ich wusste nicht, was ich tun sollte. In meinem ganzen Leben war ich noch nie so niedergeschlagen, wütend, durcheinander und unglücklich gewesen. In den nächsten dreißig Monaten tat ich, was ich tun konnte. Manchmal war ich wochenlang in New Jersey. Ich begleitete ihn zu jedem Termin. Ich redete mit ihm, wann immer er reden wollte. Ich versuchte alles, um für ihn da zu sein. Und ich wünschte, ich hätte mehr tun können.

Als Nates Vater mich an jenem Morgen anrief, wusste ich es. Ich hatte seit ungefähr drei Wochen diesen Traum. Es war immer der Gleiche. Er fing mit Nate an. Ich sah ihn. Am Ende des Traums war er fort. Ich rief seinen Namen, rief seine Nummer an. Ich erinnere mich nicht mehr an alles, aber ich weiß noch genau, dass ich beim Aufwachen immer dachte, Nate ist fort, dabei war er nur zu Hause in New Jersey. Vielleicht war es Gott, der mir sagen wollte, dass seine Zeit bald ablaufen würde. Ich weiß es nicht.

Was ich weiß, ist, dass die letzten Wochen die schlimmsten meines Lebens waren. Ich vermisse ihn jeden Tag. Ich denke jeden Tag an ihn. Alle sagen, dass es leichter werden wird, wenn erst einmal etwas Zeit vergangen ist. Ich bezweifle das. Ich weine heute immer noch genauso sehr wie damals, als Nates Vater mich angerufen und mir gesagt hat, dass ich ins Krankenhaus kommen solle. Nate würde es nicht schaffen.
Ich hätte nie gedacht, dass ich mal einen Liebesbrief brauchen würde. Ich bin viel zu unemotional, viel zu taff und vor allem kein Weichei. Liebesbriefe sind was für Frauen, die beruhigt werden wollen. Du hast mir gezeigt, dass ich da gründlich falsch lag. Jeden Abend, bevor ich ins Bett gehe, lese ich erst die Trauerrede und dann deinen Brief. Er hat einen festen Platz auf meinem Nachttisch. Ich lese ihn, und es geht mir besser. Ich fühle mich, als würde ich in einer kalten Nacht in eine Decke gewickelt werden. Ich fühle mich, als würde ich an einem Wintermorgen eine warme Dusche nehmen. Und was am Wichtigsten ist, ich fühle mich geliebt. Ich kann beim Lesen spüren, wie du meine Hand hältst. Ich sehe dich lächeln. Und ich höre deine Stimme, als würdest du mir den Brief vorlesen. Ich freue mich jeden Tag darauf, ihn am Abend zu lesen. Nicht selten hilft er mir, den Tag zu überstehen.

Ich habe dir damals gesagt, dass es eine gute Idee ist. Ich wusste, dass es eine gute Idee ist. Aber ich hätte nie gedacht, dass mir ein Liebesbrief einmal selbst dabei helfen könnte, mich wieder als ganzer Mensch zu fühlen. Heute weiß ich, wie viel Kraft in diesen Briefen steckt. Diese Idee wird dich nicht reich machen, sie wird eine Menge deiner Zeit verschlingen, und bestimmt wirst du manchmal denken, dass sie dir über den Kopf wächst. Drum sollst du wissen, Hannah, dass es wichtig ist, was du tust. Denn ich weiß, dass es Leute wie mich gibt, die ihre Briefe jeden Abend lesen. Das garantiere ich dir. Du schenkst den Menschen mit deinen Worten auf so einzigartige Weise Hoffnung und Liebe. Du darfst niemals aufhören zu schreiben. Die Menschen brauchen diese Briefe. Ich brauche deine Briefe. Nach allem, was du für andere tust, hat da eigentlich schon mal jemand dir einen Liebesbrief geschrieben? Sie sind magisch. Sie helfen dir auf, wenn du am Boden liegst, oder sie heitern dich einfach nur auf. Heute habe ich meinen zweiten Brief von dir bekommen, und ich werde ihn so in Ehren halten wie meinen ersten. Hier mein kläglicher Versuch, dir einen zu schreiben:

Hannah,

du sollst wissen, dass du ein wundervoller Mensch bist. Es ist inspirierend, was dir mit deinen

Liebesbriefen gelingt. Du hilfst so vielen Menschen, sicher viel mehr, als du je erfahren wirst. Du bist etwas ganz Besonderes, du bist lustig, liebenswürdig, und es ist bewundernswert, wie viel du von dir gibst, um anderen zu helfen. Wann immer es dir nicht gut geht, gibt es Menschen, die für dich da sind und immer für dich da sein werden. Schreib weiter. Hör nie auf damit. Du hast mich davor gerettet, in meinem eigenen Schmerz zu ertrinken, und dafür werde ich dir immer dankbar sein. Ich werde nie vergessen, was du für mich getan hast.

Mit Liebe,
Ron

Keine Meisterleistung, aber ein Anfang.
Und wenn du beim Lesen etwas gefühlt hast, dann multipliziere es mit 1.000.000 und du wirst wissen, wie die Menschen sich fühlen, wenn sie einen deiner Liebesbrief lesen – zumindest fühle ich mich so.
Danke für alles, was du tust, Hannah, du hast mir so sehr geholfen. Ich liebe dich. Bis bald.

Schreib weiter. Ron

PS: Ich schwimme für bessere Zeiten, auch wenn keine Sonne scheint. Das Salz brennt in meinen Augen, aber ich gebe nicht auf –
ich schwimme.

Ich schrieb Lauren zurück. Zwei Wochen später schickte ich meinen Brief an die Poststelle, in der sich sämtliche Nachrichten für die »Hätte-könnte-würde-Frauen« verfingen, wie Lauren es nannte. Als Erstes sagte ich ihr, dass sie sich irrte. Ich musste ihr aufs Heftigste widersprechen, wenn sie sich und eine ganze Reihe anderer starker Frauen als Feiglinge abstempelte, die nie loszogen, um etwas Mutiges oder Edles zu tun. Ich sagte ihr, dass sie nie in diese enge Schublade passen würde. Der Gott, von dem sie schrieb, hatte sie geschaffen, um zu tanzen und um Tannenbäume mit Lametta zu schmücken und um auf Hochzeiten zu Liedern von Frank Sinatra zu weinen. Ich sagte ihr, dass ich das Wort *Gott* manchmal nur ungern schrieb, weil ich verstehen konnte, wenn Leute es nicht gern lasen. Ich konnte verstehen, wenn sie mir antworteten, dass es ihnen schwerfiel, an ihn zu glauben, oder daran, dass er gut war. Doch gleichzeitig schaffte ich es nicht, in irgendeinem Wartezimmer zu sitzen oder an irgendeiner Supermarktkasse anzustehen oder an irgendeinem Tag einfach mal nichts zu tun, ohne mir dabei einzugestehen, dass ich wahrscheinlich etwas Größeres brauchte als mich selbst, um mein Leben zu steuern. Ganz gleich, ob die Menschen an etwas glauben oder nicht, ich denke, wir kommen alle zu dem gleichen Schluss: Irgendetwas beunruhigt mich an der Welt, in der wir heute leben. Irgendwas ist nicht im Gleichgewicht, ist nicht in Ordnung.

Wir hören von Kinderhandel und Schießereien in Kinos. In unseren Köpfen spuken Gedanken herum, wie es sich anfühlen muss, plötzlich zu Boden gezwungen zu werden, mit dem Körper die noch volle Packung Popcorn zu zerdrücken, während eine maskierte Gestalt das Feuer eröffnet und auf uns schießt, auf Menschen, die elf Dollar dafür bezahlt haben, um genau so einer Realität zu entfliehen.

Ich schaue mir all den Schmerz, das Leid und den Wahnsinn in den Abendnachrichten an, und es treibt mich zu Gott hin, statt von ihm weg. Fügt man dann noch eine zusätzliche Prise Liebeskummer und Unaufrichtigkeit hinzu, plus eine Leere, die uns am Freitagabend überfallt und bis zum nächsten Morgen zusammengerollt an unseren Füßen wacht, dann fühlt sich das wie ein Rezept an, so ziemlich alles tun zu wollen, außer in den Spiegel zu schauen und zu sagen: »Es liegt in deiner Hand. Heute kannst du die Welt retten.«

Wenn ich realistisch bin und mir die Welt genauer anschaue, in der ich lebe, dann wünsche ich mir einen Retter. So viel ist sicher. Es vergeht kaum ein Tag, an dem ich mich entscheiden kann, welchen Kaffee ich trinken, mit welchem Zug ich fahren oder welche Jacke ich anziehen soll, aber diese Sehnsucht nach einem Retter ist immer da. Nach jemandem, der sich direkt vor mich stellt und zu mir sagt: »Schnuckelchen, das ist nicht deine Schlacht. Tritt zur Seite, jetzt bin ich ja da.«

Ich beendete den Brief mit Ronnys Worten über das Schwimmen. Es war eine Ermahnung, stark zu sein. Es war eine Aufforderung, nach vorn zu streben. Lauren sollte lernen, mit den Armen zu rudern und mit den Füßen zu strampeln. Sie sollte lernen, die Luft unter Wasser anzuhalten. Und dann würde sie schwimmen. Schwimmen, schwimmen, schwimmen. Es war eine Chance zu leben. Ich beendete den Brief mit diesen Worten:

Lauren, bitte schwimm.

Wir

In den Wochen vor Weihnachten hatte ich alle Hände voll zu tun. Ich arbeitete acht bis neun Stunden in meinem ersten Job, nahm dann den Zug nach New Haven und machte mich abends noch mal vier Stunden ans Werk. Meine Freunde zogen mich oft auf und nennen es bis heute das »Tal meines gesellschaftlichen Todes«, doch ich liebte es über alles. Ich liebte die Arbeit, die sich vor mir auftat, und das war das schönste Gefühl der Welt für mich.

Ich hatte ein festes Programm. Alle paar Tage fuhr ich aufs Postamt im Zentrum unseres Städtchens und schloss Fach 2061 auf. Dort wartete ein länglicher, gelber Zettel auf mich, auf dem mir mitgeteilt wurde, dass ich mehr Post bekommen hatte, als in mein Fach passte.

Ein Mitarbeiter der Post kam aus einem Nebenraum angelaufen, bepackt mit einem dicken Stapel Briefe, der mit Gummibändern zusammengehalten wurde, oder mit einer Postkiste. Manchmal waren es auch zwei. Es stapelten sich derart viele dieser Postkisten bei mir zu Hause, dass ich meine Freundin einmal zu einem Postkisten-Skulpturen-Bau-Wettbewerb herausforderte. Sie schaute mich nur an, blinzelte zweimal und sagte dann: »Wir zwei gehen jetzt erst mal an die frische Luft und dann einen trinken. Sieh zu, dass du diese Kisten loswirst.«

Die meisten Abende jedoch verbrachte ich in Gesellschaft meiner Kisten. Ich setzte mich in meinem Zimmer auf den Fußboden, las einen Brief nach dem anderen, sortierte sie auf verschiedene Stapel und machte sie fertig zum

Verschicken. Ich las wirklich jeden dieser Briefe, um ganz sicherzugehen, dass der Inhalt in Ordnung war.

Die meisten Leute sahen mich nur ungläubig an, wenn ich ihnen bestätigte, dass ich, ja, jeden einzelnen Brief las, und als Nächstes erzählte ich ihnen dann von dem Zustrom an Briefen, den ich jede Woche aus den Staatsgefängnissen erhielt. Anscheinend war irgendwo im Nordwesten das Gerücht in Umlauf gebracht worden, dass es da nicht nur ein Mädchen gab, das Liebesbriefe über ganz New York City verteilte, sondern das sich obendrein als Heiratsvermittlerin betätigte. Man(n) müsse der Guten nur einen Brief mit ein paar Lieblingsbildern schicken, und schon zaubere sie Traumfrauen herbei, denen es natürlich völlig egal war, ob derjenige noch ein oder zehn Jahre abzusitzen hatte. Ich bin wirklich gut darin geworden, Briefe zu schreiben wie *Hallo Joshua, danke für die Bilder. Aber ich muss dich enttäuschen, ich bin keine Heiratsvermittlerin.*

Kurz und gut: Ich las jeden Brief. Dann schnürte ich alles zu einem Bündel zusammen und legte eine Nachricht dazu, in der ich erklärte, wie sich hunderte Menschen aus der ganzen Welt zusammengetan und dieses Liebesbriefbündel zuwege gebracht hatten, das nun jemand in Händen hielt, der nicht damit gerechnet hatte, etwas anderes als Rechnungen oder Werbung aus seinem Briefkasten zu fischen.

Ich lernte so viel über die Menschen, während ich im Schneidersitz mit einer Tasse Tee auf dem Boden saß und Briefe las. Ich lernte so viel über Menschlichkeit, während ich Poetisches und weniger Poetisches über Ehrlichkeit, Bedauern und Liebeskummer las, das Leute in der Hoffnung schrieben, andere damit für eine Weile fortzutragen.

Als Erstes lernte ich, dass wir im Großen und Ganzen gute Menschen sind. Ich weiß, darüber lässt sich streiten, aber für mich fühlte es sich so an. Und wir wollen besser werden. Und wir stecken gar nicht so tief im Schlamm, wie wir glauben. Viele von uns sind nur wenige Schritte davon entfernt, richtig durchzustarten. Vielleicht sind wir alle nur dreißig Sekunden davon entfernt, heute ein anderer Mensch zu werden.

Wir verlieren. Wir kämpfen um Dinge. Wir verlieren den Kampf. Wir versagen. Wir vergessen Geburtstage (merkwürdigerweise öfter, als noch vor der Zeit von Facebook), und wir vergessen die Namen von Leuten, die wir uns wirklich merken sollten. Wir verlaufen uns. Manchmal tauchen wir gar nicht erst auf. Wir machen Fehler. Wir verletzen die Menschen, die uns mehr als alles andere auf der Welt bedeuten. Und wir werden verletzt.

Wir werden zurückgewiesen. Andere reden hinter unserem Rücken über uns. Auf viele von uns wird mit dem Finger gezeigt, über viele von uns wird gelacht. Wir fallen durch Prüfungen. Wir verschlafen. Wir brechen Versprechen. Wir brechen Herzen. Wir halten zu lange an Menschen fest, die ihren eigentlichen Zweck in unserem Leben längst erfüllt haben. Wir lassen los, auch wenn wir gern noch ein bisschen länger festhalten würden. Wir zweifeln an uns. Wir feiern. Wir trinken zu viel. Wir lachen zu wenig. Wir fallen tief. Wegen Jungs mit tiefblauen Augen und Mädchen mit zerrissenen Strumpfhosen. Wir werden betrogen. Wir betrügen. Wir werden mitten auf Bahnhöfen stehen und in Restaurants sitzen gelassen. Wir tun kostspielige und verrückte Dinge für jemanden, der unser Herz anschließend durch den Fleischwolf dreht. Wir lieben. Und wir hoffen.

Wir stehen im Mittelpunkt und sind gleichzeitig außen vor. Wir sind umringt von Leuten und fühlen uns mehr denn je allein. Wir werden älter – und manchmal jagt uns das Angst ein und manchmal finden wir es schön.

Das sind eine Menge »Wir.« Eine Menge »Wir«, die sich jedes Mal bekämpften, wenn ich mich wieder einmal vor anderen verschloss und mir dachte: »Ich fühle mich so allein. Ich habe das Gefühl, dass niemand weiß, wie ich mich fühle.« Doch die Menschen wissen es, viel öfter, als sie es nicht wissen.

Im Februar wurde ich von einem Geschäft in SoHo engagiert, um für eine Aktion zum Valentinstag Liebesbriefe schreiben. Ich war ziemlich perplex, als ich einen Anruf aus deren Werbeabteilung bekam und gefragt wurde, ob ich ein Team aus mehreren »professionellen Liebesbriefschreibern« zusammenstellen könnte, mit denen ich dann in den Schaufenstern ihrer New Yorker Edelboutiquen sitzen sollte. Ich weiß noch, wie ich nach dem Gespräch dachte: *Gibt es so was wie professionelle Liebesbriefschreiber überhaupt? Nach was soll ich da suchen?*

Ich hatte keine Ahnung, was uns erwartete, als ich eine Gruppe von acht Leuten zusammentrommelte. Erst als ich ganz vorn in dem Laden saß, in einem weißen T-Shirt, auf dem ein verrückter Amor prangte (irgendetwas musste bei der Motivauswahl falsch gelaufen sein), wurde mir bewusst, wie seltsam es für einen Kunden sein musste, in den Laden zu kommen, eine Karte über den Liebsten oder die Liebste auszufüllen und einen Wildfremden den Brief schreiben zu lassen. Sie setzten sich auf einen Stuhl mir gegenüber, umkringelten Eigenschaften wie *selbstbewusst, sexy, attraktiv, einfühlsam*, und meine Briefschreiber und ich mussten dann so eine Art Lückentext für sie vervollständigen, den sie anschließend in einem leuchtend roten Umschlag mit nach Hause tragen und so platzieren konnten, dass der oder die Liebste ihn fand. Ich sehe es förmlich vor mir, wie es weiterging, wenn Frauen die Briefe öffneten und ihre Ehemänner oder Freunde fragten: »Du hast eine andere Frau einen Liebesbrief für mich schreiben lassen?!« Nichts klingt so schön wie »Ich liebe dich mit Haut und Haar, und manchmal will ich dir einfach nur die Kleider vom Leib reißen« aus dem Mund eines völlig Fremden, der nicht das Geringste im Liebesleben der Beteiligten zu suchen hat. Nichtsdestotrotz hatten wir eine Menge Spaß. Und ich denke, wir haben uns alle als professionelle Liebesbriefschreiber qualifiziert.

Gegen Ende unseres zweiten Tages kam eine Frau mit mehreren Taschen bepackt in den Laden marschiert. Es war nicht die Sorte Einkaufstüten, die man schwingt, wenn man sich die Madison Avenue rauf- und runtershoppt. Es waren große Tragetaschen, mit denen sie aussah wie eine Stadtstreicherin. Sie kam direkt auf meinen Tisch zu und schnappte sich zwei Karten zum Ausfüllen.

»Ich komme später wieder, um meine Briefe zu holen«, sagte sie und setzte zu einer Runde durch den Laden an. Ich sah ihr nach, wie sie mit Supermarkttüten an den Armen an Regalen voller Kleider mit orangefarbenen Monogrammen vorbeistreifte, und dachte, dass sie irgendwie nicht ins Bild dieses Ladens passte. Es war eine Luxusboutique. Doch sie belehrte mich eines Besseren, als sie eine halbe Stunde später mit einer Tüte des Geschäfts an meinen Tisch zurückkam.

»Ich hab Ihnen ja gesagt, dass ich zurückkomme«, sagte sie, stellte ihre Taschen ab und setzte sich auf den Stuhl mir gegenüber. »Ich brauche zwei Liebesbriefe. Einen für meinen Freund und einen für meinen Ex-Mann.« Sie schob die beiden Karten zu mir rüber.

Die nächsten zehn Minuten stellte sie mir eine Frage nach der anderen, während ich schrieb. Woher kommen Sie? Wie alt sind Sie? Wie ist es zu alldem gekommen? Was hat es mit den Briefen auf sich? Es war, als würden wir »Was bin ich?« spielen, während ich versuchte, mich auf die Worte zu konzentrieren, die ich ihrem Ex-Mann schreiben sollte.

»Mitfühlend?«, fragte ich und nahm die Karte in die Hand, auf der sie seine Eigenschaften notiert hatte.

»Mhmm«, antwortete sie. »Absolut. Manchmal können zwei Menschen befreundet bleiben, auch wenn sie wissen, dass es zu wehgetan hätte, wenn sie zusammengeblieben wären.«

Sie stellte mir weiter Fragen, und als ich kurz darauf aufschaute, sah ich, dass sie sich auf der anderen Seite des Tisches Notizen machte.

Ich erinnere mich, dass sie mich nach drei Dingen fragte, die ich gelernt hatte. Ich bin mir ziemlich sicher, dass ich ihr sagte, ich hätte gelernt, dass wir alle nach Wegen suchen, um gute Menschen zu sein. Meistens jedenfalls. Nicht ohne Grund verbreiten sich im Internet genau die Videos wie ein Lauffeuer, in denen Menschen füreinander da sind. Nicht ohne Grund sehen wir uns diese Videos an und teilen sie mit anderen. Ich denke, wir wünschen uns ein Stück weit genau das, was sich hinter diesen Momenten auf dem Bildschirm versteckt. Wir wollen glauben, dass es diese Form von Liebe und Güte da draußen noch gibt. Und wir hoffen auf Momente, die uns anstupsen und uns zuflüstern: »Die Welt dreht sich nicht um dich, und die Liebe gewinnt.«

»Eine Frage noch«, sagte sie, legte ihren Stift ab und sah mich direkt an. »Waren Sie schon immer so?«

Ich verstand im ersten Moment nicht, was sie meinte: War ich schon immer *wie*? Aber sie präzisierte ihre Frage, noch bevor ich nachhaken konnte. »Oder anders: Sind Sie ehrlich? Ist alles, was Sie tun, echt?«

Bevor ich wirklich wusste, was ich antworten sollte, redete ich schon drauflos und erzählte ihr, wie ich als Kind und Jugendliche nie das Gefühl gehabt hatte, irgendwo dazuzugehören. Ich erzählte ihr, dass ich es permanent bedauerte, kein Typ für Small Talk zu sein. Ich interessiere mich nicht fürs Wetter. Ich kenne keine Filmzitate auswendig, mit denen ich andere unterhalten könnte, dafür habe ich eindeutig viel zu wenige Filme gesehen. Aber wenn ihr Lust habt, die Kinderrechtskonvention der Vereinten Nationen aufzusagen, dann könnte ich vielleicht, aber nur vielleicht, die Richtige sein (bei dem Thema gehen immer ein bisschen die Pferde mit mir durch). Und ich wollte dazugehören. So pathetisch das klingen mag, ich wollte einfach dazugehören. Und ich glaube, dass es den meisten Menschen genauso geht.

Ich erzählte ihr, wie ich mich viel zu lange von anderen Leuten hatte bestimmen lassen. Wie ich unbedingt etwas für jemanden hatte sein wollen – wie auch immer das aussehen mochte. Einmal, während meiner Zeit in New York, versuchte ich geradezu verzweifelt, mich in eine Form zu zwängen, nachdem ich von einer Gruppe Mädchen, die ich aus dem College kannte, für folgenden Post auf Facebook komplett zerrissen worden war: *Würde ich für den Rest meines Lebens nur eine Eigenschaft haben, würde ich mir wünschen, töricht zu sein … Töricht genug, um zu glauben, dass ich auf dieser Welt etwas bewegen kann. Dass ich hinausgehen und Dinge tun kann, die unmöglich sind.* Sie zerrissen mich in der Luft dafür, schrieben, dass ich die Klappe halten solle, dass ich aufhören solle, darüber zu faseln, die Welt verändern zu wollen, und stattdessen rausgehen und es einfach tun solle. Im Jahr zuvor waren wir noch befreundet gewesen. Und obwohl es im Grunde total egal, banal und unbedeutend ist, schürte es eine Angst, von der ich weiß, dass nicht nur ich allein sie habe: Was werden die Leute über mich denken, wenn ich versuche, mich von ihnen abzuheben? Was werden sie denken, wenn ich einfach versuche, etwas zu bewegen?

Viele von uns werden vielleicht nie an den Punkt kommen, an dem sie erkennen, wie befreiend es sein kann – nicht in allen Bereichen, aber definitiv in ein paar –, sich abzuheben und tatsächlich der Mensch zu sein, der sie immer sein wollten.

»Ich schätze, ich habe nicht verstanden, warum sie das tun mussten«, sagte ich zu der Frau. »Ich war nicht sauer. Und es war auch nicht das Ende der Welt oder so was.«

»Hat es sie verletzt? Hat es wehgetan, als die anderen glaubten, Sie wären nicht ehrlich?«

»Wissen Sie«, sagte ich, »früher hat es das. Es war, als würden mich ihre Worte überall hin verfolgen. Es war ein komisches Gefühl.«

»Aber Sie haben trotzdem etwas getan«, sagte. Sie sah mir direkt in die Augen.

»Ich schätze, man macht so lange weiter, bis man sich unbesiegbar fühlt«, sagte ich zu ihr.

Ein paar Minuten später war sie verschwunden. Sie nahm ihre Karten und ihre beiden Liebesbriefe – einen für ihren Freund und einen für ihren mitfühlenden Ex-Mann – und verließ den Laden. Ich werde wohl nie erfahren, was sie mit den Notizen gemacht hat. Vermutlich werde ich mich das zeitlebens fragen. Ganz sicher werde ich mich zeitlebens fragen, ob sie mir verraten hätte, was sie mit den Notizen vorhatte, wenn ich sie einfach gefragt hätte.

Als ich später an diesem Abend im Zug nach Hause saß, musste ich noch einmal an die Frau denken. Ich fragte mich, ob mir diese ganzen Fragen vielleicht hatten gestellt werden müssen. Und plötzlich begriff ich, dass jede ihrer Fragen wie eine Bestätigung dafür war, dass ich – ganz ohne es zu merken – ein anderer Mensch geworden war.

Ich war nicht mehr das Mädchen, das sich ständig selbst die größten Lügen erzählte: Du kannst nichts bewegen. Die Welt ist zu groß. Deine Hände sind zu klein. Das stimmte nicht. Absolut nicht. Aber dieses Mädchen hätte das nie herausgefunden, wenn es nicht da rausgegangen wäre und gelernt hätte, sich selbst und all die Dinge zu vergessen, die ihm je das Herz gebrochen hatten. Es musste lernen, sich so lange mit sich selbst auseinanderzusetzen, bis sie fremden Menschen mit erhobenem Haupt in die Augen sehen und sagen konnte: »Ich weiß genau, was mein innerstes Wesen ausmacht. Und ich habe keine Angst mehr davor.«

Es musste rausgehen und für sich selbst erkennen, dass es keinen richtigen oder falschen Weg gab, das Leben zu leben. Es musste herausfinden, was es eigentlich wollte, und dann musste es aufhören, sich für diese Dinge zu entschuldigen. Und auf dieser Reise – einer Reise mit weniger Entschuldigungen – musste es seine Aufmerksamkeit mehr auf die Wege richten statt auf die Ziele. Die Wege sind die stillen, unausgesprochenen Erfolge im Leben.

All diese Wege waren jener Teil der Geschichte, in dem sich das Mädchen auf den Boden kniete und sich die

Hände an dem ganzen Chaos schmutzig machte. In dem es lernte, dass es Mut erforderte, etwas zu bewegen. Die Welt wird immer Menschen brauchen, die etwas bewegen wollen, man durfte nur nicht seinen Einsatz verpassen.

All das war nötig – und noch ein paar Dinge mehr, über die ich vermutlich nie sprechen werde –, plus eine Stadtstreicherin in SoHo, um zu erkennen, dass es das Mädchen, das immer geglaubt hatte, seine Hände wären zu klein, nicht mehr gab. Es gab das Mädchen nicht mehr, und alles, was nun an seiner Stelle war, waren andere Menschen.

Andere Menschen. Wie das Mädchen, das mir schrieb, wie es eines Morgens, als sie in der Bibliothek ihres College am Drucker anstand, mit einem Jungen ins Gespräch gekommen war. Sie unterhielten sich und stellten fest, dass sie einen Kurs zusammen hatten. Sie waren ähnlich aufgewachsen und hatten eine Gemeinsamkeit: Er war ein Heroinabhängiger auf Entzug, und ihr Freund hatte den gleichen Kampf hinter sich.

Der Junge erschien nicht zum nächsten Kurs. Sie sah ihn eine ganze Weile nicht mehr. Eines Tages lief sie auf dem Weg zum Unterricht einen Flur entlang und stolperte über einen Liebesbrief, der auf dem Boden lag. Sie hob ihn auf und las ihn. Der Brief handelte von Gott und davon, wie er zu ihr stand. Sie wusste das alles bereits und wünschte, der Brief könnte jemanden erreichen, der die Worte wirklich brauchte.

Der Junge kam an diesem Tag zum Kurs. Sie fragte ihn, wo er gewesen sei. Er sagte ihr, dass es ihm nicht gut ginge. Er wollte nicht darüber reden. Mit zitternden Händen streckte sie dem Jungen am Ende des Kurses den Brief entgegen und sagte: »Hier, vielleicht kannst du den gerade brauchen.« Sie sagte ihm, dass er nach einem Song mit dem Titel »Hello, My Name Is« von Matthew West suchen solle. Ihr Freund hörte den immer, wenn es ihm schlechtging.

Ungefähr eine Woche später bekam sie eine Nachricht von dem Jungen. Er hatte irgendwie ihre Telefonnummer herausgefunden und schrieb ihr, dass es Bestimmung gewesen sein musste, dass sie ihm an diesem Tag diesen Brief gegeben hatte. Der Brief war für ihn bestimmt gewesen. Er hatte an seiner Stärke gezweifelt und war schwach geworden. Er hatte den Brief gelesen. Er war zusammengebrochen, als er den Song auf dem Heimweg angehört hatte. »Du hast alles komplett verändert«, schrieb er ihr. »Mir geht es besser seitdem.«

In Ihrer E-Mail schrieb mir das Mädchen, dass sie vierzehn Jahre lang an Gott geglaubt hatte. Doch erst als sie diesen Liebesbrief las, hatte sie Gott zum ersten Mal wirklich gesehen.

Und dann war da dieser Mann, dessen Freundin schrieb, dass er versucht hatte, sich umzubringen. Er hatte seinen Facebook-Status geändert, um sich auf diesem Weg von seinen Freunden und seiner Familie zu verabschieden. Ich denke, es war so eine Art Hilfeschrei, aber sicher weiß ich das nicht. Alles, was ich weiß, ist, dass wir uns scharenweise hinter ihn stellten, ihm Briefe und Karten schrieben und allerlei schöne, glitzernde Dinge schickten, die sich weich anfühlten, wenn man mit den Fingerspitzen darüber strich. Wir hörten lange nichts über ihn. Sechs Monate später ließ uns die Frau, die um die Liebesbriefe gebeten hatte, wissen, dass ihr Freund Nacht für Nacht mit den Briefen unter dem Kopfkissen schlief.

Aber meine Lieblingsgeschichte war wahrscheinlich die von Luke. Lukes Tochter traute ihren Augen nicht, als sie den Briefkasten öffnete und einen dicken Umschlag darin vorfand. Neugierig riss sie ihn auf und fand darin unzählige Karten und Briefe. Sie wusste sofort, was das zu bedeuten hatte. Es waren die Liebesbriefe für ihren Vater. Ihr Vater bekam gerade seine vermutlich letzte Chemotherapie, und es ging ihm an diesem Morgen, als das Bündel ankam, gerade besonders schlecht. Zusammen saßen sie Stunde um Stunde da und lasen jeden einzelnen Brief.

Lukes Tochter schrieb: *Wir lachten, wir weinten, wir schwelgten in Erinnerungen, wir genossen den Moment. Er war so voller Energie, nachdem er die Briefe gelesen hatte – er hat sogar beschlossen, eine Collage daraus zu basteln und direkt damit angefangen. Wenn sie fertig ist, will er sie rahmen und stolz in seinem Büro aufhängen.*

Und als Luke uns schrieb – er ganz allein –, gestand er uns die Wahrheit: Selbst an Tagen, an denen die Krankheit so unerträglich war, dass er sich einfach nur wünschte, Gott würde ihn zu sich holen, wusste er, dass er nicht gehen konnte. Denn jetzt waren da Menschen überall auf der Welt, die beteten, wenn er betete, die litten, wenn er litt, und die weinten, wenn er weinte.

Lukes Geschichte erinnert mich immer an die eines Soldaten und seiner Schwester. Dem Soldaten hafteten Staub und Dreck von sowohl Afghanistan als auch dem Irak im Profil seiner Stiefel. Eine posttraumatische Belastungsstörung hing ihm wie ein Mantel um die Schultern, als er schließlich nach Hause zurückkam. Wir schickten ihm ein dickes Bündel Liebesbriefe. Wir hörten lange nichts von ihm. Und dann rief er eines Tages weinend seine Schwester an. Er saß bei sich zu Hause auf dem Boden und brachte kaum ein Wort heraus, so sehr berührten ihn die Briefe völlig fremder Menschen, die ihn aufmunterten und anfeuerten. Seine Schwester schrieb mir in einer E-Mail, dass es diese kleine Geste war, die ihr den Glauben an die Menschen zurückbrachte.

Und dann war da Mary – die weltbeste Brotbäckerin und Königin der handgehäkelten Spitzendeckchen. Sie hatte nach neunundsechzig Jahren ihren besten Freund und Seelenverwandten verloren. Trotz aller Versuche, die Leere mit Hausarbeit und dem Lachen ihrer Enkelkinder zu füllen, gab es diese Tage, an denen es völlig egal war, wie viele Reihen sie häkelte, sie wollte ihn einfach nur zurück. Es tat weh, und sie wollte ihn zurück.

Ihre Enkelin – jung und ungestüm – ertrug es nicht, ihre Großma Mary so verzweifelt und traurig zu sehen. Einmal fuhr sie die ganze Dreiviertelstunde zu ihr, nur um an ihrem Küchentisch zu sitzen und ihre Großmutter sagen zu hören, dass sie glaubte, loslassen zu wollen. Sie wollte gehen.

»Es wird aufhören zu regnen«, sagte das Mädchen zu ihrer Großmutter. »Eines Tages wird es aufhören zu regnen.« Das war alles, was ihr damals einfiel. Das Mädchen schrieb uns und bat um Briefe für ihre Großmutter, die sie ihr an Weihnachten geben wollte. Mary las noch am gleichen Tag jeden einzelnen Brief in ihrem Lieblingssessel. Anschließend nahm sie all ihre Kraft zusammen, schob ihren Rollator in die Küche und verkündete ihrer Familie, dass sie bleiben würde. Sie würde die Briefe immer und immer wieder lesen, und sie würde bleiben.

Und dann war da Helen. Helen schickte mir eine E-Mail, in der sie schrieb, dass sie ein einfaches Mädchen vom Lande war. Sie hatte zwar einen Collegeabschluss, musste ihren Job aber wegen einer Körperbehinderung aufgeben. Sie war einundfünfzig Jahre alt. Sie hatte ihren Mann vor etwas mehr als vier Jahren kennengelernt. Sie schrieb in ihrer E-Mail, dass die beiden immer nur nach bedingungsloser Liebe gesucht hatten. Nun hatten sie einander. Sie hatten gefunden, was sie beide brauchten.

Sie saß gerade bei einem Arzt im Wartezimmer, als sie zufällig auf eine Geschichte über die Liebesbriefe stieß. Sie nahm den Artikel mit nach Hause und zeigte ihn ihrem Mann. Auf ihren Schultern lasteten hohe Arztkosten und andere finanzielle Probleme, daher konnten sie unmöglich etwas in Form von Geld zurückgeben. Doch als sie den Artikel lasen, wurde ihnen klar, dass sie Liebe hatten. Sie konnten Liebe geben. Also hatten sie vor ein paar Wochen angefangen, zusammen Liebesbriefe zu schreiben und sie überall in der Stadt zu hinterlassen, während sie ihrer Wege gingen: im Gerichtsgebäude, im Park, im Supermarkt. Manchmal auch an ausgefallenen Orten wie unter einem Stein am See.

Sie schrieb, dass sie nur einen einzigen kleinen Wunsch im Leben hatte: Sie wollte die Erfahrung machen, dass sie etwas bewirkte. Sie wollte miterleben, wie sie einen Menschen berührte und bewegte mit dem, was sie tat. Eines Morgens, nachdem sie einen Brief im Gerichtsgebäude hinterlassen hatte, sah sie, wie jemand den Brief aufhob. Sie beobachtete, wie die Person den Brief zwei anderen Leuten zeigte. Sie weinten beim Lesen. *Du hast mir meinen Wunsch erfüllt*, schrieb sie. *Ich werde so lange damit weitermachen, wie meine alten Hände es zulassen.*

Das Merkwürdige an ihrer Geschichte war, dass seit die beiden angefangen hatten, Briefe zu hinterlassen, immer wieder wie zufällig Menschen vor ihrer Haustür auftauchten, um ihnen Kleidung oder Essen zu schenken. Sie hatten niemanden um Spenden wie diese gebeten; die Menschen standen einfach vor ihrer Tür. Sie schrieb, dass sie nicht wusste, woran sie glauben sollte. Sie wusste nicht, ob das Gott war. Sie war sich nicht sicher, wie sie es nennen sollte. Sie wusste nur, dass sie an bedingungslose Liebe glaubte. Und das war alles, was zählte.

Als ich Helen meine Antwort schrieb, hielt ich nach dem ersten Absatz inne. *Ich denke, woran immer du letztlich glauben wirst und wann immer du dich dafür entscheidest, es wird sich dir von selbst offenbaren. Es wird sich dir zu erkennen geben. Es wird sich dir zeigen, es wird in deinem Innern brüllen wie ein Löwe. Und was immer es ist, ich hoffe von ganzem Herzen, dass es in Liebe verpackt sein wird und nicht in Angst. Dass es in nichts Geringeres gehüllt sein wird als in Respekt. Denn du verdienst Respekt, mehr als alles andere auf der Welt.*

Das ist es, was ich damals über Gott und die Menschen lernte: Es ging bei alldem um Würde. Und darum, sie zurückzugewinnen, wo sie abhandengekommen war. Und es ging um Erfolg und um all die guten Dinge, die immer da waren, bevor wir anfingen, unser kleines Leben an Schwächen und Lügen zu verschwenden. Das alles ist ein Prozess. Die Liebe, allem voran, ist ein Prozess. Ob es nun die Liebe zu Gott ist oder zu einem anderen schwierigen Menschen – es ist kompliziert. Es bedeutet, Türen zu öffnen, Scheiben einzuschlagen. Es bedeutet, neue Räume in unserem Innern zu entdecken. Es bedeutet Dunkelheit. Und es bedeutet Licht. Und manchmal bedeutet es alles zusammen. Das alles ist ein langsamer, vertrauensvoller Prozess, der damit beginnt, dass wir jemanden hereinlassen.

Ich glaube, dass es letztlich nur auf die Wahrheit ankommt. Und wenn ihr schon mal jemanden so sehr geliebt habt, dass ihr dachtet, der gesamte Sauerstoff würde aus dem Raum weichen, wenn derjenige eintritt, dann kennt ihr bestimmt folgende unveränderliche Wahrheiten über die Liebe: Wir wollen dem anderen alles geben, was wir auf dieser Welt besitzen. Und wir wollen ihm alles geben, was wir nicht besitzen. Und wenn er einen Morgen braucht, dann wollen wir dieser Morgen für ihn sein. Und wenn er die Sterne braucht, dann wollen wir auch diese leuchtenden Punkte für ihn sein. Wir wollen einfach nur neben ihm sitzen. Wir wollen wissen, dass es ihm gut geht. Wir wollen die Ehre haben, ein Teil seines Lebens zu sein.

Es ist verrückt, denn genau so empfinde ich für Menschen, die mich verletzt oder aufgegeben haben. Aber ich dachte immer, es wäre einfach zu verrückt, an einen Gott zu glauben, der das Gleiche für ein kleines Wesen wie mich empfinden könnte.

Ich weiß, dass ich mich in den nächsten Jahren verändern werde, dass ich mich weiterentwickeln werde, aber hier und heute glaube ich an genau diese Art von Liebe. Und ich glaube an eine Religion, die es sich nicht in der Kirche gemütlich macht, sondern viel lieber draußen über die Gehwege tollt. In den Händen von Menschen, die wissen, wie man einander wirklich liebt. Ich glaube an Menschen, die keine Mühen scheuen, anderen zu sagen, wie umwerfend sie sind. Ganz egal, wo wir waren oder was wir getan haben, jemand hätte uns das längst sagen sollen. Ich glaube an eine Liebe – und sei sie noch so ungewöhnlich –, die uns dazu bringt, mitten am Tag, während wir gerade auf Hochtouren laufen, innezuhalten und für jemanden da zu sein. Eine Liebe, die uns die Hand eines anderen Menschen nehmen lässt, ganz egal, ob wir ihn kennen oder nicht, und uns sagen lässt: »Da draußen wartet noch mehr auf dich. Eine viel größere Aufgabe. Sie ist so groß, so umfangreich, so weitreichend, dass sie über all die Schwächen lacht, die bislang versucht haben, dich zurückzuhalten.

Darum nimm meine Hand und schau nicht zurück. Du bist für Größeres geschaffen als für die kleinen Geschichten, die du von dir selbst erzählst. Oder sagen wir es so: Größeres als das hier. Größeres als das hier.«

Mich erreichen weiterhin Geschichten. Jeden Tag. Und mit jeder Geschichte, die ich lese, lässt das Verlangen nach, eine weiße Schleife darum zu binden und nach dem Happy End suchen zu wollen. Ich begreife allmählich, dass es für die meisten Geschichten keine hübsche weiße Schleife gibt. Das hat viele Gründe, und die, die ich kenne, sind folgende: Manchmal wird die Geschichte zu groß, geht über unseren Verstand, um alle noch so kleinen Details an einem einzigen Ort zusammenzuhalten. Ein paar Details werden uns immer entwischen. Und manchmal sind wir so verrückt und so töricht zu glauben, dass wir die Geschichte beenden sollen. Sollen wir nicht. Das wurde mir spätestens bei einem Satz von T. S. Eliot bewusst, den ich vor Kurzem bei einem Bananen-Schoko-Crêpe gehört habe: »Du bist die Musik, solange die Musik dauert.« Eine Freundin sagte diesen Satz fast beiläufig, und ich finde ihn einfach perfekt. Wie geschaffen für die Momente, in denen uns weiße Schleifen und ein Happy End nicht weiterbringen.

»Du bist die Musik, solange die Musik dauert.« Es geht nicht darum, die ganze Sinfonie zu analysieren, um herauszufinden, wie sie funktioniert. Es geht nicht darum, zu verstehen, wo sie aufhört und wo ein anderes Musikstück beginnt. Denn das würde verhindern, dass wir staunend mittendrin stehen und von etwas so viel Größerem als uns selbst mitgerissen werden. Von Zeit zu Zeit sollten wir uns den Noten anderer anschmiegen. Uns gute Tanzpartner suchen. Unsere Schuhe ausziehen und einfach in den Geschichten, die uns alle überleben werden, barfuss tanzen. Zur Musik, solange sie dauert.

Ich denke, das ist alles. Das ist das Ende von etwas, von dem ich so verrückt war zu glauben, ich könnte es allein beenden. Hier und jetzt sind wir die Musik. Uns wurde dieser Raum zur Verfügung gestellt. Ich will lernen, noch besser barfuss auf dem Boden zu tanzen.

PS

Wenn ich heute in Coffeeshops sitze, meine Finger um dicke Porzellanbecher lege – die, aus denen sich so herrlich Cappuccino schlürfen lässt –, und Leuten diese Geschichte von Anfang bis Ende erzähle, dann gibt es Details, die dürfen nicht fehlen. Jede Geschichte hat sie, diese unverzichtbaren Details. Mein Freund Preston nennt sie die »Zeltstangen-Momente«: jene Teile der Geschichte, in denen man sich nachweislich entwickelt und verändert, an denen man wächst. Die einzigartigen Momente in jeder guten Geschichte, in denen man zu einem anderen Menschen wird.

Und dann gibt es Details, die ich nicht mit jedem teile. Sie kommen ganz leise des Weges, wenn der Zeitpunkt während des Gesprächs stimmt. Wie der Tag, an dem ich feststellte, dass es zwar super ist, Briefe zu verschicken, und dass es gut ist, von Zeit zu Zeit jemanden anzurufen, aber dass man sich nach Möglichkeit auch mal persönlich blicken lassen sollte. Wenn man in der Lage ist, sich sehen zu lassen, dann sollte man das tun.

Diese Erfahrung machte ich, als ich ein paar Monate, nachdem ich Lauren den Brief in das Rehazentrum in Delray Beach, Florida, geschickt hatte, vor ihrer Tür stand. Sie war nach Hause gekommen. Clean. Und ich hatte das Gefühl, mir würde jeden Moment das Herz in der Brust zerspringen, als sie mich durch eine kleine Werkstatt führte, die sie sich im Keller eingerichtet hatte. Ein Labor, in dem sie sich die verrücktesten Mischungen aus Wachs und klebriger Masse ausdachte, um daraus Seife herzustellen. Sie war nach Hause gekommen, und sie hatte eine Miniatur-Seifenfabrik gegründet. Und sie hatte wirklich Talent dafür. Ich konnte am Glanz in ihren Augen und an der selbstbewussten Art, mit der sie mir jeden Arbeitsschritt erklärte, sehen, dass sie glücklich war. Wirklich glücklich. Sie gab mir eine Visitenkarte. Es war ihre Art, mir zu sagen, dass sie beschlossen hatte zu schwimmen. Sie hatte begonnen, mit den Armen und Beinen zu strampeln, und beschlossen zu schwimmen. Wir setzten uns an ihren Küchentisch und tasteten uns zentimeterweise zu Themen vor, über die wir nie zuvor gesprochen hatten, oder vielleicht hatten uns damals einfach nur die Worte für diese Themen gefehlt. Wir redeten über meinen Bruder. Wir redeten darüber, warum es gut war, wieder zu Hause zu sein. Ich fragte sie, ob ich ihre Geschichte mit anderen Menschen teilen dürfte. Es war ihre Geschichte, und ich respektierte, dass sie etwas ganz Persönliches war.

»Ja«, sagte sie, ohne zu zögern.

»Bist du sicher? Ich will nicht, dass es dir schlecht damit geht.«

»Natürlich kannst du die Geschichte anderen Leuten erzählen. Ich bin stolz darauf. Es gibt da einen Teil, von dem du nichts weißt«, sagte sie zu mir und lehnte sich in ihrem Stuhl zurück. »Damals, als ich dich bat, mir einen Liebesbrief zu schreiben, war das der Moment, in dem ich mir eingestand, dass ich Hilfe brauchte. Dass es niemanden sonst gab, an den ich mich wenden konnte. Ich brauchte Hilfe, und ich bin echt stolz, dass ich endlich aufgehört habe, es auf eigene Faust zu versuchen. Auf diesen Moment werde ich ewig stolz sein.«

Ihre Worte bedeuteten alles für mich. Mehr als jeder Liebesbrief. Mehr als alles, was aus der ganzen Sache einmal werden würde. Ich weiß noch, wie ich an diesem Abend in mein Auto stieg und dem Lenkrad zuflüsterte, als wäre es eine Standleitung zu Gott: »Mehr davon. Bitte, einfach mehr davon.«

Ich werde diesen Tag nie vergessen. Genauso wenig wie den Tag, an dem Ronny und ich nebeneinander auf zwei Barhockern saßen, vor uns je eine Margarita in der Größe einer Bowlingkugel. Es war ein wenig Zeit seit Nates Tod vergangen. Ronny und ich schrieben uns immer noch Briefe hin und her. Ich saß da, ließ einen Finger über den Rand des Glases kreisen, um dann die Salzkörnchen abzulecken, und wurde immer stiller.

»Glaubst du an Gott?«, fragte ich ihn schließlich.

»Ich weiß nicht genau«, antwortete er. »Aber wenn es ihn gibt, dann weiß ich nicht, wie er so etwas zulassen kann.«

Ich wusste es auch nicht, warum er Dinge wie Kummer, Tod und Trauer zuließ. Ich weiß bis heute keine Antwort darauf. Ich bezweifle, dass ich das je tun werde.

Ich weiß, dass ich ruhig noch etwas hätte sagen können. Aber ich weiß auch, dass nichts, was ich hätte sagen können, seinen Schmerz gelindert hätte. Die Zeit musste seine Wunden heilen. Und der Schmerz war lediglich ein so kleiner Teil – ein so flüchtiger Moment während unseres Treffens –, verglichen mit alldem, was ich voller Stolz sah, wenn ich Ronny anschaute. Er unterrichtete wieder an der Uni. Und er ähnelte Nate jedes Mal ein bisschen mehr, wenn ich ihn sah, auf eine Art, die euch zum Lachen bringen würde, wenn ihr die beiden kennen würdet. Darum sagte ich nichts mehr.

Er warf mir von seinem Barhocker ein Lächeln zu, das nur mir allein gehörte. Ich war so zufrieden in diesem Moment, dass ich nichts weiter wollte, als in ihm zu verweilen. Ich wollte den Moment weder an mich reißen noch ihn zerpflücken. Ich wollte einfach nur lernen, darin zu leben.

Aber von allen kleinen Geschichten innerhalb dieser Geschichte werde ich immer versuchen, Matt aus Ohio in das Gespräch einfließen zu lassen. Im Grunde ist das auch schon alles, was ich von ihm weiß: Er heißt Matt. Und kommt aus Ohio. Er schrieb mir vor ungefähr zwei Jahren eines Abends eine E-Mail. Ich stieg gerade in New York City aus der U-Bahn und blieb auf einem Treppenabsatz stehen, um seine Nachricht zu lesen. Sie war nur vier Zeilen lang, aber bis heute ist sie das Eindringlichste, was ich je gelesen habe.

Matt schrieb, dass er älter wurde. Seine Familie und er hatten kaum noch Kontakt zueinander. Sie waren wie Sterne, die alle schon viel zu lange für sich allein leuchteten – aber immer wussten, dass sie zusammen die ganze Zeit über Sternbilder bilden könnten. Er hatte nicht viele Freunde. Er fing an zu glauben, dass er niemals etwas bewirken, dass er niemals etwas hinterlassen würde. Man würde ihn vergessen. In ihm wuchs die Angst, zu leben und zu sterben, ohne etwas von bleibendem Wert zu hinterlassen. Er beendete seine E-Mail mit folgenden Worten, und ich warte auf den Tag, an dem ich keine Gänsehaut mehr davon bekomme: *Bitte mach weiter mit dem, was du tust. Alle haben Angst davor, was passiert, wenn der Bildschirm schwarz wird.*

Das Komische an Matt aus Ohio ist: Er hinterließ keine E-Mail-Adresse. Ich erhielt seine Nachricht über ein Kontaktformular und hatte somit keinerlei Möglichkeit, ihm zurückzuschreiben. Ich suchte. Ich forschte. Ich recherchierte. Aber es ist hoffnungslos, wenn man nicht mehr hat als eine vierzeilige E-Mail, geschrieben von jemandem mit einem der beliebtesten Jungennamen aller Zeiten, der zufällig im Staat Ohio lebt.

Was Matt aus Ohio nicht weiß: Ich verdanke ihm dieses Buch. Er war es, der mir, meinem Herzen und jeder Faser in mir, die je den Wunsch hatte, etwas zu bedeuten, die Bestätigung gab, es zu schreiben. Ich schrieb es in der Hoffnung, dass er es eines Tages irgendwo entdecken würde, wie einen meiner ersten unsignierten Briefe in New York City, und dass er darin diesen letzten Brief finden würde, der auf der allerletzten Seite auf ihn wartete.

Matt – wo immer du bist – ich danke dir dafür.

Lieber Matt aus Ohio,

»Eine Wahrheit«, hat meine Mutter immer zu mir gesagt. »Fang einfach an, eine Wahrheit zu sagen, und dann sag eine zweite und eine dritte. Und schon bald wirst du alles gesagt haben, was du zu sagen hattest.«
Aus diesem Grund denke ich, dass ich diesen Brief –, den Brief, den ich dir seit Jahren im Kopf schreibe – nur mit einer Wahrheit über mich beginnen kann.
Hier ist sie also: Ich habe Angst, das Leben zu verpassen. Ich habe Angst, genau das zu verpassen,

was wir in guten Gesprächen und Blogeinträgen so verbissen analysieren. Ich habe Angst, plötzlich aufzuschauen und festzustellen, dass ich es versäumt habe, nähen zu lernen; dass ich so gern eine Steppdecke genäht hätte, mir aber nie die Zeit genommen habe zu lernen, wie man eine ordentliche Naht macht.

Diese Angst ist nur die Summe vieler kleiner Ängste: die Angst, nicht die zu werden, die ich immer sein wollte. Die Angst zu vergessen, jemanden anzurufen, obwohl ich genau weiß, dass ich es tun sollte. Die Angst, Dinge zu verpassen – kleine und große Dinge –, die andere Leute mitten am Tag innehalten und sagen lassen: »Das ... das hat mir unglaublich viel bedeutet. Dafür hat sich das alles gelohnt.« Solche Dinge wünsche ich mir. Dinge, für die sich das alles ohne jeden Zweifel lohnt.

Du weißt bestimmt, was ich meine. Und auch wenn ich erst sechsundzwanzig bin und mich für die Hälfte aller Sachen, die ich sage, anschließend in den Hintern beißen könnte, glaube ich doch, dass es bei alldem nicht darum geht, wichtig oder bekannt oder unvergessen zu sein. Ich denke, es geht darum, für andere da zu sein. Ich denke, es geht darum, sich für Menschen zu entscheiden, auch wenn die Entscheidung schwerfällt. Ich denke, es geht darum, Dinge zu sagen, von denen wir wissen, dass wir es bereuen, wenn wir sie nicht sagen. Darum, für Menschen zu kämpfen, die uns das Gefühl geben, den gesamten Sauerstoff aus dem Raum zu fegen. Darum, sich den kleinen Dingen zu widmen. Und sich daran zu erinnern, dass die Liebe gewinnt. Egal wie sehr wir uns weismachen wollen, dass etwas anderes wichtiger ist – die Liebe gewinnt. Sie wollen wir am meisten. Sie ist es, die hier alles am Laufen hält. Wie auch immer ihr das gelingt, sie tut es.

Ein Freund hat einmal zu mir gesagt, dass wir entweder mit einer riesigen Portion Freude durchs Leben gehen können oder dass wir es mehr schlecht als recht überstehen können, ohne je einen Blick auf das Glück zu werfen, das wir in unseren Händen halten. Ich denke, dass nur die Mutigen sich folgende Frage stellen: Will ich diese Woche nur überstehen oder will ich Teil der Geschichte eines anderen Menschen werden?

Willst du diese Woche Teil der Geschichte eines anderen Menschen werden?

Ich hätte nie gedacht, jemals einen so kitschigen Satz zu formulieren. Aber deine kurze E-Mail – die vermutlich nur ein Punkt von vielen auf deiner To-do-Liste war, damals vor zwei Jahren, und die du längst vergessen hast –, hat meine ganze Geschichte verändert. Für immer. Ich trage deine Geschichte seitdem bei mir. Ich erzähle

anderen davon. Und wenn du tatsächlich da draußen bist, dann möchte ich, dass du eines weißt: Du hast dich geirrt. Du hast dich geirrt, als du sagtest, man würde dich vergessen. Und ich habe mich geirrt, als ich dachte, andere Menschen könnten nicht einfach in unser Leben spazieren und unsere Geschichten von einem Moment auf den anderen verändern. Denn das hast du getan. Ich kann also nicht behaupten, dass es nicht passieren kann. Ich kann nur sagen, dass der Glaube, es könnte geschehen – dass wir tatsächlich eine so wichtige Rolle im Leben jedes Menschen spielen, den wir kennenlernen –, alles verändern kann: unsere Einstellung. Unsere E-Mails.
Unsere morgendliche Interaktion. Die Art, wie wir im Supermarkt an der Kasse anstehen. Die Art, wie wir uns um andere kümmern. All die kleinen Dinge des Lebens, die eigentlich völlig banal sind, die aber letztlich zeigen, ob es tatsächlich etwas zu bedeuten hat, dass du und ich hier stehen.
Tu kleine Dinge. Immer wieder. Und denke an andere Menschen. Ich glaube, mehr bleibt nicht zu sagen. Stell dir vor, wie es wäre, in einer Welt zu leben, in der die Menschen immer mal wieder mitten im Getümmel stehen bleiben und sagen: »Ich kenne diesen Menschen noch nicht lange … Ich weiß noch nicht mal seinen vollen Namen … aber er ist Teil meiner Geschichte.«

Tu kleine Dinge. Immer wieder. Und denke an andere Menschen. Ich denke, das ist alles. Das war's. Ich mache mir noch nicht einmal mehr Gedanken darüber, ob ich Teil der Geschichte eines anderen werde, weil es a) nicht darum geht, es zu wissen und b) wir manchmal genau dann am meisten bewirken, wenn wir es nicht wissen und es auch nie erfahren werden.
Und vielleicht ist das die eine Wahrheit, die jede andere Wahrheit vorantreibt.

Mit Licht und Liebe,
ein Mädchen, das versucht, seinen Weg zu finden.

PS: Matt, ich habe auch Angst davor, was passiert, wenn der Bildschirm schwarz wird. Aber vielleicht sollten wir es einfach darauf ankommen lassen.

Briefeschreiben leicht gemacht

Ich weiß, es ist eine komische Vorstellung, einem fremden Menschen einen Liebesbrief zu schreiben, aber keine Sorge: Uns alle verbindet mehr als uns trennt. Jeder von uns kennt Höhen und Tiefen. Jeder von uns hat schon einmal etwas Ermutigung oder vielleicht sogar einen Tritt in den Hintern gebraucht.

Bei jedem Brief, den ich an einen Fremden schreibe, stelle ich mir die Frage: *Welche Worte würde ich heute gern lesen? Will ich aufgemuntert werden? Will ich herausgefordert werden?* Und ganz automatisch fließen meine eigenen Gefühle in den Liebesbrief ein, den ich schreibe.

Habt keine Angst, ehrlich zu sein. Habt keine Angst, offen zu sein. Manche Menschen bleiben in ihren Briefen lieber anonym, aber es kann wirklich Spaß machen, anderen etwas von sich preiszugeben. Mit allem, was ihr von euch erzählt, baut ihr eine Beziehung zu eurem Leser auf.

Besonders gut eignen sich dafür *Geschichten – mit Geschichten könnt ihr nie etwas falsch machen!* Auch wenn ihr nichts über den Menschen wisst, dem ihr schreibt, öffnet euer Herz und vertraut darauf, dass die Zeilen schon dem Richtigen in die Hände fallen werden.

Ist der Brief dann fertig, schreibt ihr am besten etwas drauf wie »Wenn du diesen Brief findest, ist er für dich!« oder

»Heb mich auf « oder »Nimm mich mit – ich gehöre dir!« Ich überlege mir immer, welche Worte mich dazu veranlassen würden, einen Brief in der U-Bahn oder in der Bibliothek in die Hand zu nehmen und zu lesen.

Ihr könnt euren Brief an allen erdenklichen Orten hinterlassen. In Cafés. In Buchläden. In Bussen und Bahnen. Sucht euch einen Platz aus, an dem er nicht übersehen werden kann – und dann nichts wie weg! Vielleicht lauft ihr eines Tages, ganz ohne es zu wissen, dem Menschen über den Weg, der ihn gefunden hat.

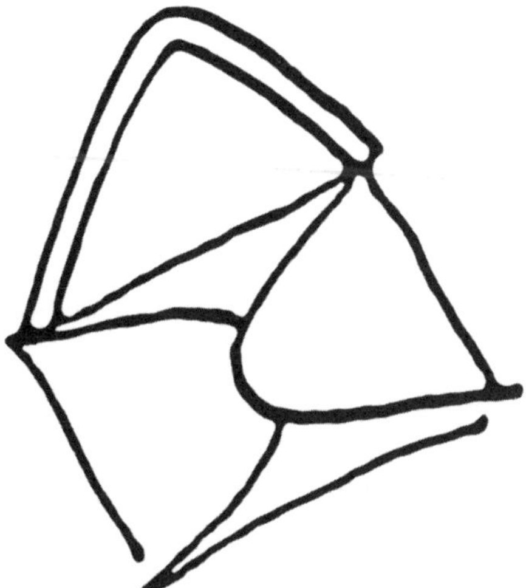

Danksagung

Ich habe beschlossen, diese Danksagung in dreitausend Metern Höhe zu schreiben. Es ist ein Flug der Delta Air Lines, eine Tüte Brezeln hält mich bei der Stange, und es wirkt fast symbolisch, so weit oben zu sitzen und hinunterzuschauen. Ich meine, die Welt wirkt so klein von hier oben. Nichts als Punkte und Flecken. Und ich selbst bin auch einer dieser Punkte, und dieses Buch ist für alle, die mich immer wieder daran erinnert haben, dass es stets um etwas viel Größeres ging als um mich. Danke, dass ihr mich geerdet habt und gleichzeitig habt abheben lassen.

Mein besonderer Dank gilt:

Gott. Ich schulde dir was für all die schönen Dinge. Ich kann mich nie entscheiden, ich weine zu oft, und ich verliebe mich zu schnell, und trotzdem hast du mir einen Weg bereitet. Dafür werde ich dir ewig dankbar sein.

Meinen unglaublichen Lektorinnen. Beth Adams und Amanda Demastus, danke, dass ihr mir geholfen habt, mich nicht länger hinter schönen Worten zu verstecken und stattdessen die Wahrheit für sich sprechen zu lassen. Ihr habt mir beigebracht, nach Erfolg in meinen Worten zu suchen.

Danke außerdem an alle bei Howard Books, dass ihr meinem Buch ein Zuhause gegeben habt.

Meiner unerbittlichen Literaturagentin. Mackenzie Brady, ich weiß nicht, was mir mehr bedeutet: dass du mich gefunden und für mich gekämpft hast oder dass ich weiß, dass ich dich immer anrufen kann – vor ersten Dates oder nach heftigen Weckrufen. Lass uns noch viele Bücher zusammen schreiben. Für immer. Okay?

Meinen ersten Cheerleadern. Mom und Dad, danke, dass ihr mir beigebracht habt, mich nicht mit weniger zufriedenzugeben als damit, wofür ich geschaffen bin. Ihr habt meine Persönlichkeit unterstützt – und meine Cowboystiefel. Das war entscheidend. Meiner Familie und der Belvedere Heights, danke, dass ihr meine ersten Leser wart. Wir haben einen weiten Weg zusammen zurückgelegt. Meiner Großmutter Baccu, ich tue das für dich. Immer.

Meinem inoffiziellen Podium. Danke, Heather Kirkpatrick, dass du mich Tag für Tag um fünf Uhr morgens zum Schreiben geweckt hast und dass du mich liebst, trotz aller Verschrobenheiten. Kelly Towart, danke, dass du dich nachts mit mir und einer Stirnlampe auf Baseballfelder gesetzt und mir zugehört hast, wie ich dir aus dem Manuskript vorlese. Jenna Bednarsky, danke, dass du mir gezeigt hast, dass das alles real war und dass es das wert war.

Dem Team von More Love Letters. Ihr Mädels haltet den Laden zusammen. Danke, dass ihr die ganzen Hüte getragen habt und dass ihr meine Schreiberinnen, Grammatikprüferinnen, Macherinnen, Koordinatorinnen und Träumerinnen wart. Ihr habt mir das Gefühl gegeben, ein cooles Mädchen zu sein – ein sentimentales und dankbares cooles Mädchen.

Der größte Teil dieses Buches ist in einem Büro entstanden, vor dessen Fenster schwarze Bettlaken hingen, damit ja kein Tageslicht hereinfiel (ich bin mega-dramatisch, ich weiß). Aber ich danke den Familien LaCoille, Samuelson und Towart für ihre Gastfreundschaft, ihre Sofas, ihre Schreibtische und ihre Küchentresen. Carol, ohne dich gäbe es dieses Buch nicht.

Der City Church in New Haven, Connecticut, danke, dass ihr mich liebt. Und dass ihr mich habt gehen lassen. Und dass ihr mir beigebracht habt, dass es im Leben nicht darum geht, festzuhalten, sondern darum, die Menschen dort hinzuschicken, wo sie gebraucht werden. Dank euch weiß ich, dass Entfernung keine Rolle spielt.

Celia, Carleigh, Corey, Tammy, Lauren, Lindsey, Eryn, Jill, Tiffany, Leanna und vielen anderen Freundinnen, zu vielen, um sie hier alle aufzuführen: Ich kann euch gar nicht sagen, wie dankbar ich euch bin, dass ihr mir auf diesem Weg das Gefühl gegeben habt, unbesiegbar zu sein. Ihr seid das Gold und das Lachen.

Nate, Ronny und der Familie Shatsoff, dafür, dass ihr unermüdlich bleibt, solange wir hier unten auf dem Boden tanzen.

Meinen Communitys: Ein großes Dankeschön an alle, die ich vor, während und nach meinem Jahr in New York um mich herum wissen durfte: ganz besonders den Frauen an der UPK, in der UNO, am Assumption College, bei Save the Children, bei She's the First, im The Dancer's Studio und bei Plywood. Ich hatte immer Angst, nicht in diese Welt zu gehören. Danke, dass ihr diese Angst für mich in die Wüste geschickt habt.

Und ich muss einfach den Coffeeshops danken, in denen ich die geheimnisvolle Schreiberin mit der knallroten Mütze sein durfte. Starbucks in North Haven und Taproom Coffee in Atlanta, danke für eure Arbeitsecken, euer Koffein und eure freundlichen Unbekannten.

Meinen Lesern, die mir bis hierhin gefolgt sind. Ihr habt mir geholfen, ein Zuhause zu schaffen und eine Stimme im Internet zu bekommen. Ich kann nur hoffen, dass die Zukunft hunderte Verabredungen für uns bereithält.

Und allen anderen, die ich nicht alle namentlich nennen kann, die aber eine wichtige Rolle in meinem Leben gespielt haben, sei es durch unzählige Tränen, Gebete, Briefe, Fressorgien um zwei Uhr morgens, Mitsingorgien zu Balladen von Taylor Swift, gelbe Pullis, Caffè Lattes, alte Fotos, Ansteckstäußchen, Pancakes, Sonnenblumen oder Gespräche, die für gewöhnlich mit »Dir geht's gut« endeten. Ihr alle verdient ein Leben, das niemals müde wird, euch glücklich zu machen.

***

The World Needs More Love Letters ist eine weltweite Community, die mit Hilfe der sozialen Medien Menschen dazu motiviert, mobilisiert und es ihnen möglich macht, greifbare Zeichen der Liebe zu setzen.

2011 ins Leben gerufen, hinterlassen die Mitglieder der Community Nachrichten für andere Menschen und schreiben Menschen auf der ganzen Welt Briefe. Jeden Monat werden Briefbündel an ausgewählte Empfänger verschickt, die von ihrer Familie oder von Freunden vorgeschlagen wurden.

More Love Letters ist immer auf der Suche nach mutigen, leidenschaftlichen Menschen, die Gutes in der Welt tun möchten. Werdet Teil der Community auf *MoreLoveLetters.com.*

Quellenangaben

Zitat S. 143: Toni Morrison, *Menschenkind*. Rowohlt Taschenbuch 2007

Zitat S. 237ff.: Hélène Berr, *Pariser Tagebuch 1942–1944*. Aus dem Französischen von Elisabeth Edl, © 2009 Carl Hanser Verlag München

Zitat S. 312: Donald Miller, *Eine Million Meilen in tausend Jahren*. LUQS Verlag 2010

EIN VÖLLIG NEUER BLICK AUF GOTT UND DIE SCHÖPFUNGS-GESCHICHTE

William Paul Young
Eva
Wie alles begann

Halb erfroren und dem Tode nahe strandet eine junge Frau auf einer geheimnisvollen Insel.

Zu ihrem großen Glück wird sie von Gelehrten und Heilern gefunden, die bald erkennen, dass Lily zu etwas ganz Besonderem berufen ist. Niemand Geringeres als Eva, die Mutter allen Lebens, lädt sie ein, Zeugin der Schöpfungsgeschichte zu werden und zu erfahren, was wirklich im Garten Eden geschah. Lilys Aufgabe ist es nun, die Geschichte neu zu erzählen.

William Paul Young hat bereits in »Die Hütte« zentrale spirituelle Fragestellungen neu beleuchtet und ein Millionenpublikum damit begeistert. In seinem neuen Roman zeigt er dem Leser eine ungewöhnliche und faszinierende Interpretation der ältesten Geschichte unserer Welt.

368 Seiten
€ [D] 18,00 / € [A] 18,50 / sFr 20,50
ISBN: 978-3-7934-2304-1
Auch als E-Book erhältlich.
www.ullsteinbuchverlage.de

Allegria

DER KREATIVE TREND FÜR ERWACHSENE

Norbert Pautner
Im Land der Phantasie
Ausmalen - Entdecken – Entspannen

Wunderschöne Motivwelten, Ornamentbilder und Mandalas mit Elementen aus Flora und Fauna eröffnen dem Leser eine effektive und gleichzeitig unterhaltsame Übung mit Stift und Papier. In den Illustrationen verstecken sich Schatzbilder, die beim Ausmalen entdeckt werden wollen und so die Achtsamkeit anregen.

Das fantasievolle Kolorieren der Motive führt schnell und einfach zu Ruhe und Gelassenheit und ist eine wirksame Anti-Stress-Methode.

224 Seiten
€ [D] 10,00 / € [A] 10,30 / sFr 11,50
ISBN: 978-3-7934-2305-8
Auch als E-Book erhältlich.
www.allegria-verlag.de

Allegria

EINE POETISCHE ERZÄHLUNG ÜBER DIE GLÜCKSSUCHE

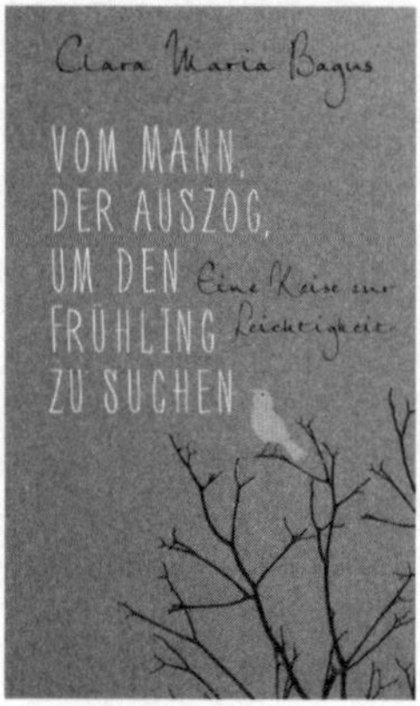

Clara Maria Bagus
Vom Mann, der auszog, um den Frühling zu suchen
Eine Reise zur Leichtigkeit

Traurig und einsam blickt der Mann auf die trübe Landschaft des nicht enden wollenden Winters. Doch plötzlich setzt sich ein kleiner Vogel unverhofft auf den Ast eines kargen Baumes, der wie von Zauberhand unmittelbar anfängt zu blühen. Kaum fliegt der Vogel davon, kehrt der Winter jedoch zurück.

Der Mann erkennt, wie sehr er sich nach der Wärme und Schönheit des Frühlings sehnt, und macht sich auf, den geheimnisvollen Vogel zu finden. Auf seiner Reise erwarten ihn Abenteuer, und er begegnet Menschen, die ihn daran erinnern, was im Leben wirklich wichtig ist.

»Lesen Sie sich glücklich!« Kai Diekmann

208 Seiten
€ [D] 14,00 / € [A] 14,40 / sFr 15,90
ISBN: 978-3-7934-2307-2
Auch als E-Book erhältlich.
www.allegria-verlag.de

Allegria